SWEDISH
An elementary grammar-reader

SWEDISH

An elementary grammar-reader

SECOND EDITION

GLADYS HIRD
Lecturer in Swedish, University of Newcastle-upon-Tyne

with **GÖRAN HUSS** and **GÖRAN HARTMAN**

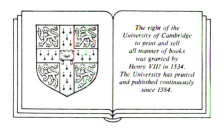

*The right of the
University of Cambridge
to print and sell
all manner of books
was granted by
Henry VIII in 1534.
The University has printed
and published continuously
since 1584.*

CAMBRIDGE UNIVERSITY PRESS

CAMBRIDGE
LONDON NEW YORK NEW ROCHELLE
MELBOURNE SYDNEY

Published by the Press Syndicate of the University of Cambridge
The Pitt Building, Trumpington Street, Cambridge CB2 1RP
32 East 57th Street, New York, NY 10022, USA
10 Stamford Road, Oakleigh, Melbourne 3166, Australia

First published 1977
Second edition 1980
Reprinted 1984

Printed in Great Britain at the University Press, Cambridge

Library of Congress Cataloguing in Publication Data
Hird, Gladys, 1930–
Swedish: an elementary grammar-reader.
Includes index.
1. Swedish language – Grammar. I. Huss,
Göran, 1939 – joint author. II. Hartman,
Göran, joint author. III. Title.
PD5112.H5 1979   439.7′8′2421   78-74534
ISBN 0 521 22644 9 second edition
(ISBN 0 521 21374 6 first edition)

Contents

Preface to the second edition

That the demand for this book has made a second edition necessary so soon is greatly encouraging both for the publishers and for the author, and is a tribute to the method applied. It has provided me with an opportunity to consider points raised by reviewers and to correct the errors, omissions and misprints.

There are two innovations:

1. A key to the translation exercises is available on application to myself, Department of Scandinavian Studies, The University, Newcastle-upon-Tyne NE1 7RU, England.
2. A recording of the texts and questions with answers is available on tapes through Cambridge University Press. Apart from these recordings only a brief section of the book is concerned with pronunciation. Nowadays any serious student of a foreign language usually has at his disposal the facilities of a language laboratory.

As before, the book concentrates on a methodical presentation of reading material and grammar on the basis of nearly twenty years' practical experience as a teacher of Swedish to beginners. In composing the reading material I have endeavoured to include basic information about the Swedish way of life as well as samples of Swedish literature, ranging, in the Reader section, from Sweden's most famous writer, August Strindberg, to Stig Claesson, one of the most popular Swedish authors of the present day.

It is hoped that the book will continue to prove useful not only for beginners in universities and those preparing for O and A level examinations or their equivalent but also as an introduction to anyone interested in Swedish who wants a knowledge more solid than a few phrases of tourist conversation.

I would like to record my gratitude to my Swedish friends and to my British colleagues whom I have consulted at every stage in the growth of the book; to the numerous young Swedish language assistants and British undergraduates at Newcastle University who co-operated with me in trying out the book; to Miss Enid Ableman for her secretarial assistance; to

Professor Molde, an authority on the Swedish language, for his suggestions on the correct use of Swedish; to Docent Y. Olsson for his help and guidance in completing the second edition; and above all to my teacher, Professor D.M. Mennie, without whose encouragement this book would never have been completed.

Finally, I would like to thank the Swedish Institute for its generous contribution to the book's production costs.

Gladys Hird

Acknowledgements

For permission to use copyright material, grateful thanks are due to the following:

Erik Blomberg for 'Här vilar'.

Stig Claesson for 'Slå följe'.

Otto von Friesen for the translation into Swedish, 'Fem söner Gulle'.

Rune Johansson for the review of *Den starkare*.

Otto Nordstrand as executor of the Taube estate for 'Sjösala vals' by Evert Taube.

Lennart Nyblom (Red Top) for 'Våra vanligaste hämningar: Cary Grant-komplexet'.

Per Olof Sundman for 'Diskaren'.

Language Centre, University of Newcastle-upon-Tyne, for producing the master tape.

Sverige

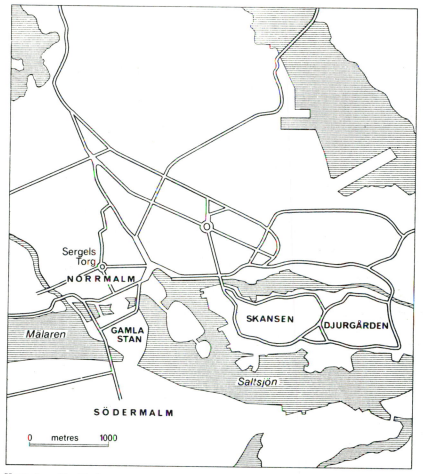

Karta över Stockholm

Note

Gladys Hird and Göran Huss are jointly responsible for the texts of Lessons 1–6; Gladys Hird and Göran Hartman are jointly responsible for the texts of Lessons 7–10, 12–17.

INTRODUCTION
Written and spoken Swedish

Like English, German and Dutch, Swedish is a Germanic language. It
belongs to the North Germanic group which also includes Danish, the two
varieties of Norwegian (*Bokmål* and *Nynorsk*), Faroese and Icelandic.
Finnish, the neighbour of Swedish in the East, is on the other hand, not a
Germanic language and is therefore quite unrelated to Swedish.

In the Viking age (800–1066 A.D.) the 'Danish tongue', the name
given to the richly inflected language which was the ancestor of the modern
Scandinavian languages, was understood by the Angles and the Saxons of
England, who spoke a West Germanic language. Hence today, although
Swedish and English have developed along different lines, the Englishman
will soon recognize the basic kinship of the two languages, with their
large number of cognate (i.e. related) words, their similar grammatical
forms and word order. Both English and Swedish have borrowed a great
deal of vocabulary from Latin and French, and in the last fifty years the
number of loan-words adopted into Swedish from British and American
English has been so large that for some Swedish purists it is a matter of
deep concern. Therefore, the English-speaker will discover that Swedish
is comparatively easy to learn, although he may have difficulty in
pronouncing some sounds, such as the vowel *u* [ɯː] , and the two tone
system of pronunciation may sound strange to his ears. A knowledge of
German will, however, be a great advantage to anyone wishing to master
Swedish quickly. During the Middle Ages, when Sweden to all intents and
purposes was part of the Hanseatic commercial empire, the influence of
the closely related Low-German upon Swedish, due to the flood of North
German craftsmen into Swedish towns, was so strong that the inflectional
system of Old Swedish was largely broken down. Modern Swedish as a
written language dates from the publication of the Swedish translation of
the New Testament in Stockholm in 1526. The gap between written and
spoken Swedish has always been a conspicuous feature of the language,
but this is now closing. Standard spoken Swedish, based on the dialects
spoken around Lake Mälar and strongly influenced by Stockholm speech,
is now gaining ground at the expense of the dialects. Within the cultured

spoken language there are, however, acceptable regional variations in pronunciation and vocabulary, notably the speech of the southern provinces, once part of Denmark, which still shows affinities with Danish, and the Swedish of Finland, which since the secession from Sweden in 1809 has developed characteristics of it own.

Although Swedish, compared with English, French and German, is considered a minor European language, it has been estimated that roughly seventeen and a half million people in the world speak or understand it. Of these, nearly four million Norwegians and five million Danes understand Swedish in much the same way as a speaker of a Scottish dialect understands the Received Pronunciation of English. Thus anyone who masters Swedish also acquires a basic reading knowledge of Danish and the two forms of Norwegian.

The success of Swedish industry and the appeal to many people of Sweden's modern Welfare State have attracted many observers and immigrants to Sweden, and in the last decade great strides have been made in teaching Swedish as a foreign language to ever growing numbers of students. The number of institutions of learning throughout the world where Swedish is taught is also on the increase and includes countries in both hemispheres and as far away from Sweden as Japan and New Zealand.

The Swedish alphabet

		*IPA**			*IPA**			*IPA**
A	a	[ɑ:]	L	l	[ɛl]	W	w	[ˈdəbəlt
B	b	[be:]	M	m	[ɛm]			ve:]
C	c	[se:]	N	n	[ɛn]	X	x	[ɛks]
D	d	[de:]	O	o	[ʊ:]	Y	y	[y:]
E	e	[e:]	P	p	[pe:]	Z	z	[ˈseˋ: ta]
F	f	[ɛf]	Q	q	[kɯ:]	Å	å	[o:]
G	g	[ge:]	R	r	[ɛr]	Ä	ä	[ɛ:]
H	h	[ho:]	S	s	[ɛs]	Ö	ö	[ø:]
I	i	[i:]	T	t	[te:]			
J	j	[ji:]	U	u	[ɯ:]			
K	k	[ko:]	V	v	[ve:]			

Note 1 When using dictionaries it is important to note that the letters å, ä, ö are placed at the end of the Swedish alphabet.

Note 2 Back vowels and front vowels (i.e. those articulated at the back or front of the mouth) affect the pronunciation of the consonants g, k and sk.

The back vowels a o u å are known as HARD VOWELS in Swedish.

The front vowels e i y ä ö are known as SOFT VOWELS in Swedish.

Note 3 The voiced consonants are

b, d, g, j, l, m, n, r, v

The voiceless consonants are

f, h, k, p, s, t

Note 4 q and w are used only in names of persons and places and in a few loan words. In dictionaries w and v are treated as the same letter.

*The symbols are those of the International Phonetic Alphabet apart from [ɯ] which has been taken from the Swedish Landsmål (Dialect) Alphabet.

SWEDISH VOWELS

Letter	Phonetic symbol long	Example		Phonetic symbol short	Example	
a	[ɑ:]	dag	*day*	[a]	natt	*night*
e	[e:]	sten	*stone*	[i]	flicka	*girl*
i	[i:]	vin	*wine*	[ɷ]	blomma	*flower*
o	[ɷ:]	bok	*book*	[ɔ]	kopp	*cup*
	[o:]	son	*son*	[ɵ]	gubbe	*old man*
u	[ʉ:]	hus	*house*	[Y]	syster	*sister*
y	[y:]	myr	*mire*	[ɔ]	åska	*thunder*
å	[o:]	båt	*boat*	[ɛ]	häst	*horse*
ä	[ɛ:]	träd	*tree*		svensk	*Swede*
	[æ:]	lärare	*teacher*	[æ]	märke	*mark*
ö	[ø:]	bröd	*bread*	[ø]	röst	*voice*
	[œ:]	smör	*butter*	[œ]	dörr	*door*

EXERCISES IN PRONUNCIATION: THE VOWELS

	bad	*bath*	bank	*bank*
a	hav	*sea*	arm	*arm*
	kal	*bare*	kall	*cold*
	ben	*leg*	eld	*fire*
e	hed	*heath*	vecka	*week*
	ren	*reindeer*	verk	*work*
	is	*ice*	fink	*finch*
i	rike	*kingdom*	dikt	*poem*
	tid	*time*	sill	*herring*
	ros	*rose*	bonde	*farmer*
	flod	*river*	moster	*aunt*
o				
	son	*son*	slott	*palace*
	hotell	*hotel*	folk	*people*
	duk	*cloth*	luft	*air*
u	stuga	*cottage*	munk	*monk*
	fly	*to flee*	flytta	*to move*
y	hyra	*hire*	hylla	*shelf*

å	lås	*lock*	hålla	*to hold*
	fågel	*bird*	åska	*thunder*
ä	läkare	*doctor*	bäck	*brook*
	väg	*way*	tält	*tent*
	här	*here*	värre	*worse*
ö	snö	*snow*	fönster	*window*
	nöt	*nut*	höst	*autumn*
	föra	*to lead*	förr	*before*

SOME SWEDISH CONSONANTS

Letter	Phonetic symbol	Example (Hard before a o u å)		Phonetic symbol	Example (Soft before e i y ä ö)	
g	[g]	gata	*street*	[j]	gäst	*guest*
k	[k]	kung	*king*	[ç]	kök	*kitchen*
sk	[sk]	skola	*school*	[ʃ]	skida	*ski*

Letter	Phonetic symbol	Example	
j		jul	*Christmas*
g		gäst	*guest*
gj	[j]	gjord	*done*
dj		djur	*animal*
hj		hjälte	*hero*
lj		ljud	*sound*
k		kök	*kitchen*
tj	[ç]	tjur	*bull*
kj		kjol	*skirt*
sch		schack	*chess*
sj		sjö	*sea, lake*
sk	[ʃ]	skida	*ski*
skj		skjorta	*shirt*
stj		stjärna	*star*
ch		choklad	*chocolate*
rs	[ʂ]	kors	*cross*
rd	[ɖ]	bord	*table*
rl	[ɭ]	sorl	*murmur*
rn	[ɳ]	barn	*child*
rt	[ʈ]	svart	*black*

EXERCISES IN PRONUNCIATION: THE CONSONANTS

	gata	golv	gubbe	gås	
	street	*floor*	*old man*	*goose*	
g	ge	gift	gyllene	gäst	göra
	give	*married*	*golden*	*guest*	*do*

After l and r

torg	berg	helg	talg
market place	*mountain*	*holiday*	*tallow*

	kaffe	ko	kung	kål	
	coffee	*cow*	*king*	*cabbage*	
k	kedja	Kina	kyrka	källare	kök
	chain	*China*	*church*	*cellar*	*kitchen*

	skal	skola	skulptör	skål	
	shell	*school*	*sculptor*	*bowl*	
sk	skepp	skida	sky	skägg	sköld
	ship	*ski*	*cloud*	*beard*	*shield*

j, g, gj	jakt	get	gjord	djup	hjälp	ljum
dj, hj, lj	*hunt*	*goat*	*done*	*deep*	*help*	*tepid*

sch, sj,						
sk, skj,	schema	sjö	skepp	skjul	stjärna	chef
stj, ch	*timetable*	*lake*	*ship*	*shed*	*star*	*boss*

rs	fors	kors	person
	waterfall	*cross*	*person*

rd, rl,	gård	Karl	björn	kort
rn, rt	*yard*	*Charles*	*bear*	*short*

	fjärde	kärlek	tärna	arton
	fourth	*love*	*tern*	*eighteen*

PART I
Grammar

1
I Gamla stan

Detta är Gamla stan. Det är en ö och en mycket gammal del av Stockholm, Sveriges huvudstad. Sveriges kung bor i slottet i Gamla stan. En ung svensk student, Erik Lindkvist, som är nitton år gammal, bor också här. Han har en liten lägenhet på ett rum och kök. Lägenheten är ganska gammal, men Erik har en fin utsikt över sjön. Han kan se en stor del av staden också. Erik är väldigt glad över lägenheten, för Stockholm är en mycket vacker stad.

WORD LIST

1 The roman numerals indicate the declension of the noun.
2 The arabic numerals indicate the conjugation of the verb.
3 *Abbreviations*: aux. = auxiliary; irr. = irregular; pl. = plural.

i	*in*
Gamla stan	*The Old City*
detta	*this, that*
är (from: **vara** 4)	*am, is, are* (from: *to be*)
det	*it, that*
(en) ö (ii)	*(an) island*
och	*and*
mycket	*very, much, a lot of*
gammal	*old*
(en) del (ii)	*(a) part*
av	*of*
Sverige	*Sweden*
(ett) huvud (iv)	*(a) head*
(en) stad (iii)	*(a) town*
(en) huvudstad (iii)	*(a) capital city*
(en) kung (ii)	*(a) king*
bor (from: **bo** 3)	*lives, dwells* (from: *to live*)
(ett) slott (v)	*(a) castle, palace*
slottet	*the castle, the palace*
ung	*young*
svensk	*Swedish*
(en) student (iii)	*(a) student*
som	*who, which, that*
nitton	*nineteen*
(ett) år (v)	*(a) year*
år	*years*
också	*also, as well*
här	*here*
han	*he*
har (from: **ha** irr.)	*has* (from: *to have*)
liten	*little, small*
(en) lägenhet (iii)	*(a) flat*
på	(literally: on) *consisting of, of, with*

(ett) rum (v) (definite form: rummet)	(a) *room* (definite form: *the room*)
(ett) kök (v)	(a) *kitchen*
lägenheten	*the flat*
ganska	*rather, quite*
men	*but*
fin	*fine*
(en) utsikt (iii)	(a) *view*
över	*over, across*
(en) sjö (ii)	(a) *lake, sea*
kan (from: **kunna** aux.)	*can* (from: *to be able*)
se (irr.)	*see*
stor	*large, big*
staden	*the town*
väldigt	*immensely, awfully*
glad	*happy*
över	*over, about*
för	*because, for*
vacker	*beautiful, lovely*
vad?	*what?*
heter (from: **heta** irregular)	*is, are called*
var?	*where?*
vem?	*who?*
hur?	*how?*

GRAMMAR

Finding list

*See select glossary of grammatical terms.

Sections

1 In Swedish there are two classes of nouns (i.e. genders). These are:

en-nouns (*or* common gender nouns)

ett-nouns (*or* neuter gender nouns)

En-nouns take the indefinite article **en** (a, an, one).

    e.g.   **en** stad   *a town*

Ett-nouns take the indefinite article **ett** (a, an, one).

    e.g.   **ett** kök   *a kitchen*

Note No hard and fast rules can be given concerning gender in Swedish. Names of continents, countries, provinces and towns are always neuter.

    e.g. Europa, Sverige, Dalarna, Stockholm.

2 The definite article for en-nouns in the singular is -en and for ett-nouns -et.

The definite article is appended to the noun (i.e. it is a terminal article).

    e.g.   En stad   *A town*   Staden   *The town*

             Ett kök   *A kitchen*   Köket   *The kitchen*

If the noun ends in a vowel, only -n or -t is added.

    e.g.   En sjö   *A sea, lake*   Sjön   *The sea, lake*

             Ett äpple   *An apple*   Äpplet   *The apple*

Note Ett-nouns ending in a stressed vowel take the ending -et.

    e.g.   Ett bi   *A bee*   Biet   *The bee*

3 The possessive case (i.e. genitive) is formed by adding -s to the noun. There is no apostrophe. This form is more common in Swedish than in English. When referring to inanimate objects and abstract concepts English often prefers a construction with the preposition 'of'. In these cases Swedish can usually take the s-form.

    e.g.   Eriks lägenhet   *Eric's flat*

             Stockholms stad   *The city of Stockholm*

             Naturens skönhet   *The beauty of nature*

4 The personal pronouns are:

Singular		*Plural*	
jag	*I*	vi	*we*
du	*you, thou*	ni	*you*
han	*he*	de	*they*
hon	*she*		
den	*it*		
det	*it*		

Note 1 **du** is used to address a friend, a relative and a child. It is also used between members of the same occupational group without previous acquaintance. This form of address is becoming increasingly common, even when the above categories do not apply.

Otherwise **ni** (i.e. the plural form of address) can be used as the polite term. In some circles, however, **ni** is not considered as sufficiently polite and in such cases it should be replaced by the title or profession of the person being addressed.

> e.g.   Var bor professor Lindkvist?   *Where do you live, sir?*

Note 2 **den** refers to an en-noun.

> **det** refers to an ett-noun.

> e.g.   Erik har **en lägenhet**.   **Den** är fin.
> Erik har **ett kök**.   **Det** är fint.

5 Except for some auxiliary verbs (ska *shall*, kan *can*, måste *must*, vill *will, want to*) and one or two other verbs, the *present tense of all Swedish verbs ends in -r*. In the spoken language and in the modern written language there is one form for all persons.

e.g.	jag	är	*I*	*am*
	du	är	*you*	*are*
	han, hon, den, det	är	*he, she it*	*is*
	vi	är	*we*	*are*
	ni	är	*you*	*are*
	de	är	*they*	*are*

6 With the exception of a few monosyllabic verbs (e.g. att bo *to live*, att se *to see* etc.) the infinitive of Swedish verbs ends in -**a**.

> e.g.   att vara   *to be*
> att heta   *to be called*

7 Swedish adjectives agree in gender and number with the noun they qualify.

In the indefinite singular form en-nouns are qualified by adjectives in their basic form.

> *Basic Form*
>
> e.g.   fin   en **fin** lägenhet   *a fine flat*

Adjectives qualifying ett-nouns add -t to the basic form.

> e.g.   fin   ett fint kök   *a fine kitchen*

These forms which are called the *indefinite form of the adjective* are also used when the adjective is placed *after* the definite singular form of the noun (i.e. in the predicative position).

> e.g.   fin   lägenheten   är **fin**   *the flat is fine*
>   köket   är fint   *the kitchen is fine*

8 Adjectives denoting nationality are not capitalized in Swedish except in certain cases (i.e. with names of institutions, geographical names etc.) Note these adjectives of nationality:

amerikansk	*American*
dansk	*Danish*
engelsk	*English*
finsk	*Finnish*
fransk	*French*
italiensk	*Italian*
norsk	*Norwegian*
rysk	*Russian*
tysk	*German*
BUT	
Engelska kanalen	*The English Channel*
Svenska institutet	*The Swedish Institute* (L.15 §6)

9 English-speaking students should observe the difference in Swedish between the relative pronoun **som** (who, which, that) and the interrogative pronoun **vem** (who when it refers to one person. cf. L.10 § 4),

> e.g.   Kungen, **som** är gammal, bor här.   *The king, who is old, lives here.*
>
> Erik bor i en lägenhet, **som** är gammal.   *Eric lives in a flat that (which) is old.*
>
> Kungen bor i ett slott, **som** är gammalt.   *The king lives in a palace that (which) is old.*
>
> **Vem** är Erik Lindkvist?   *Who is Eric Lindkvist?*

10 Note the following cardinal numbers:

0	noll	11	elva
1	en, ett	12	tolv
2	två	13	tretton
3	tre	14	fjorton
4	fyra	15	femton
5	fem	16	sexton
6	sex	17	sjutton
7	sju	18	arton (aderton)
8	åtta	19	nitton
9	nio	20	tjugo
10	tio	21	tjugoen, -ett
		22	tjugotvå

11 In colloquial language a 'd' is sometimes lost in the pronunciation of some common words.

e.g.	stan	= staden	*the town*
	sen	= sedan	*then*
	sån	= sådan	*such*

Exercises

I 1 Supply the correct gender of the following nouns:
— stad, — huvud, — utsikt, — sjö, — ö, — år, — kök, — del, — kung, — student, — lägenhet.

2 Give the *definite singular form* of the nouns listed above.

3 gammal, ung, svensk, fin, stor, vacker.
Combine a noun from 1 with a suitable adjective listed above and supply the correct *indefinite singular form*, e.g. en svensk stad.

4 Combining a noun from 1 with a suitable adjective from 3 make sentences according to the following pattern:
Staden är svensk.

II   Write the following cardinal numbers in Swedish:
8, 19, 17, 5, 20, 12, 7

III   Answer these questions in Swedish:
Vad är Gamla stan? Vad heter Sveriges huvudstad? Vad heter Englands huvudstad? Vem bor i slottet? Vem är Erik? Hur gammal är han? Hur gammal är du? Var bor Erik? Var bor du? Är lägenheten stor? Vad är Erik glad över?

IV   Translate into Swedish:

Gamla stan is an island. The island is small. Stockholm is the capital of Sweden. The capital city is old. The king is very old. Eric, who is a Swedish student, is very young. The student is seventeen years old. He has a beautiful view of the palace. I am twenty years old. How old is she? They live in Stockholm. The view of the town is rather fine. We see a big castle. What do you two see? The student has a fine flat with one room and kitchen in the town. She is immensely happy about the kitchen. How old is the flat? Where is the kitchen? I can see a large lake. The lake is very beautiful. What are you called? What is the capital of England called? Who lives here? Sweden is beautiful. Stockholm is large. They live in a little flat in the capital. Is the castle English? – No (*Nej*), it is German. Is the king old? Yes (*Ja*), he is very old.

2
Eriks hem

Erik Lindkvist är en glad svensk student. Han är gärna hemma och
läser, för han har ett bra rum att läsa i med två bokhyllor och ett
skrivbord. Men han är också ofta på fest och han har många fester
själv.

Det är lördag. Erik köper mat och gör smörgåsar i köket. Han
måste låna stolar, dukar och koppar av en god vän. Klockan är sju
och hans gäster kommer. Det är fem gäster, tre flickor och två
pojkar. En flicka har blommor till Erik. En pojke har grammofon-
skivor, som de ska spela. Erik spelar alltid mycket musik när han har
fest, för han vill gärna dansa. Hans grannar i Gamla stan är alltid
mycket förstående.

WORD LIST

(ett) hem (definite form: hemmet v)	*home*
gärna	*gladly, willingly*
han är gärna	*he likes to be*
hemma	*at home*
läser (from: **läsa** 2)	*reads, studies*
bra	*good*
med	*with*
två	*two*
(en) bok (pl. böcker iii)	*book*
(en) hylla (pl. hyllor i)	*case, shelf*
(en) bokhylla (i)	*bookcase*
skriva (4)	*to write*
(ett) bord (v)	*table*
(ett) skrivbord (v)	*writing desk*
ofta	*often*
på	*at, on*
(en) fest (pl. fester iii)	*party*
många	*many*
själv	*himself*
(en) lördag (ii)	*Saturday*
köper (from: **köpa** 2)	*buys*
(en) mat	*food*
gör (from: **göra** irr.)	*makes, does*
(en) smörgås (pl. smörgåsar ii)	*sandwich*
måste	*must*
låna (1)	*to borrow, lend*
(en) stol (pl. stolar ii)	*chair*
(en) duk (pl. dukar ii)	*cloth*
(en) kopp (pl. koppar ii)	*cup*
god	*good*
(en) vän (pl. vänner iii)	*friend*
(en) klocka (i)	*clock*
sju	*seven*
klockan är sju	*it is seven o'clock*
hans	*his*
(en) gäst (pl. gäster iii)	*guest*
kommer (from: **komma** 4)	*come(s)*

fem	*five*
tre	*three*
(en) flicka (pl. flickor i)	*girl*
(en) pojke (pl. pojkar)	*boy*
(en) blomma (pl. blommor i)	*flower*
till	*to, for*
(en) grammofon (iii)	*gramophone*
(en) skiva (pl. skivor i)	*record, disc*
(en) grammofonskiva (i)	*gramophone record*
de	*they*
ska (from: **skola** aux.)	*shall, will*
spelar (from: **spela** 1)	*play*
alltid	*always*
(en) musik	*music*
när	*when*
vill (from: **vilja** aux.)	*wants to, wishes*
vill gärna	*likes*
dansa (1)	*to dance*
(en) granne (pl. grannar ii)	*neighbour*
förstående	*understanding*
varför?	*why?*
när?	*when?*

GRAMMAR

Finding list

Adjective:	ending in e and a	*see section*	4
Article:	omission in set expressions		7
Days of the week:	names of		9
det är:	'there is, there are'		6
Noun:	plural indefinite form (i–iii)		1
Numerals:	ordinal 1–20		8
Spelling:	**m** and **n**		5
Time by the clock:	some expressions		10
*Verb:	present tense (1–4)		2
	present tense of some auxiliaries		3

Sections

1 There are five declensions (i.e. five ways of forming the plural of nouns) in Swedish. The plural endings of the first three declensions are as follows:

		Singular	*Plural*
1st declension	—or	en blomma	två blommor
2nd declension	—ar	en stol	två stolar
3rd declension	—er	en gäst	två gäster

Note 1 All nouns of the 1st declension are en-nouns and usually end in —a. The final —a is dropped before the plural ending.

Note 2 All nouns of the 2nd declension are en-nouns. The nouns ending in —e drop the —e in the plural.

En pojke	*A boy*	Två pojkar
En granne	*A neighbour*	Två grannar

Note 3 Nouns of the 3rd declension comprise *both* en-nouns and ett-nouns. This declension tends to attract words borrowed into Swedish from other languages and is rich in loan-words from past centuries.

En dam	*A lady*	Två damer
En intervju	*An interview*	Två intervjuer
Ett museum	*A museum*	Två museer
Ett vin	*A wine*	Två viner

2 There are four conjugations (i.e. four patterns of verbal endings) in Swedish. The endings of the present tense are as follows:

		Infinitive	*Present*
1st conjugation	—ar	låna	lånar
2nd conjugation	—er	läsa	läser
3rd conjugation	—r	bo	bor
4th conjugation	—er	komma	kommer

Note 1 The majority of Swedish verbs belong to the 1st conjugation. This conjugation includes the verbs of foreign origin ending in —era (e.g. parkera *to park*)

Note 2 Verbs of the 2nd and 4th conjugations whose root ends in —r do not add the ending —er.

Infinitive		*Present*
höra (2)	*to hear*	hör
fara (4)	*to travel*	far
göra (irr)	*to do*	gör

3 Note the present tense of the following auxiliary verbs:

Infinitive		*Present*
kunna	*to be able*	kan
skola	*to be going to*	(skall *or* ska
vara	*to be*	är
vilja	*to want to*	vill
	must, have to	måste

Note Auxiliary verbs are followed by the infinitive without **att** (to)—See L.12 § 6.

Han **kan läsa** hemma.   *He is able to read at home.*

4 Adjectives which end in —**a** and —**e** are indeclinable.

    En bra fest   *A good party*
    Ett bra rum   *A good room*
    En förstående granne   *An understanding neighbour*
    Ett förstående barn   *An understanding child*

5 Monosyllabic nouns ending in —**m** and —**n** which have a short vowel double the —**m** or —**n** in the spelling of the definite singular form (cf. L.4 § 2).

e.g.	ett hem	*a home*	hemmet	*the home*
	ett rum	*a room*	rummet	*the room*
	en man	*a man*	mannen	*the man*
	en vän	*a friend*	vännen	*the friend*

6 *The use of* **det** (cf. L.16 § 6; L.7 § 15)

det is used to translate the English 'there' in such expressions as 'there is, there are'.

    e.g. **Det är** fem gäster.   *There are five guests.*

7 In many set expressions the article is not used in Swedish,

    e.g. Han är **på fest.**   *He is at a party.*
        Han **har utsikt** över   *He has a view of Stockholm.*
        Stockholm.

If, however, the noun is qualified by an adjective the article is generally used.

    e.g. Han har **en fin utsikt**   *He has a fine view of Stockholm.*
        över Stockholm.

8 Note the following ordinal numbers:

1st	första	11th	elfte	21st tjugoförsta
2nd	andra	12th	tolfte	22nd tjugoandra
3rd	tredje	13th	trettonde	

4th	fjärde	14th	fjortonde
5th	femte	15th	femtonde
6th	sjätte	16th	sextonde
7th	sjunde	17th	sjuttonde
8th	åttonde	18th	artonde
9th	nionde	19th	nittonde
10th	tionde	20th	tjugonde

9 The days (en dag ii) of the week (en vecka i) are:

(en)	söndag	*Sunday*
	måndag	*Monday*
	tisdag	*Tuesday*
	onsdag	*Wednesday*
	torsdag	*Thursday*
	fredag	*Friday*
	lördag	*Saturday*

Note Days of the week are spelt with a small letter in Swedish.

10 *The time.*
Note the following expressions:

Hur mycket är klockan?	*What time is it?*
Klockan är sju.	*It is seven o'clock.*
Klockan är halv sju.	*It is half-past six.*
Klockan är (en) kvart i sju.	*It is (a) quarter to seven.*
Klockan är (en) kvart över sju.	*It is (a) quarter past seven.*
Klockan är tio minuter i sju.	*It is ten minutes to seven.*
Klockan är tio minuter över sju.	*It is ten minutes past seven.*

Note 1 The 'half-past' is expressed by **halv** + the hour *following.*
Note 2 The English preposition 'at' has no equivalent in Swedish. **Klockan,** however, is sometimes used before the hours.

e.g.	Han kommer halv sju.	*He is coming at half-past six.*
	Vi kommer klockan tio.	*We are coming at ten o'clock.*

Exercises

I 1 Give the *definite singular form* of the following nouns:
bok, smörgås, duk, hem, pojke, mat, rum, bord, vän, skiva, man.

2 Give the *indefinite plural form* of the following nouns:
utsikt (iii), sjö (ii), ö (ii), del (ii), kung (ii), student (iii), lägenhet (iii), hylla (i), fest (iii), klocka (i), flicka (i), granne (ii), dag (ii), vecka (i), museum (iii).

II Give the present tense of the following verbs:
1 dansa (1), skrika (*shriek* 4), se (irregular), promenera (*walk* 1),

göra (irregular), skina (*shine* 4), tycka (*think* 2), ro (*row* 3), fara
(*travel* 4), leva (*live* 2), sitta (*sit* 4), hoppa (*jump* 1).
2 vilja, vara, kunna, skola.

III   Write the following ordinal numbers in Swedish:
1st   4th   11th
2nd   6th   18th
25th   22nd   29th

IV   Answer these questions, changing the figures into expressions of
time:

När kommer Eriks gäster?	19.10
När är han hemma?	18.45
När vill han dansa?	20.00
När gör han smörgåsar?	19.30
När spelar de musik?	20.15
När kommer du?	19.55

V   Answer these questions in Swedish:
Var läser Erik? Varför är hans rum bra att läsa i? Har du ett bra rum
att läsa i? Hur många bokhyllor har du? Vad ska Erik ha? Är det
fredag? Vad måste Erik låna av en vän? När kommer Eriks gäster?
Hur många gäster är det? Hur många pojkar? Hur många flickor?
Vem har grammofonskivor? Vad vill Erik gärna göra när han har
fest? Vad vill du gärna göra när du har fest?

VI   Translate into Swedish:
A Swedish girl is reading in the room. It is Wednesday. They have a
good home. Eric is at home. The friend is understanding. Two girls
are playing records in Eric's flat. The boy borrows four cups and
three chairs from a friend. The flower is very beautiful. We want to
see many flowers. Sweden has many lakes. Eric makes sandwiches
in the kitchen. The neighbour's friend has seven chairs, one writing
desk and one bookcase. The girl's guest has a record which he wants
to play. Where is the gramophone? How many gramophones have
you? What does the boy borrow from Eric? Where do his neighbours
live? When are his guests coming? There are five boys in Eric's flat.
The girl loves dancing with students. Who is in the kitchen? When
can we come? Here is Eric's fourth sandwich. This is the girl's
second home. This is his first flat.

3
En dag på Skansen

Erik promenerar gärna när det är vackert väder. Det är söndag och solen
skiner. Erik går först till Skeppsbron, som är Gamla stans hamn. Han
köper choklad och två äpplen. Han tar båten till Djurgården. Många barn
ropar och skriker på båten, men Erik varken hör eller ser dem, för
utsikten är så vacker. Han tittar på Gamla stans hus och Djurgårdens träd.
Överfarten är kort, bara femton minuter, och Eriks kamrat, Kerstin, står
på bryggan och väntar på honom. Erik vinkar till henne.
– Hej Kerstin! Kul att se dig!
Erik hoppar i land.
– Hej Erik! Är du här redan? Jag har mat med mig. Vi kan äta snart.
Men vad ska vi göra?
Kerstin vill inte göra mycket. Hon vill inte promenera utan hon vill
bara titta på djur. Hon älskar djur, särskilt får och lamm. Hon vill också
se på isbjörnar. De går upp till Skansen, som är Stockholms friluftsmuseum
och djurpark.

WORD LIST

(en) dag (ii)	*day*
på	*on, at*
Skansen	*a part of Stockholm*
promenera (1)	*to walk, stroll*
(ett) väder (v)	*weather*
(en) söndag (ii)	*Sunday*
(en) sol (ii)	*sun*
skina (4)	*to shine*
gå (irr.)	*to walk, go*
först	*first*
Skeppsbron	*name of a quay in Stockholm*
(en) hamn (ii)	*harbour, port*
(en) choklad (iii)	*chocolate*
äpplen (from: **ett äpple** iv)	*apples*
ta (4)	*to take*
(en) båt (ii)	*boat*
(ett) barn (v)	*child*
Djurgården	*a part of Stockholm*
ropa (1)	*to call, shout*
skrika (4)	*to shriek, shout*
varken . . . eller	*neither . . . nor*
höra (2)	*to hear*
dem	*them*
så	*so*
titta (1) på	*to look at*
hus (from: **ett hus** v)	*houses*
träd (from: **ett träd** v)	*trees*
(en) överfart (iii)	*crossing*
kort	*short*
bara	*only, just*
femton	*fifteen*
(en) minut (iii)	*minute*
(en) kamrat (iii)	*friend*
stå (irr.)	*to stand*
(en) brygga (i)	*landing-stage*
vänta (1) på	*to wait for*
honom	*him*
vinka (1)	*to wave*
henne	*her*

hej	*hello, goodbye*
kul (slang)	*good, nice, fun*
dig	*you*
hoppa (1)	*to jump, skip*
i	*onto*
(ett) land (iii & v)	*land, country*
i land	*ashore*
att	*that*
redan	*already*
mig	*me*
vi	*we*
äta (4)	*to eat*
snart	*soon*
inte	*not*
utan	*but*
djur (from: **ett djur** v)	*animals*
älska (1)	*to love*
särskilt	*especially*
får (from: **ett får** v)	*sheep*
lamm (from: **ett lamm** v)	*lambs*
(en) is (ii)	*ice*
(en) björn (ii)	*bear*
(en) isbjörn (ii)	*polar bear*
upp	*up*
fri	*free*
(en) luft	*air*
(ett) museum (iii)	*museum*
(ett) friluftsmuseum (iii)	*open-air museum*
(en) park (iii)	*park*
(en) djurpark (iii)	*zoo, deer park*

GRAMMAR

Finding list

Adjective:	**kul**	*see section* 6
*Conjunction:	**antingen . . . eller**	7
	varken . . . eller	7
	men/utan	8
	att	9

Noun:	plural indefinite form (declensions iv–v)	1
	singular and plural forms of Latin nouns	2
Preposition:	på after certain verbs	5
*Pronoun:	personal pronouns	3
	relative pronoun **som**	9
*Verb:	long and short forms of some verbs	4

Sections

1 The plural endings of nouns belonging to the 4th declension and the 5th declension are as follows:

		Singular	*Plural*
4th declension	–n	ett äpple	två äpplen
5th declension	–	ett hus	två hus
		en stockholmare	två stockholmare

Note 1 All nouns belonging to the 4th declension are ett-nouns and they end in a vowel. The majority of these nouns end in –e.

Note 2 Nouns of the 5th declension comprise both en-nouns and ett-nouns.

This declension includes nearly all ett-nouns ending in a consonant. Belonging to this declension are also en-nouns denoting persons and ending in

– **are**	e.g.	en stockholmare	*a Stockholmer*
– **ande**		en sökande	*an applicant* (but see L.8 §11)
– **er**		en historiker	*an historian*

2 There is some confusion in modern Swedish about the definite singular form and the plural forms of nouns of Latin origin which end in **um**.

Some, like **ett centrum** (a centre) and **ett faktum** (a fact), can have a definite singular form **centrumet** and **faktumet**, although common usage seems to prefer **centrum, faktum** (the centre, the fact).

The plural form is **centra** (centres, the centres) and **fakta** (facts, the facts).

Nouns ending in –**eum** and –**ium** drop the **um** in the definite singular form and form their plurals according to the 3rd declension.

| e.g. | ett museum | *museum* | museet | två museer |
| | ett stipendium | *scholarship* | stipendiet | två stipendier |

3 The subject and object forms of the personal pronouns are:

Subject		*Object*	
jag	*I*	mig	*me*
du	*you, thou*	dig	*you, thee*
han	*he*	honom	*him*
hon	*she*	henne	*her*
den	*it*	den	*it*
det	*it*	det	*it*
vi	*we*	oss	*us*
ni	*you*	er	*you*
de	*they*	dem	*them*

4 Note that some Swedish verbs have a longer and shorter form in the infinitive and present tense.

Infinitive			*Present*	
be	bedja (4)	*to request, pray*	ber	beder
bli	bliva (4)	*to be, become*	blir	bliver
dra	draga (4)	*to drag, pull*	drar	drager
ge	giva (4)	*to give*	ger	giver
ta	taga (4)	*to take*	tar	tager

The longer forms are no longer in common usage.

5 Note the use of the preposition **på** after some verbs.

höra	**på**	*to listen to*
se	**på**	*to look at*
titta	**på**	*to look at*
vänta	**på**	*to wait for*

6 The adjective **kul**, which is indeclinable (en kul båt, ett kul museum), is a slang word. The more general words are **rolig** and **trevlig**.

(Det är) Roligt (Trevligt) att se dig!   *Nice to see you.*

7 The English correlative conjunctions 'either...or' = Swedish **antingen ...eller.**

e.g.   Det är **antingen** ett hus   *It is either a house*
eller en lägenhet.   *or a flat.*

The English 'neither...nor' = Swedish **varken...eller**

e.g.   Det är **varken** ett hus   *It is neither a house*
eller en lägenhet.   *nor a flat.*

8 The English conjunction 'but' corresponds to Swedish **men** and **utan**.

men

a. **men** is always used after an affirmative clause.

e.g.	Lägenheten är gammal,	*The flat is old,*
	men den är bra.	*but it is good.*

b. **men** is used after a negative clause when no contradiction is inferred. **men** = 'but in spite of that'.

e.g.	Lägenheten är **inte**	*The flat is not beautiful*
	vacker, **men** den är bra.	*but it is good.*

utan

utan is used when correcting or contradicting a preceding negative statement. **utan** = 'but on the contrary'.

e.g.	Lägenheten är **inte**	*The flat is not large,*
	stor, utan liten.	*but small.*

9 English-speaking students should make a careful distinction between the relative pronoun **som** (who, whom, which, that) and the subordinating conjunction **att** (that).

e.g.	Han ser en båt **som** är fin.	*He sees a boat that is fine.*
	Han ser **att** utsikten är vacker.	*He sees that the view is beautiful.*

Exercises

I 1 Give the *definite singular form* of the following nouns:
får, björn, äpple, gäst, lamm, museum, land, träd.

2 Give the *indefinite plural form* of the following nouns:
område (*area* iv), träd (v), hem (v), rum (v), gymnasium (*grammar-school* iii), arbetare (*worker* v), komiker (*comedian* v), äpple (iv), slott (v), hjärta (*heart* iv), centrum (*centre* iii).

II 1 Change each noun in the following sentences to the appropriate pronoun.
Erik tittar på Kerstin. Kerstin tittar på Erik. Kerstin och Erik köper två äpplen. Pojken tittar på äpplet. Kerstin står på stolen.

2 Re-state the following sentences as if you were Eric.
Erik ska ta båten till Skansen. Kerstin vinkar till Erik. Barnet ser Erik och Kerstin.

3 In the following sentences supply the appropriate pronoun to indicate a) addressing a friend b) addressing a stranger c) addressing a group of people.
Vad spelar — ? Var bor — ? Vad ska — göra? Roligt att se — !
Hon väntar på — .

III Answer these questions in Swedish:
    När promenerar Erik? Är det lördag? Vad heter Gamla stans hamn?
    Hur många äpplen köper Erik? Är Djurgården en ö? Hur kommer
    Erik till Skansen? Vad ser han på båten? Vem väntar på honom?
    Var står Kerstin? Vad vill hon titta på?

IV Translate into Swedish:
    Children like looking at animals. Many children on the boat are
    either looking at us or waving to us. The girl is waiting for me on the
    landing stage. The island has neither trees nor houses. The country
    has many harbours. The crossing to Stockholm's open-air museum
    is beautiful. The crossing takes fifteen minutes. She likes to look at
    bears, sheep and lambs. Eric's friends are not buying apples, but
    chocolate. She is not looking at you but at him. His friends are
    waiting for him in the harbour. Are you waiting for me? Are you
    looking at us? We have two writing desks, but not many book-cases.
    Can you see them on the boat? Are they listening to us? Many
    Stockholmers love Skansen, especially when the sun is shining. You
    children must look at the view. The apple is not large, but it is
    fine.

4
En svensk skald

Djurgården är en stor ö och ett av grönområdena i Stockholm. Stockholmarna tycker om att vandra omkring där på lördagar och söndagar. Många går och tittar på bysten av Carl Mikael Bellman.

Bellman var en stor skald, som levde för två hundra år sedan. Han växte upp på Södermalm, och ett av husen, där han diktade, står fortfarande kvar. Därifrån hade han utsikt över Stockholm, som han älskade. Han studerade folklivet i staden och skildrade det i sångerna om en urmakare, som hette Fredman. Bellman var en glad skald. Han åkte ofta båt över till Djurgården och hade roligt med flickorna där. Varje år i juli firar stockholmarna Bellmans dag på Djurgården.

En sång av Bellman som barnen i Sverige tycker om att sjunga heter Gubben Noak.

Gub - ben No - ak, Gub - ben No - ak, var en he - ders -
man. När han gick ur ar - ken, plan - te - ra han på mar - ken
myc - ket vin, ja, myc - ket vin, ja, det - ta gjor - de han.

Bellman är svenskarnas älsklingsskald.

WORD LIST

(en) skald (iii)	*poet, bard*
grön	*green*
(ett) område (iv)	*area*
(ett) grönområde (iv)	*green belt*
grönområdena	*the green belts*
(en) stockholmare (v)	*Stockholmer, inhabitant of Stockholm*
stockholmarna	*the Stockholmers*
tycka (2b)	*to think, be of the opinion*
tycka (2b) om	*to like*
vandra (1)	*to walk, hike, stroll*
omkring	*around*
där	*there*
(en) byst (iii)	*bust*
var (infinitive: **vara** 4)	*was*
levde (infinitive: **leva** 2a)	*lived*
för . . . sedan	*ago*
(sedan)	*(since)*
hundra	*hundred*
växte (infinitive: **växa** 2b)	*grew*
Södermalm	*suburb of Stockholm*
husen	*the houses* def. pl.
diktade (infinitive: **dikta** 1)	*wrote poetry*
fortfarande	*still*
kvar	*left, remaining*
därifrån	*from there*
hade (infinitive: **ha** irr.)	*had*
älskade (infinitive: **älska** l)	*loved*
studerade (infinitive: **studera** l)	*studied*
(ett) folk (v)	*folk, people*
(ett) liv (v)	*life*
(ett) folkliv (v)	*life of the people*
skildrade (infinitive: **skildra** l)	*described*
(en) sång (iii)	*song*
sångerna	*the songs*
om	*about, concerning*
(en) urmakare (v)	*clock-maker*
hette (infinitive: **heta**)	*was called*
åkte (infinitive: **åka** 2b)	*travelled, went by*

rolig	*amusing*
hade (infinitive: **ha** irr.) roligt	*had fun, had a good time*
flickorna	*the girls*
varje	*each, every*
juli	*July*
fira (1)	*to celebrate*
barnen	*the children*
sjunga (4)	*to sing*
(en) gubbe (ii)	*old man*
Noak	*Noah*
(en) heder	*honour*
(en) man (pl. män v)	*man*
(en) hedersman (v)	*decent fellow*
gick (infinitive: **gå** irr.)	*went*
ur	*out of, from*
(en) ark (ii)	*ark*
plantera = planterade (1)	*planted*
(en) mark (iii)	*ground*
(ett) vin (iii)	*wine, vine*
ja	*yes, indeed*
detta	*that*
gjorde (infinitive: **göra** irr.)	*did*
(en) svensk (ii)	*Swede*
svenskarna	*the Swedes*
(en) älskling (ii)	*darling, pet*
(en) älsklingsskald (iii)	*favourite poet*

GRAMMAR

Finding list

Adverb:	adverbs formed from adjectives	*see section*	7
	adverbs denoting *motion from*		7
Article:	use of definite article		6
Months of the year:	names of		12
Nouns and adjectives of nationality:			13
Noun:	definite plural form (i-v)		1–2

Preposition:	på as preposition of	8
	time and place	
	för . . . sedan	9
Spelling:	m and n	2
*Verb:	past tense (1−2, some	3−5
	irregulars, some	
	auxiliaries)	
Word order:	inversion	10

Sections

1 The definite plural of the nouns is formed by adding the following endings to the indefinite plural form:

		Indefinite plural	*Definite plural*
1st declension	−na	blommor	blommorna
2nd declension	−na	stolar	stolarna
3rd declension	−na	gäster	gästerna
4th declension	−a	äpplen	äpplena
5th declension	−en	hus	husen

Note 1 en-nouns of the 5th declension ending in −are, −ande and −er form the definite plural by adding −na. The final −e is dropped in the nouns ending in −are.

		Indefinite plural	*Definite plural*
e.g.	en stockholmare	stockholmare	stockholmarna
	en sökande	sökande	sökandena
	en historiker	historiker	historikerna

2 *Spelling of* m *and* n (cf. L.2 § 5)
Many monosyllabic words containing a short vowel and ending in m and n double these consonants between vowels.

	Definite singular	*Indefinite plural*	*Definite plural*
ett hem	hemmet	hem	hemmen
ett rum	rummet	rum	rummen
en man	mannen	män	männen (cf.L.8 §2)
en vän	vännen	vänner	vännerna

3 The past tense (imperfect) of the 1st and 2nd conjugations is formed by adding the following endings to the root of the verb:

		Infinitive	*Past tense*	
1st conjugation	—ade	låna	lånade	—ar
2nd conjugation	a. **—de** (if root ends in voiced consonant)	leva	levde	—er
	b. —te (if root ends in voiceless consonant. See Alphabet Note 3)	läsa	läste	—er

Note 1 a. When the root of 2nd conjugation verbs ends in **—nd** the **d** is dropped in the past tense, e.g. vända *to turn,* vände *turned.*
b. When the root of 2nd conjugation verbs ends in —t preceded by a consonant the **t** is dropped in the past tense, e.g. gifta *to marry,* gifte *married.*
Note 2 In colloquial speech the past tense of the 1st conjugation can lose the **—de** of the ending and hence has the same form as the infinitive, e.g.

> att plantera   *to plant*
> han plantera   *he planted*

4 Note the past tense of the following irregular verbs:

Infinitive	*Present tense*	*Past tense*
göra	gör	**gjorde**
gå	går	**gick**
heta	heter	**hette**
se	ser	**såg**
stå	står	**stod**

5 Note the past tense of the following auxiliary verbs:

Infinitive		*Present tense*	*Past tense*	
ha	*to have*	har	**hade**	
vara	*to be*	är	**var**	
kunna	*to be able*	kan	**kunde**	
skola	*shall, will*	skall, ska	**skulle**	*would, should*
vilja	*to want to*	vill	**ville**	
	must	måste	**måste**	*had to*

6 Note the following use of the definite article:
Names of categories used in a general sense usually take the definite article.

e.g. Barnen i Sverige.   *Children* (i.e. *all the children*) *in Sweden*

Han älskade livet.   *He loved life.*

7 An adverb can often be formed from an adjective by adding −t to the basic form (cf.L.14 § 1).

e.g. väldig   *immense*   väldigt   *immensely*
      snar   *quick, hasty*   snart   *soon*

Adverbs denoting *motion from* can be formed by adding −ifrån (from) to adverbs of place.

e.g. där   *there*   därifrån   *from there*
      här   *here*   härifrån   *from here*
      var   *where*   varifrån   *from where*
      hem   *home*   hemifrån   *from home*
      upp   *up*   uppifrån   *from above*

8 *The preposition* på

a. The preposition på corresponds to the English preposition 'on' when expressing Place,

e.g. Han är **på båten**.   *He is on the boat.*

Sometimes på = 'in' when expressing Place,

e.g. Kerstin såg honom **på gatan**.   *Kerstin saw him in the street*
      De är **på landet**.   *They are in the country (as opposed to town).*

In expressions like the following på = 'at'.

Han är **på slottet**.   *He is at the palace.*
Hon är **på museet**.   *She is at the museum.*
Vi var **på teatern**.   *We were at the theatre.*

b. **på** corresponds to 'on' and 'in' in expressions concerning Time, e.g.

i   before the days of the week:
     på söndag   *on Sunday*
ii   before parts of the day:
     på morgonen   *in the morning*
iii before centuries and decades:
     på nittonhundratalet   *in the twentieth century*
     på tjugotalet   *in the twenties*

9 Note that **för . . . sedan** is used to translate 'ago'. **För** is placed before its object and **sedan** after.

e.g. **För** två hundra år **sedan**.   *Two hundred years ago.*

10 *Word order* (cf. L.6 § 10, L.5 § 5)

Inversion (i.e. when the main verb precedes the subject) occurs more often in Swedish than in English.

If a simple sentence (or the main clause of a complex sentence) begins with anything other than the subject inversion takes place.

> e.g.   Stockholmarna firar Bellman **i juli**.
>
> **I juli firar stockholmarna** Bellman.
>
> Han vill gärna åka båt **i juli**
>
> **I juli vill han gärna** åka båt
>
> Han hade **därifrån** utsikt över Stockholm, som han älskade.
>
> **Därifrån hade han** utsikt över Stockholm, som han älskade.

11 Note the following type of phrase to indicate means of transport:

åka båt	*to go by boat*
åka bil	*to go by car*
åka buss	*to go by bus*
åka tåg	*to go by train*
åka skidor	*to go skiing*

12 The months (en månad iii) of the year are:

januari	*January*
februari	*February*
mars	*March*
april	*April*
maj	*May*
juni	*June*
juli	*July*
augusti	*August*
september	*September*
oktober	*October*
november	*November*
december	*December*

Note 1 The months are spelt with a small letter in Swedish.

Note 2 The preposition i ('in') is used before the names of months,

> e.g. I januari. *In January.*

13 The following table concerning words for nations and nationalities should be noted:

Country	Adjective	Male		Female		Language	
Danmark	dansk	dansk	(ii)	danska	(i)	danska	*Denmark*
England	engelsk	engelsman	(v)	engelska	(i)	engelska	*England*

Finland	finsk	finne	(ii)	finska	(i)	finska	*Finland*
Frankrike	fransk	fransman	(v)	fransyska	(i)	franska	*France*
Italien	italiensk	italienare	(v)	italienska	(i)	italienska	*Italy*
Norge	norsk	norrman	(v)	norska	(i)	norska	*Norway*
Polen	polsk	polack	(iii)	polska	(i)	polska	*Poland*
Ryssland	rysk	ryss	(ii)	ryska	(i)	ryska	*Russia*
Spanien	spansk	spanjor	(iii)	spanjorska	(i)	spanska	*Spain*
Sverige	svensk	svensk	(ii)	svenska	(i)	svenska	*Sweden*
Tyskland	tysk	tysk	(ii)	tyska	(i)	tyska	*Germany*

Exercises

I Give the *definite plural form* of the following nouns:
flicka (i), klocka (i); kung (ii), ö (ii); student (iii), vän (iii); område (iv), hjärta (iv); slott (v), hem (v), arbetare (v), komiker (v).

II Give the past tense of the following verbs:

1st conjugation:	spela, dansa, ropa, älska, fira, vinka, titta.
2nd conjugation:	a. följa (*follow*), föda (*give birth*), vända (*turn*), svänga (*swing*), hänga (*hang*), höra.
	b. köpa, tycka, växa, åka, resa (*journey*), gifta (*marry*), smälta (*melt*).
Irregular:	göra, se, heta, gå, stå.

III Begin the following sentences with the word **Alltid.**
Han var glad. Hon åker båt till Stockholm. Barnet sjunger Gubben Noak. Vi ska ha roligt. Han tycker om att sjunga. De är här, när vi kommer hem.

IV Complete the following sentences with the appropriate adjective of nationality.

Danmark:	Han tittar på en . . . båt
Frankrike:	De har ett . . . bord.
Tyskland:	Staden är . . .
England:	Köket är . . .
Norge:	Vi köper en . . . duk och ett . . . bord.

What language is spoken in the following countries?
Polen, Spanien, Italien, Ryssland, Amerika.
What is (a) a man (b) a woman called who lives in the following countries:
England, Spanien, Norge, Sverige, Ryssland, Frankrike, Italien, Polen.

V Answer these questions in Swedish:

Vad är Djurgården? När tycker stockholmarna om att vandra omkring på Djurgården? Vad tittar de på? När levde Bellman? Var växte han upp? Vad hade han utsikt över? Vad studerade han i staden? Vad hette urmakaren? Hur åkte Bellman över till Djurgården? Vad gjorde han där? När firar stockholmarna Bellmans dag? Vad heter sången som barnen i Sverige tycker om att sjunga? Vad planterade Gubben Noak? Vem är svenskarnas älsklingsskald?

VI Translate into Swedish:

The children went by boat to the island. The Swedes were looking at the bears and at the sheep. The poet described life in the country. The students bought the apples in Stockholm. He had fun with the children and the animals at Skansen. The boys were playing the gramophone records at home. The students were reading Bellman. In February the Swedes like to go skiing. The poet had a fine view of the palaces. Every year the people of Stockholm celebrate Bellman's Day. On Fridays and Saturdays the neighbours always have guests. Who borrowed the cups and the chairs? Two years ago Eric bought a boat. The city has a green belt. The musicians went by train to Stockholm. She liked the wines. Did you see the parks? When did you hear the music? He was standing in the street. Where does he come from? He could see the man from above. Bellman lived in the eighteenth century. She is always at the theatre. I always make sandwiches in the morning.

5
Huvudstadens centrum

Stockholms centrum är mycket nytt och modernt. Det ligger på Norrmalm, stadsdelen norr om Gamla stan. En vacker sommardag går Kerstin och Erik till Stockholmsterrassen för att äta en lätt måltid och dricka en kopp kaffe. På terrassen sitter de vid ett litet runt bord under ett rött parasoll, för det är mycket varmt i solen. De beundrar utsikten över Stockholms city. Till höger längs Sveavägen ser de en rad höghus. Alldeles under dem ligger Sergels torg, som är huvudstadens hjärta. Banker och varuhus omger torget, där trafiken är mycket livlig. På torget finns en stor rund fontän.

—Kaffet är verkligen gott, säger Kerstin. Du väljer alltid rätt plats. Sergels torg är sevärt. Vem var förresten Sergel?

Erik talar om för henne att Sergel var en av Europas ledande skulptörer för två hundra år sedan. Ett bra exempel på hans konst är statyn av Gustav den tredje på Skeppsbron. Sergel var en av Bellmans vänner och ritade ibland av honom.

Här är en teckning, som Sergel gjorde av vännen.

'Bellmans mårgonsup med smörgås i hand, trött och trumpen'. (Sergels egenhändiga påskrift. 1790-talets början. N.M.)

WORD LIST

(ett) centrum (pl. centra iii)	*centre*
nytt (neuter form of **ny**)	*new*
modern	*modern*
ligga (irr.)	*to lie, be situated*
Norrmalm	*name of suburb*
(en) stadsdel (ii)	*part of town*
norr	*north*
om	*of*
(en) sommar (ii)	*summer*
(en) sommardag (ii)	*summer's day*
Stockholmsterrassen	*name of cafeteria*
för att	*in order to*
lätt	*light, easy*
(en) måltid (iii)	*meal*
dricka (4)	*to drink, have*
(ett) kaffe	*coffee*
(en) terrass (iii)	*terrace*
sitta (4)	*to sit*
vid	*by, at, beside*
litet (neuter form of **liten**)	*little*
runt (neuter form of **rund**)	*round*
rött (neuter form of **röd**)	*red*
(ett) parasoll (v)	*sun-umbrella*
varm	*warm*
beundra (1)	*to admire*
(en) city	*city centre*
höger	*right-hand*
till höger	*to the right*
längs	*along*
(en) väg (ii)	*road*
Sveavägen	*name of street*
(en) rad (iii)	*row, series, number*
hög	*high, tall*
(ett) höghus (v)	*multi-storey building*
alldeles	*directly, just*
under	*below, beneath*
(ett) torg (v)	*square, market-place*
Sergels torg	*name of square*
(ett) hjärta (iv)	*heart*

(en) bank (iii)	*bank*
(en) vara (i)	*article*
(ett) varuhus (v)	*department store*
omge (4)	*to surround*
där	*where*
(en) trafik	*traffic*
livlig	*lively, busy*
finns (from: **finnas** 4)	*(there) is, are, exist(s)*
(en) fontän (iii)	*fountain*
verkligen	*really*
gott (neuter form of **god**)	*good*
säga (irr.)	*to say*
välja (irr.)	*to choose*
rätt	*right*
(en) plats	*place*
sevärt (neuter form of **sevärd**)	*worth seeing*
förresten	*anyway, by the way*
Sergel, J. T.	*name of sculptor*
tala (1) om för	*to tell, relate*
Europa	*Europe*
ledande	*leading*
(en) skulptör (iii)	*sculptor*
(ett) exempel (v)	*example*
(en) konst (iii)	*art*
(en) staty (iii)	*statue*
tredje	*third*
rita (1) av	*to make a drawing*
ibland	*sometimes*
(en) teckning	*sketch, drawing*

GRAMMAR

Finding list

Adjective:	rules for the indefinite singular neuter	*see section*	4
Article:	lack in some prepositional phrases		9
Cardinal numbers:	30–1,000		6
*Infinitive:	use of **för att**		7
Noun:	compound nouns		1

	possessive form of towns	2
	apposition in expressions of quantity	3
Points of the compass:	some expressions concerning	8
Preposition:	translations of **of**	10
*Verb:	past tense of **ligga, säga, välja**	11
Word order:	position of the adverb in main and subordinate clauses	5

Sections

1 Compound nouns (i.e. nouns made up of two or more nouns) are often written as one word and occur frequently in Swedish. The last element determines the gender.

    e.g. **Ett** huvud + **en** stad = **En** huvudstad   *A capital city*

The following are some of the ways of forming compound nouns:

a. by simply joining two nouns:

    e.g. En sommar + en dag = **En sommardag** *A summer's day*

b. by adding the genitive −s (see L.1 § 3) to the first element:

    e.g. En stad + en del = **En stadsdel**   *A district of the town*

c. by inserting an extra vowel between the nouns:

    e.g. En kung + ett hus = **Ett kungahus**   *A Royal House*

          En familj + ett liv = **Ett familjeliv**   *A family life*

d. if the first element is a noun ending in −a, by changing this vowel into −e, −o or −u which were former genitive endings:

    e.g. En resa + en byrå = **En resebyrå**   *A travel agency*

          En kyrka + en gård = **En kyrkogård**   *A churchyard*

          En vara + ett hus = **Ett varuhus**   *A department store*

e. by dropping the ending of the first element when joining the two nouns:

    e.g. En pojke + en vän = **En pojkvän**   *A boy-friend*

          En resa + en kamrat = **En reskamrat**   *A travelling companion*

2 Towns ending in a consonant generally take the genitive −s when used in the possessive case, and no −s when ending in a vowel.

    e.g. Stockholms universitet   *The University of Stockholm*

          Uppsala universitet   *The University of Uppsala*

3 Nouns of quantity and sort are, as a rule, not followed by a preposition.

   e.g. En **kopp kaffe**   *A cup of coffee*

        En **rad höghus**   *A row of multi-storey buildings*

4 The following are the rules for the *indefinite form neuter singular* of the *adjective* (cf. L.1 § 7):

a. Adjectives ending in a vowel take −tt.

   e.g. En **ny** stad   Ett **nytt** centrum

b. Adjectives ending in an unstressed −en drop the −n.

   e.g. En **liten** kopp   Ett **litet** bord

c. Adjectives ending in −t with preceding consonant remain unchanged.

   e.g. En **lätt** måltid   Ett **lätt** bord

d. Adjectives ending in −d with preceding consonant change −d to −t.

   e.g. En **rund** duk   Ett **runt** bord

e. Adjectives ending in −d with preceding vowel change −d to −tt.

   e.g. En **god** vän   Ett **gott** hem

f. Some adjectives remain the same (i.e. indeclinable. See L.2 § 4).

   e.g. En **bra** stad   Ett **bra** exempel

5 *Word order* (cf. L.4 § 10)

a. Position of the adverb and adverbial phrase in a main clause.

   In a main clause when inversion has not taken place the adverb is generally placed *after* the main verb.

   e.g. Du **väljer alltid** rätt plats.   *You always choose the right place.*

b. Position of the adverb and adverbial phrase in a subordinate clause.

   Subordinate clauses in Swedish generally have a straight word order as in English. However, *some common adverbs* (e.g. **alltid, bara, gärna, inte, ofta, redan, snart**) are usually placed before the verb (or auxiliary verb).

   e.g. Kerstin säger att han **alltid väljer** rätt plats.

Note If the adverb precedes the subject, inversion takes place.

     Kerstin säger att **hon vill bo här**

     Kerstin säger att **här vill hon bo.**

6 Note the following numbers:

30	trettio	70	sjuttio
40	fyrtio	80	åttio
50	femtio	90	nittio
60	sextio	100	hundra
		1000	tusen

Note **hundra** and **tusen** are ett-nouns. **Ett**, however, is rarely used with these numbers.

    e.g.   För hundra år sedan.   *A/One hundred years ago.*
           För tusen år sedan.   *A/One thousand years ago.*

7 English often shortens the phrase 'in order to' to 'to'. *This should be avoided in Swedish.* When English 'to' before an infinitive means 'in order to' the Swedish equivalent is **för att.**

    e.g.   Kerstin går till Stockholmsterrassen **för att dricka** kaffe.
         Kerstin goes to 'Stockholmsterrassen' to have some coffee.

8 Note the following expressions:

i norr	*in the north*
i söder	*in the south*
i väster	*in the west*
i öster	*in the east*
norr om	*north of*
norrut	*northwards*

9 Note the lack of article in prepositional phrases of the type

i norr	*in the north*
till höger	*to the right*
till vänster	*to the left*

10 The English preposition 'of' sometimes = **på** or **till** in Swedish.

    e.g.   **Ett exempel på** hans konst   *An example of his art*
         Priset på huset   *The price of the house*
         En god vän till Bellman   *A good friend of Bellman's*
         En son till honom   *A son of his*

11 Note the past tense of the following irregular verbs:

Infinitive	*Present tense*	*Past tense*
ligga	ligger	**låg**
säga	säger	**sade**
välja	väljer	**valde**

Exercises

I Separate the elements of the following compound nouns and attempt a translation of the word:

ett stadsliv	en solterrass	ett köksbord	en huvuddel
ett grannfolk	ett kungabarn	ett hjärtebarn	en flickbok

ett öfolk   ett gubbhuvud en kaffekopp   ett barnbarns-
                                                   barn
en rumskamrat   ett skivalbum en barnavän   en klockradio

II Supply the neuter singular form of the following adjectives:
    fri, blå (*blue*); maktlysten (*ambitious*); öppen (*open*); kort, trist
    (*miserable*), rätt; berömd (*famous*), rund; glad, god; förstående,
    stilla (*still*), gyllene (*golden*) kul.

III Begin the following sentences with **Kerstin säger att ...**
     Det är alltid fint.   Det är ofta vackert väder.
     Han läser gärna hemma.   Vi kommer snart.
     Hon dricker inte.   De vill bara se isbjörnar.
     Vi är gärna hemma.   Han var redan där.

IV Answer these questions in Swedish:
    Var ligger Stockholms centrum? Var ligger Norrmalm? Vad gör
    Erik och Kerstin en vacker sommardag? Vad gör de på
    Stockholmsterrassen? Vad ser de till höger längs Sveavägen?
    Vad finns det på torget? Vem var Sergel? Var står Sergels staty av
    Gustav III? Vad ligger runt (*around*) torget? Vad säger
    Kerstin om Sergels torg? När levde Sergel?

V Translate into Swedish:
   The town has a small square. The square is new. Trees and multi-
   storey buildings surround a famous old castle in the centre of the
   town. A good example of Swedish art is a beautiful round fountain
   in Stockholm. Kerstin says that the sandwich is good. He has a good
   heart. We have a beautiful modern kitchen with a fine view of
   Skeppsbron. Two hundred years ago Sergel made an interesting
   (*intressant*) drawing of Bellman. The castle is not interesting. They
   are sitting at a little round table admiring (= and admire) a row of
   houses in the Old Town. Eric always drinks good coffee. A little
   child told me the house was red. By the way did you see her?
   Directly beneath them lay a fine road. He had a good apple. The
   apple was red. I like good food. The sun-umbrella is blue. Did
   you see a white bear? The lamb is white, but the sheep is black
   (*svart*). A beautiful lake lies west of Stockholm. The University of
   Stockholm is famous. The University of Umeå is new. We often go
   to the square to look at the fountain. Eric said he sometimes has a
   cup of coffee when he goes to Djurgården. We saw a new bank to
   to the left. Södermalm lies south of the centre of Stockholm. A
   friend of mine lives there.

6

Ett kungligt slott

För tre hundra år sedan lät en svensk drottning bygga ett stort slott på Lovön, en av de natursköna öarna i Mälaren väster om Stockholm. Slottet fick namnet Drottningholm. Stora trädgårdar och lummiga parker omger slottet. Där bodde den svenska kungafamiljen på somrarna. När Gustav III blev kung, började Drottningholms storhetstid. Kungen bjöd många gäster till det praktfulla slottet, bland dem Carl Mikael Bellman. Från Stockholm rodde man i båtar eller for med häst och vagn ut till Lovön. Här är en vers av en dikt som Bellman skrev om en båtresa på Mälaren en sommarmorgon.

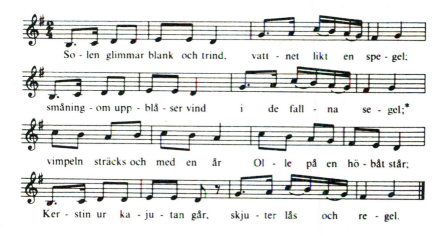

So - len glimmar blank och trind,   vatt - net likt en spe - gel;

småning - om upp - blå - ser vind   i de fall - na se - gel;*

vimpeln sträcks och med en år   Ol - le på en hö - båt står;

Ker - stin ur ka - ju - tan går,   skju - ter lås och re - gel.

Solen glimmar
Fredmans epistel nr.48 by C. M. Bellman

* de fallna segel is poetic usage for de fallna seglen.

WORD LIST

kunglig	*royal*
lät (from: **låta** 4)	*had, caused*
(en) drottning (ii)	*queen*
bygga (2a)	*to build*
de (plural definite article)	*the*
naturskön	*of great natural beauty*
Mälaren	*Lake Mälar*
fick (from: **få** irr.)	*got, was given*
(ett) namn (v)	*name*
Drottningholm	*The Palace of Drottningholm*
(en) gård (ii)	*yard, courtyard, farm*
(en) trädgård (ii)	*garden*
lummig	*lush*
bodde (from : **bo** 3)	*lived*
(en) familj (iii)	*family*
(en) kungafamilj (iii)	*Royal Family*
den (singular definite article)	*the*
blev (from: **bli** 4)	*became*
börja (1)	*to begin*
(en) storhet (iii)	*greatness*
(en) tid (iii)	*time*
(en) storhetstid (iii)	*Golden Age*
bjöd (from: **bjuda** 4)	*invited*
det (singular definite article)	*the*
praktfull	*magnificent*
bland	*among*
från	*from*
rodde (from: **ro** 3)	*rowed*
man	*one, they, people*
for (from: **fara** 4)	*travelled*
(en) häst (ii)	*horse*
(en) vagn (ii)	*coach, carriage*
ut	*out*
(en) vers (iii)	*verse*
(en) dikt (iii)	*poem*
skrev (from: **skriva** 4)	*wrote*
(en) resa (i)	*journey*
(en) båtresa (i)	*boat trip*
(en) morgon (ii)	*morning*

(en) sommarmorgon (ii)	*summer morning*
glimma (1)	*to gleam*
blank	*bright*
trind	*round-shaped*
(ett) vatten (v)	*water*
likt (from: **lik**)	*like*
(en) spegel (ii)	*mirror*
småningom (= så småningom)	*gradually*
uppblåsa (= blåsa (2b) upp)	*to puff up, inflate*
(en) vind (ii)	*wind*
fallna (from: **fallen**)	*fallen*
segel = seglen (from: (ett) **segel** v)	*sail*
(en) vimpel (ii)	*pennant*
sträcks (from: **sträcka** 2b)	*is stretched*
(en) år = åra (i)	*oar*
Olle	*a man's name*
(ett) hö	*hay*
(en) höbåt (ii)	*hay boat, hay barge*
(en) kajuta (i)	*cabin*
skjuta (4)	*to shoot, fire, push*
(ett) lås (v)	*lock*
(en) regel (ii)	*bolt*

GRAMMAR

Finding list

Adjective:	definite and indefinite plural forms	*see section*	3
Article:	definite article with names of lakes, seasons		8
Noun:	neuter nouns ending in —**el**, —**en**, —**er**		1
	irregular nouns of the 2nd declension		2
Preposition:	**på** and **i** with expressions of seasons		9
*Pronoun:	**man**		7
Verb:	past tense (conjugations 3—4)		4
	uses of **få** and **låta**		5,6
Word order:	inversion after a subordinate* clause		10

Sections

1 Ett-nouns ending in unstressed –el, –en, –er drop the –e before the terminal article in the singular and plural,

			Definite singular	*Indefinite plural*	*Definite plural*
e.g.	ett segel (v)	*sail*	seglet	segel	**seglen**
	ett vatten (v)	*water*	vattnet	vatten	**vattnen**
	ett fönster (v)	*window*	fönstret	fönster	**fönstren**

2 Note that the following nouns of the 2nd declension have irregular plurals (cf. L.2 § 1):

en sommar	*summer*	somrar (for spelling see L.7 § 9)
en morgon	*morning*	morgnar (mornar)
en afton	*evening*	aftnar
en djävul	*devil*	djävlar
en dotter	*daughter*	döttrar (see L.7 § 2)
en mo(de)r	*mother*	mödrar

3 *The indefinite plural form of the adjective* (cf. L.1 § 7, L.2 § 4, L.5 § 4)
The indefinite form of the adjective in the plural for en- and ett-nouns = basic form + **a**.

e.g. En **fin** lägenhet   **Fina** lägenheter   Lägenheterna är **fina**
Ett **fint** kök   **Fina** kök   Köken är **fina**

The definite form of the adjective
The definite form of the adjective for all nouns both in the singular and plural = basic form + **a**.

e.g. Den **fina** lägenheten   De **fina** lägenheterna
Det **fina** köket   De **fina** köken

Note 1 It is important to note that *an additional independent article* (**den, det, de**) is placed before an adjective which precedes a noun in the definite form.
Note 2 The indefinite form of the adjective is used in the predicative position (see L.1 § 7).

e.g. Den fina lägenheten är **stor**.   Det fina köket är **stort**.
De fina lägenheterna är **stora**.   De fina köken är **stora**.

4 *Past tense of 3rd conjugation*
The 3rd conjugation forms its past tense by adding –**dde** to the root of the verb.

3rd conj. — monosyllabic

		Infinitive	Past tense
3rd conjugation	–dde	bo	bodde

Past tense of 4th conjugation
The 4th conjugation contains the strong verbs (i.e. verbs which have an internal vowel change in their past tense).

The past tense is normally formed by changing the root-vowel.

		Infinitive		Past tense
4th conjugation	root-	fara	*to travel*	for
	vowel	dricka	*to drink*	drack
	change	skriva	*to write*	skrev

Appendix II contains an alphabetical list of the strong and irregular verbs and their principal parts. The singular forms only should be used. *i.e. plural form in -o is old fashioned*

5   The use of **få** *(past tense* **fick***)*
a. **få** = to get, have, receive

    e.g.   Kan jag **få** en kopp kaffe?   *Can I have a cup of coffee?*
           Han **fick** en bok.   *He got a book.*

b. **få** = an auxiliary verb with the following meanings:

         may, be allowed to

    e.g.   **Får** jag röka?   *May I smoke?*

         must, have to

    e.g.   Kerstin **fick** vänta.   *Kerstin had to wait.*

c. **få** is often used together with the verbs **se** (see), **höra** (hear), **veta** (know) in what have now become set expressions. **Få** would not generally be translated into English. *happened to*

        e.g.   Jag **fick höra** att hon bodde i Stockholm. *I heard that she was living in Stockholm.*
              När **fick** du **veta** att hon var här? *When did you learn that she was here?*

Note As an auxiliary verb **få** is followed by the infinitive without **att** (see L.12 § 6).

6   The use of the auxiliary verb **låta** *(past tense* **lät***)*
a. **låta** = to let, allow

        e.g.   Vi **lät** honom gå.   *We let him go.*

b. **låta** = to get, have something done, make, cause

        e.g.   Drottningen **lät bygga** ett slott.   *The Queen had a castle built.*

7 *The indefinite pronoun* **man** (one, they, you, people) has an object
form **en** and a possessive form **ens**.

e.g.	**Man** dricker kaffe i Sverige.	*They drink coffee in Sweden.*
	Det är bra för **en** att ta en promenad.	*It's good for one to take a walk.*
	Ens vänner är alltid förstående.	*One's friends are always understanding.*

8 The definite article is used with names of Swedish lakes.

e.g.	**Mälaren**	*Lake Mälar* (or *Lake Mälaren*)
	Vänern	*Lake Väner* (or *Lake Vänern*)
	Vättern	*Lake Vätter* (or *Lake Vättern*)

The definite article is used with names of streets and some public parks
and places.

e.g.	**Sergelgatan**	*Sergel Street*
	Valhallavägen	*Valhalla Road*
	Djurgården	*lit. Deer-Park*

The definite article is used with names of seasons used in the general
sense (cf. L.6 § 9).

e.g.	**på sommaren**	*in (the) summer*
	på somrarna	*in the summers*

9 Note the use of the following prepositions in rendering expressions
concerning seasons.

a. **på** = 'in'

e.g.	en vinter	(ii)	**på vintern**	*in (the) winter*
	en vår	(ii)	**på våren**	*in (the) spring*
	en sommar	(ii)	**på sommaren**	*in (the) summer*
	en höst	(ii)	**på hösten**	*in (the) autumn*

b. **i** = 'this' when expressing present or future time

e.g.	i vinter	*this winter*

c. **i** followed by the noun in an old genitive form = 'last'

e.g.	i vintras	*last winter*
	i våras	*last spring*
	i somras	*last summer*
	i höstas	*last autumn*

10 *Word order*
Inversion after a subordinate clause (cf. L.4 § 10; L.5 § 5). Inversion
takes place in a main clause if it is preceded by a subordinate clause.

e.g.   När Gustav blev kung, **började slottets storhetstid.** *When Gustav became king, the golden age of the palace began.*

Exercises

I Give the definite singular and the definite plural of the following nouns:

    ett väder (v), ett läger (*camp* v)

    ett exempel (v)

    ett vapen (*weapon* v).

II 1 Give the plural of the following:

a. En stor familj.	Ett stort slott.
En stolt kung.	Ett stolt barn.
En god drottning.	Ett gott hem.
En ny båt.	Ett nytt exempel.
En förstående granne.	Ett förstående barn.
En rund duk.	Ett runt fönster.

    b.   En fin sommar.

        En stor djävul.

        En god mor.

        En varm morgon.

2 Give the plural of the following:

Den praktfulla trädgården.	Det praktfulla slottet.
Den röda stolen.	Det röda bordet.
Den moderna lägenheten.	Det moderna köket.
Den svenska historikern.	Det svenska området.

3 Give the indefinite singular form of the following:

De blåa husen.	De stolta djuren.	De glada hjärtana.
De gyllene äpplena.	De berömda museerna.	De nya slotten.

4 Complete the following sentences using the correct form of the adjective indicated.

    a.   **stor . . .**   **fin**

        Den . . .   trädgården är . . .

        Det . . .   slottet är . . .

        De . . .   parkerna är . . .

    b.   **ny . . .**   **röd**

        Den . . .   stolen var . . .

        Det . . .   bordet var . . .

        De . . .   husen var . . .

    c.   **svensk . . .**   **glad**

	Den . . .	drottningen blir . . .
	Det . . .	folket blir . . .
	De . . .	grannarna blir . . .
d.	**stolt** . . .	**berömd**
	Den . . .	kungen blev . . .
	Det . . .	barnet blev . . .
	De . . .	flickorna blev . . .

III Give the past tense of the following verbs:
bo (3), ro (3), nå (*reach* 3), avsky (*loathe* 3), tro (*believe* 3), ske (*happen* 3).
bjuda (4), bli (4), falla (4), ge (4), komma (4), sjunga (4), skina (4), skjuta (4), skrika (4), ta (4).

IV Begin the following sentences with **När det är vackert väder.**
De sitter under ett parasoll. Vi tycker om att åka till Drottningholm. Erik och Kerstin vill gå till Stockholmsterrassen. Hon tar en promenad.

V Answer these questions in Swedish:
Var ligger Lovön? Vem lät bygga ett stort slott på Lovön? Vad heter slottet? Hur gammalt är slottet? Vad omger slottet? Vem bodde där på somrarna? Var bor du på sommaren? När började Drottningholms storhetstid? Vem skrev en dikt om en båtresa på Mälaren? Var stod Olle? Vad gjorde Kerstin? Var bodde Gustav III på vintern? Var bodde du i vintras?

VI Translate into Swedish:
Big parks surround the castle. The happy guests were standing on the landing stage. The young queen lived in a beautiful castle north of the town. Every year in the spring the queen invites many young girls to the palace. When Gustav III became king he invited great poets and sculptors to Drottningholm. Bellman wrote many poems to the Swedish Royal Family. Last summer we were living on a beautiful Swedish island called Kymmendö. We rowed every day. The young Swedish girls liked looking at the magnificent gardens. We saw the red house where Bellman used to live. Last autumn we went by car to the new town south of Stockholm. Where was the castle situated? May I have a cup of coffee? I had to give her a cup of coffee. They let him come. They had a new house built last summer.

This spring I am going by boat to England. A good friend of his
said that the weather was fine in Sweden. When I heard that he was
living there I wrote to him. It's not good for one to drink coffee.
This autumn I want to see Lake Väner.

7
Ett brev

Kära mamma och pappa!

Tack så hemskt mycket för brevet! Nu har jag varit på
Kymmendö en hel vecka och vi har haft underbart väder.
Stockholms skärgård är mycket tjusig. Den lilla stugan vi
bor i ligger alldeles vid stranden. Eriks pappa har byggt den
själv och den är verkligen jättesöt. Vi har badat nästan
varje dag, eftersom det är minst 18 grader varmt i
vattnet. Vi har redan blivit mycket bruna. Vi har också
rott omkring i en gammal roddbåt och tittat på alla de
vackra små öarna i närheten. Eriks pappa har just köpt en
liten segelbåt och vi har följt med honom till Dalarö och
handlat ett par gånger. I dag har vi plockat blommor och
hämtat björklöv till midsommarstången som vi har rest
på ett litet fält framför stugan. I eftermiddag ska vi
dansa ringlekar kring den och i kväll blir det dans på
bryggan till dragspelsmusik.

Visste ni förresten att Strindberg har bott på
Kymmendö? Det finns fortfarande folk här som kan
berätta om honom. Jag har just läst hans roman
Hemsöborna, som handlar om folk här på ön. Det är
roligt att kunna känna igen allting från romanen.

Hur har ni det? Det måste vara trist att vara kvar i
stan. Kan ni inte komma ut och hälsa på oss någon dag?
Det skulle vara jättekul.

Många kära hälsningar!
Kerstin

P.S. Jag tittar just nu ut genom det öppna fönstret.
Utsikten mot havet är underbar med det gröna vattnet,
den blåa himlen och de vita havsfåglarna.

WORD LIST

(ett) brev (v)	*letter*
Kymmendö	*name of an island*
(en) midsommar (ii)	*midsummer*
(en) afton (ii)	*evening, eve*
(en) midsommarafton (ii)	*midsummer eve*
kär	*dear*
(en) mamma (i)	*mummy, mum*
(en) pappa (i)	*daddy, dad*
tack	*thanks*
hemsk	*terrible, awful*
hemskt	*terribly, awfully*
nu	*now*
varit (from: **vara** 4)	*been*
hel	*whole*
(en) vecka (i)	*week*
haft (from: **ha** irr.)	*had*
underbar	*wonderful*
(en) skärgård (ii)	*skerries, archipelago*
tjusig	*charming, enchanting*
lilla (definite form of **liten**)	*little, small*
(en) stuga (i)	*cottage*
(en) strand (iii)	*beach, shore*
byggt (from: **bygga** 2a)	*built*
(en) jätte (ii)	*giant*
söt	*sweet, nice*
jättesöt	*awfully nice, very sweet*
badat (from: **bada** 1)	*bathed*
nästan	*almost, nearly*
eftersom	*because*
minst	*at least*
(en) grad (iii)	*degree*
blivit (from: **bli** 4)	*become*
brun	*brown*
rott (from: **ro** 3)	*rowed*
tittat (from: **titta** 1)	*looked*
all (allt, alla)	*all, everything, everybody*
små (plural form of **liten**)	*small, little*
(en) närhet	*vicinity*

just	*just*
köpt (from: **köpa** 2b)	*bought*
(en) segelbåt (ii)	*yacht, sailing boat*
följt med (from: **följa** (2a) **med**)	*accompanied*
handlat (from: **handla** 1)	*shopped*
(ett) par (v)	*some, a couple*
(en) gång (iii)	*time, occasion*
i dag	*today*
plockat (from: **plocka** 1)	*picked, plucked*
hämtat (from: **hämta** 1)	*fetched, collected*
(en) björk (ii)	*birch*
(ett) löv (v)	*leaves, foliage*
(en) stång (iii)	*pole*
(en) midsommarstång (iii)	*maypole*
rest (from: **resa** 2b)	*raised, hoisted*
(ett) fält (v)	*open space, field*
framför	*in front of*
i eftermiddag (ii)	*this afternoon*
(en) ring (ii)	*ring*
(en) lek (ii)	*game*
(en) ringlek (ii)	*round dance, chain-dance*
kring	*around*
(en) kväll (ii)	*evening*
i kväll	*this evening, tonight*
blir (from: **bli** 4)	*will be*
(en) dans (iii)	*dance*
(ett) dragspel (v)	*accordion*
(en) dragspelsmusik	*accordion music*
visste (from: **veta** irr.)	*knew (a fact)*
bott (from: **bo** 3)	*lived*
berätta (1) om	*talk about, tell stories*
läst (from: **läsa** 2b)	*read*
(en) roman (iii)	*novel*
(en) −bo (iii)	*dweller, inhabitant*
Hemsö	*fictitious name for Kymmendö*
Hemsöborna	*The People of Hemsö*
handla (1) om	*to deal with, be about*
känna (2a)	*to know (a person), feel*
känna (2a) igen	*to recognize*
allting	*everything*

hur har ni det?	*how are you?*
trist	*miserable, dreary*
vara (4) kvar	*to be left, remain behind, stay on*
hälsa (1) på	*to visit (a person)*
någon	*some, any*
skulle (from: **skola** aux.)	*would*
jättekul	*great fun*
(en) hälsning (ii)	*greeting, regard*
genom	*through*
öppen	*open*
(ett) fönster (v)	*window*
mot	*towards*
(ett) hav (v)	*sea, ocean*
blå	*blue*
(en) himmel (ii)	*heaven, sky*
vit	*white*
(en) fågel (ii)	*bird*
(en) havsfågel (ii)	*sea bird*

GRAMMAR

Finding list

Adjective:	ending in unstressed —al, —el, —en —er	*see section*	8
	liten		7
Article:	the definite article instead of possessive		11
Noun:	en-nouns ending in unstressed —el, —er, —or		1
	2nd and 3rd declension nouns ending in unstressed —el, —en, —er		2
	Use of **gång** and **tid**		14
Preposition:	**i** with common expressions of time		12
	i with festivals		13
*Pronoun:	**all** and **hela**		10
Spelling:	**m** and **n**		9
Verb:	formation of the supine (conjugations 1–4)		4

forms of some auxiliary verbs	6
forms of some irregular verbs	5
det finns	15

Sections

1 En-nouns ending in unstressed **–el**, **–er**, **–or** add only **–n** in the definite singular form.

Definite singular

e.g.	en fågel (ii)	*bird*	fågeln
	en syster (ii)	*sister*	systern
	en professor (iii)	*professor*	professorn

2 *En-nouns* of the 2nd and 3rd declensions which end in unstressed **–el**, **–en**, **–er** drop the **–e** in the plural.

			Definite singular	*Plural*
e.g.	en fågel (ii)	*bird*	fågeln	fåglar
	en muskel (iii)	*muscle*	muskeln	muskler
	en socken (ii)	*parish*	socknen†	socknar
	en sägen (iii)	*legend*	sägnen	sägner
	en syster (ii)	*sister*	systern	systrar
	en neger (iii)	*negro*	negern	negrer

†Note that the nouns ending in unstressed **–en** drop the **–e** before the definite singular ending.

3 The noun **himmel** (heaven, sky ii) is irregular, For spelling see § 9.

	Definite singular	*Indefinite plural*
en himmel	himlen	himlar

4 *The supine*

The Swedish supine corresponds to the English past participle after 'have'.

 Jag har **lånat**. *I have borrowed.*

The supine is formed by adding the following endings to the root of the verb:

	Infinitive	*Supine*	
1st conjugation	**–at**	låna	lånat
2nd conjugation	**–t**	läsa	läst
3rd conjugation	**–tt**	bo	bott
4th conjugation	**–it**	komma	kommit

Sometimes the root-vowel of 4th conjugation verbs changes in the supine. See Appendix II.

The *perfect and pluperfect tenses* are formed with the auxiliary verb **ha** (past tense **hade**) and the *supine*.

> e.g.   Kerstin **har badat** varje dag.   *Kerstin has been bathing every day.*
>
> Erik **hade** just **badat**.   *Eric had just been bathing.*

Note 1   Verbs of the 2nd conjugation whose root ends in a vowel + **d** change the **d** into **t** before the supine ending.

> e.g.   **föda** (2a)   *to give birth to*   Hon har fött ett barn.

Note 2   Verbs of the 2nd conjugation whose root ends in −**nd** drop the **d** before the supine ending (cf. L4 § 3 Note 1).

> e.g.   **vända** (2a)   *to turn*   Han har vänt.

5   Note the forms of the following irregular verbs:

Infinitive		*Present tense*	*Past tense*	*Supine*
få	*to get*	får	fick	fått
göra	*to do*	gör	gjorde	gjort
gå	*to go*	går	gick	gått
heta	*to be called*	heter	hette	hetat
ligga	*to lie*	ligger	låg	legat
se	*to see*	ser	såg	sett
stå	*to stand*	står	stod	stått
säga	*to say*	säger	sade	sagt
veta	*to know*	vet	visste	vetat

6   Note the forms of the following auxiliary verbs:

Infinitive		*Present*	*Past*	*Supine*
ha	*have*	har	hade	haft
kunna	*can, be able*	kan	kunde	kunnat
--		måste *must*	måste	måst
skola	*shall*	ska (ll)	skulle	skolat
vilja	*will, wish*	vill	ville	velat

7 *The adjective* **liten**

The adjective **liten** is irregular. The definite singular form is **lilla** and the plural form is **små**.

> e.g.   En **liten** flicka. *A little girl*   Ett **litet** barn. *A little child*
>
> Den **lilla** flickan *The little girl*   Det **lilla** barnet. *The little child*

Små flickor. *Little girls*   Små barn. *Little children*
De små flickorna. *The little girls* De små barnen. *The little
                                     children*

8 Adjectives ending in unstressed —al, —el, —en, —er drop the end vowel
in the indefinite plural form and the definite forms (cf. L.6 § 3).

e.g.	gammal	*old*	den gamla båten	gamla båtar
	enkel	*simple*	den enkla blomman	enkla blommor
	öppen	*open*	det öppna fönstret	öppna fönster
	vacker	*beautiful*	det vackra bordet	vackra bord

9 Spelling of words containing double **m** or **n** (cf. L.4 § 2)
If a word containing a double **m** or **n** is followed by another consonant,
one **m** or **n** is dropped when it is declined.

e.g.	gammal	*old*	gamla
	himmel	*sky*	himlen
	sommar	*summer*	somrar
	känna (2a)	*know*	kände

10 *The indefinite pronoun and adjective* **all** (cf. L.10 § 3 Note 5)
All (neuter **allt**, plural **alla**) can be used as a pronoun and adjective.

e.g.	i all hast	*in haste*
	av allt hjärta	*with all one's heart*
	allt eller intet	*all or nothing*
	alla goda ting är tre	*all good things come in threes*
	en för alla och alla för en	*one for all and all for one.*

Note 1 **Allting** (everything) is usually interchangeable with **allt**.

Allting är bra. ⎫ *Everything's all right.*
Allt är bra.   ⎭

Note 2 The plural **alla** is usually used to translate 'every, everybody'.

Alla läser hans roman.   *Everybody is reading his novel.*

When English 'all, all the' means 'the whole' it is rendered in Swedish by
hela followed by the noun in the definite form (cf. L.15 § 6b)

e.g. **Hela** dagen   The whole day, all day

11 *The use of the definite article*
When no ambiguity would result as to the possessor the definite article
is sometimes used in Swedish when the English has a possessive adjective.

e.g.	Tack för **brevet**.	*Thanks for your letter.*
	En teckning som Sergel	*A sketch Sergel made of*
	gjorde av **vännen**.	*his friend.*

12 *Common expressions of time* (cf. L.4 § 8b, L.6 § 9)
Note the use of the preposition **i** in the following expressions:

i dag	*today*	i går	*yesterday*
i morgon	*tomorrow*	i eftermiddag	*this afternoon*
i natt	*tonight, during the night*		*this evening,*
i morse	*this morning*	i kväll	*tonight*

Note the following festivals:

(en) jul   (ii)   *Christmas, Yuletide*
(en) påsk   (ii)   *Easter*
(en) pingst (ii)   *Whitsuntide*

The preposition **i** is used to express present or future time (cf. L.6 § 9).

e.g.   i jul   *this Christmas, at Christmas*

The preposition **i** followed by the noun with the old genitive ending can be used to express past time (cf. L.6 § 9).

e.g.   i julas   *last Christmas*

14 A careful distinction should be made between

(en) tid   (iii)   *time*
and
(en) gång   (iii)   *time, occasion*

tid should be used only when 'time' = 'period of time'.

e.g.   Kerstin var **en tid** i Stockholm.   *Kerstin was for a time in Stockholm.*

gång should be used when 'time' = 'occasion'.

e.g.   Kerstin var **många gånger** i Stockholm.   *Kerstin was in Stockholm many times.*

Note also the phrase Det var en gång *Once upon a time.*

15 *The verb* **finnas** (be 4) (cf. L.2 § 6)
Det finns (past tense: **det fanns**, perfect: **det har funnits**) translates the English 'there is' 'there are' when used in the sense 'exist'.

e.g.   Det finns en Gud.   *There is a God.*

Exercises

I Give the *definite singular form* of the following nouns:

en titel   (*title*),   en spegel   (*mirror*),   en mandel   (*almond*);
en moster (*aunt*),   en broder   (*brother*),   en fader   (*father*);
en doktor (*doctor*),   en traktor   (*tractor*).

Give the *indefinite plural form* of the following nouns:

en axel	(*shoulder* ii),	en regel	(*bolt* ii);	
en fröken	(*Miss, lady* ii),	en öken	(*desert* ii),	
en åker	(*field* ii),	en teater	(*theatre* ii),	en neger
				(*negro* iii).

II Give the supine of the following verbs:

1st conjugation	dansa	spela	älska	skildra		
2nd conjugation	köpa	tycka	leva	växa	höra	föda
3rd conjugation	ro	nå	avsky	tro	ske	
4th conjugation	dricka	låta	sjunga	skina	skjuta	skrika
	ta	fara	ge	sitta	vara	
Irregular	se	få	veta	ligga	säga	heta

III Give the definite form of the following:

en gammal teater	ett gammalt hem
en ädel moster (*a noble aunt*)	ett ädelt hjärta
en kristen (*Christian*) familj	ett kristet hem
en mager (*thin*) syster (*sister*)	ett magert barn
en liten spegel	ett litet slott
	små blommor

IV Answer these questions in Swedish:

Var ligger Kymmendö? Hur länge har Kerstin varit på Kymmendö?
Vem skriver brevet? Är vädret bra? Vad säger hon i brevet om
skärgården? Var ligger den lilla stugan? Vem har byggt den? Är det
varmt i vattnet? Vad gör Kerstin varje dag? Vad har Eriks pappa
köpt? Vad har de plockat till midsommarstången? Var har de rest
stången? Vad ska de göra i kväll? Vad heter romanen som
Strindberg skrev om Kymmendö? Var är Kerstins mamma och
pappa? Hur har de det? Vad ser Kerstin genom fönstret?

V Translate into Swedish:

Mora
Friday

Dear Kerstin and Eric, (see L.15 § 7)

Thank you so much for your letter.

We have now been here in Dalarna a whole week, and the
weather has also been marvellous. We are living in an old cottage
by the lake. The water is rather cold, but we have been bathing every
day. Everybody is very brown. Yesterday we took the old rowing
boat and rowed over to a little island which we can see from the

cottage. Today we went with a neighbour to the open-air museum
and looked at the old houses which people in Dalarna used to live
in many years ago. It was great fun. The houses are so small.
Tomorrow we are going by car to Leksand to look at the maypole.
It stands all winter in the square. By the way, have you heard that
Britta is in Dalarna? We saw her this evening when we were
shopping in Mora. She is living in one of the beautiful cottages by
the lake.

Yes, it was miserable being left in Stockholm. Can we come out
and see you in August? That would be fun.

With love,

Mum and Dad

8
Tjuren på Kymmendö

Nu för tiden är det lätt att komma ut till
Kymmendö från Stockholm, men för hundra år
sedan tog det en hel dag. Det var ganska
besvärligt att resa ut till den ensliga ön i
skärgården. Författaren August Strindberg och
hans familj var ofta sommargäster hos bönderna
och fiskarna på Kymmendö. Där var han långt
ifrån civilisationen och hade den fridfulla
naturen omkring sig. Karin, ett av deras barn,
har berättat en spännande historia om sina
föräldrars äventyr med en tjur på ön.

   — En vacker sommardag tog våra föräldrar en
promenad. Min far hade sitt valthorn hängande
över axeln. När de gick över en äng, kom
plötsligt en arg tjur störtande mot dem. Strind-
berg tänkte snabbt: 'Vi måste rädda livet', och
han uppmanade Siri, min mor, att springa mot
en gärdsgård. Själv klättrade han snabbt upp i
ett träd. Tjuren sprang efter hans hustru och
för att kalla honom tillbaka blåste August
häftigt i sitt horn. Det lät som en bölande ko.
Siri såg hur hennes man svängde av och an i den
tunga trädkronan, August bölande uppifrån och
tjuren nerifrån. På så sätt räddade Strindberg sin
hustru från den arga tjuren.

Självporträtt av Strindberg

WORD LIST

(en) tjur (ii)	*bull*
nu för tiden	*nowadays*
lätt	*easy*
tog (from: **ta** 4)	*took*
besvärlig	*troublesome*
resa (2b)	*to journey, travel*
enslig	*secluded, solitary*
(en) författare (v)	*author, writer*
(en) sommargäst (iii)	*summer guest*
hos	*at the house of*
(en) bonde (pl. bönder iii)	*farmer, peasant*
(en) fiskare (v)	*fisherman*
lång	*long, tall*
långt ifrån	*far from*
(en) civilisation (iii)	*civilization*
fridfull	*peaceful*
(en) natur	*nature*
sig	*himself, herself, oneself, him, her, one*
deras	*their*
spännande (from: **spänna** 2a)	*exciting, thrilling*
(en) historia (pl. historier iii)	*story*
sin (sitt, sina)	*his, her, its, their*
föräldrar (ii)	*parents*
(ett) äventyr (v)	*adventure*
vår (vårt, våra)	*our, ours*
(en) promenad (iii)	*walk*
min (mitt, mina)	*my, mine*
(en) fa(de)r (pl. fäder v)	*father*
(ett) valthorn (v)	*hunting horn, French horn*
hängande (from: **hänga** 2a)	*hanging*
(en) axel (ii)	*shoulder*
(en) äng (ii)	*meadow*
plötslig	*sudden*
plötsligt	*suddenly*
arg	*angry, fierce*
störtande (from: **störta** 1)	*rushing*
tänka (2b)	*to think*
snabb	*quick*

tjur – bull

snabbt	*quickly*
rädda (1)	*to save*
uppmana (1)	*to tell, urge*
(en) mo(de)r (pl. mödrar ii)	*mother*
springa (4)	*to run*
(en) gärdsgård (ii)	*fence, paling*
klättra (1)	*to climb*
efter	*after*
(en) hustru (iii)	*wife*
kalla (1)	*to call*
tillbaka	*back*
blåsa (2b)	*to blow*
häftig	*vehement, fierce*
häftigt	*vehemently, fiercely*
(ett) horn (v)	*horn*
låta (4)	*to sound*
som	*like*
bölande (from: **böla** 1)	*bellowing*
(en) ko (iii)	*cow*
hennes	*her, hers*
svänga (2a)	*to swing*
av och an	*backwards and forwards*
tung	*heavy*
(en) krona (i)	*crown*
(en) trädkrona (i)	*tree-top*
uppifrån	*from above*
nerifrån	*from below*
(ett) sätt (v)	*way, manner*
på så sätt	*in this way*

GRAMMAR

Finding list

Adjective:	possessive	*see section*	3
	reflexive		4
Article:	use of the definite article		12
Noun:	irregular 3rd declension nouns		1
	irregular 5th declension nouns		2
	historia		14
*Pronoun:	possessive		3
	sig		5

	själv	6
*Verb:	the present participle	7
	the present participle used as an adjective	9
	some irregular present participles	8
	use of the present participle	10
	verbs requiring prepositions	13
	the present participle used as a noun	11

Sections

1 *Irregular 3rd declension nouns* (cf. L.7 § 2)   – er plur

a. These en-nouns of the 3rd declension change their root vowel in the plural:

and	*wild-duck*	änder
brand	*fire*	bränder
hand	*hand*	händer
rand	*stripe*	ränder
strand	*shore*	stränder
tand	*tooth*	tänder
tång	*pair of tongs*	tänger
stång	*pole*	stänger
stad	*town*	städer
natt	*night*	nätter
son	*son*	söner
bokstav	*letter of alphabet*	bokstäver
ledamot	*member*	ledamöter

Note also the ett-noun **land** (land, country), plural **länder**.

b. These en-nouns of the 3rd declension change the root-vowel and double the final consonant before the plural ending:

bok	*book*	böcker
fot	*foot*	fötter
rot	*root*	rötter

c. These en-nouns of the 3rd declension double the final consonant before the plural ending:

| get | *goat* | getter |
| nöt | *nut* | nötter |

d. These en-nouns of the 3rd declension which end in a vowel add only **–r** in the plural (cf. L.1 § 2):

klo	*claw*	klor
ko	*cow*	kor
sko	*shoe*	skor

–bo	*inhabitant*	–bor
hustru	*wife*	hustrur
<u>mö</u>	*maiden*	mör
tå	*toe*	tår
bonde	*farmer*	bönder (Note root-vowel change)
fiende	*enemy*	fiender

Note Nouns ending in –**else** usually form their plural in this way.

e.g. en befri**else**   *liberation* befriel**ser**   *liberations*

2 Irregular 5th declension nouns
These en-nouns of the 5th declension change their root-vowel in the plural:

		Indefinite plural	*Definite plural*
man	*man*	män	männen (cf. L.2 §5, L.4 §2)
gås	*goose*	gäss	gässen
lus	*louse*	löss	lössen
mus	*mouse*	möss	mössen
fader	*father*	fäder	fäderna
broder	*brother*	bröder	bröderna

3 The possessives
The English possessives correspond to pronouns and adjectives in Swedish.
a. These are the possessive pronouns:

(han)	hans	*his*
(hon)	hennes	*her, hers*
(den, det)	dess	*its*
(de)	deras	*their, theirs*

Note These forms are genitives of the personal pronouns and are *indeclinable.*

e.g. Det är **hennes** bok.   Boken är **hennes.**

Det är **hennes** barn.   Barnet är **hennes.**

Det är **hennes** böcker.   Böckerna är **hennes.**

b. These are the possessive adjectives:

	Singular		*Plural*	
(jag)	min	mitt	mina	*my, mine*
(du)	din	ditt	dina	*your, yours, thy, thine*
(vi)	vår	vårt	våra	*our, ours*
(ni)	er, eder	ert, edert	era, edra	*your, yours*

Note The possessive adjectives are *declinable.*

e.g. Det är **min** bok.   Boken är **min.**

Det är **mitt** barn.   Barnet är **mitt.**

Det är **mina** böcker.   Böckerna är **mina**.
Det är **mina** barn.   Barnen är **mina**.

4 *The reflexive adjective* sin, sitt, sina

In Swedish there are special reflexive forms of the possessive adjective for
the third person (i.e. **han, hon, det, den, de**). The general rule is that if
the noun qualified by the possessive adjective refers back to the subject
of the sentence or clause in which it stands, then **sin, sitt, sina** must be
used. *The subject of the sentence can only be qualified by the possessive
pronoun* **hans, hennes, dess, deras**.

e.g. Han såg **hans hustru**.   *He saw his (another man's)
                       wife.*

Han såg **sin hustru**.   *He saw his (his own) wife.*
Hans hustru var arg.   *His wife was angry.*
Han såg att hans hustru var arg. *He saw that his (his own or
                       another man's) wife was angry.*

5 *The reflexive pronoun* sig (see L.9 § 6)

Swedish has a special reflexive form **sig** for the third person singular and
plural. This pronoun can only refer back to the subject of the clause in
which it stands. It corresponds to English 'himself, herself, themselves',
and sometimes to 'him, her, it, them'.

e.g. Kerstin roar **sig**.   *Kerstin is enjoying herself.*
    De såg en flicka framför **sig**. *They saw a girl in front of
                       them.*

Strindberg hade den fridfulla   *Strindberg had peaceful
naturen omkring **sig**.   nature around him.*

6 *The use of* själv

Swedish has a special emphatic pronoun **själv** (**självt, själva**) which
corresponds to English 'myself, yourself, himself etc.' when these are used
to emphasize the noun or pronoun already mentioned.

e.g. **Själv** klättrade **han** upp i ett träd. *He himself climbed up a
                           tree.*

7 *The present participle*

The present participle is formed by adding the following endings to the
root of the verb:

		Infinitive	*Present participle*
1st conjugation	−ande	låna	lånande
2nd conjugation	−ande	läsa	läsande
3rd conjugation	−ende	bo	boende
4th conjugation	−ande	komma	kommande

Note Verbs which have longer and shorter forms of the infinitive (see L. 3 § 4) form the present participle from the longer forms.

> bli (bliva 4)   blivande
> ta (taga 4)   tagande

8 Note the present participle of the following irregular verbs:

göra	*to do*	görande
gå	*to go*	gående
ligga	*to lie*	liggande
se	*to see*	seende
stå	*to stand*	stående

9 *The present participle used as an adjective*
When used as an adjective the present participle is indeclinable (see L.2 §4).

> e.g.   En **blivande** författare   *A prospective author*
> Ett **blivande** hem   *A future home*
> **Blivande** studenter   *Prospective students*

10 *Use of the present participle*
The present participle is used much less frequently in Swedish than in English. It is used after the verbs **komma** and **bli**, but whenever possible the English present participle should be translated by two finite verbs.

> e.g.   Han kom **störtande**.   *He came rushing.*
> Han blev **liggande**.   *He remained lying.*
> Han satt och läste.   *He sat reading.*

11 *Present participles used as nouns*
Present participles can also be used as nouns. When they denote abstract things they are ett-nouns and belong to the 4th declension (see L.3 § 1).

> e.g.   påstå (irr.)   *to assert, state*
> påstående   *asserting*
> ett påstående (iv)   *assertion, statement.*

When they denote persons, the declension is not fixed. Most are declined as adjectives (see L.11 § 6) but a small number can also be declined according to the 5th declension (see L.3 § 1). For example,

studera (1) *to study*
Either:

| En studerande (v) | *an undergraduate* | studerande | *under-graduates* |
| | studeranden | *the undergraduate* | studerandena | *the under-graduates* |

or:

En studerande   studerande
Den studerande (cf.L.2 §4)   de studerande

12 *Use of the article* (cf. L.4 § 6, L.7 § 11)
a. In Swedish abstract nouns used in the general sense usually take the definite article.

> e.g.   civilisationen   *Civilization*
> naturen   *Nature*

b. Plural nouns used in the general sense often take the definite article.

> e.g.   Strindberg var ofta hos bönderna och fiskarna. *Strindberg was often at the homes of farmers and fishermen.*

c. The definite article is used in Swedish where the English has the possessive adjective with nouns denoting parts of the body or articles of clothing.

> e.g.   Min far hade sitt valthorn hängande över **axeln**. *My father had his French horn hanging over his shoulder.*

13 After some verbs Swedish often requires a preposition which has no equivalent in English.

> e.g.   klättra upp i ett träd   *climb (up) a tree*
> blåsa i ett horn   *blow a horn*

14 Note that 'historia' (*story*) belongs to the 3rd declension. The definite singular form is 'historien', the indefinite plural form is 'historier'.

Exercises

I Give the plural form, indefinite and definite, of the following nouns:
> hand, tand, stad, son, bokstav, land, fot, bok, nöt, ko, sko, bonde, man, fader, broder, historia.

II 1 Change the following expressions by replacing **min** with the other possessives:

> det är min tjur   stugan är min
> det är mitt horn   äpplet är mitt

det är mina stolar   blommorna är mina
2 Replace min with the possessive appropriate to the pronoun:
  a. jag ser min bok   vi ser . . . bok
     du ser   . . . bok   ni ser . . . bok
     han ser . . . bok   de ser. . . bok
     hon ser . . . bok

  b. jag ser mitt äpple   vi ser . . . äpple
     du ser   . . . äpple   ni ser . . . äpple
     han ser . . . äpple   de ser. . . äpple
     hon ser . . . äpple

  c. jag ser mina blommor   vi ser . . . blommor
     du ser   . . . blommor   ni ser . . . blommor
     han ser . . . blommor   de ser . . . blommor
     hon ser . . . blommor

  d. jag ser att min sko är där.   vi ser att . . . sko är där
     du ser att . . . sko är där   ni ser att . . . sko är där
     han ser att . . . sko är där   de ser att . . . sko är där
     hon ser att . . . sko är där

III Give the present participle of the following verbs:
    hämta (1), titta (1), bada (1)
    höra (2), leva (2)
    ro (3), fly (*flee* 3)
    skriva (4), dra (4)
    se (irr.), ligga (irr.)
Form present participle nouns from the following verbs as indicated by
the translation, supply their gender and attempt to decline them.
N = noun declension, A = adjective declension

1st conjugation	klaga (*plaintiff, complainant* N); bada (*bather* A); uttala (*pronouncement* N).
2nd conjugation	resa (*traveller* N); överleva (*survivor* A); betänka (*reflection* N).
3rd conjugation	tro (*believer* A); ske (*course of events* N)
4th conjugation	efterkomma (*descendant* A); sova (*sleeper* A); erbjuda (*offer* N.)
Irregular	gå (*pedestrian* A); avgöra (*decision* N).

IV Answer these questions in Swedish:
    Hur lång tid tog det för hundra år sedan att åka båt till Kymmendö?
    Var det lätt att resa till ön? Vem var August Strindberg? Vad gjorde
    han på sommaren? Varför tyckte han om Kymmendö? Vem har

berättat om äventyret på ön? Vad gjorde Strindberg och hans hustru en vacker sommardag? Vad hade författaren hängande över axeln? Var det en ko som störtade mot dem? Vem sprang djuret efter? Vad gjorde Strindbergs hustru? Vad gjorde Strindberg?

V Translate into Swedish:

A farmer and his wife lived with their four small children, two daughters and two sons, in a little cottage on a lonely island in the skerries. It was so peaceful there that people who lived in big towns liked to live there in the summer. The farmer had five geese, three cows and a big bull. One of his summer guests once had an exciting adventure with the bull. One fine day when the farmer and his wife were walking across the meadow they suddenly saw their bull come rushing towards a tree. A man was climbing up the tree blowing his horn. The man's wife and his children were jumping over the fence. The farmer called his bull back and in this way he saved his guests from the angry animal.

9

Ett historiskt slott

Ett populärt utflyktsmål för stockholmarna är slottet Gripsholm, som ligger vid Mälaren. Detta slott är berömt för sina konstsamlingar, särskilt kungliga porträtt. En vårdag beslöt Erik och Kerstin att åka båt från Stockholm till den lilla staden Mariefred, som ligger i närheten av slottet.

Slottet är nästan fem hundra år gammalt. Kung Gustav, grundaren av det moderna Sverige, hade många fiender. Därför lät han på 1500-talet bygga den här starka borgen nära Stockholm för sig och sin familj. Där kände de sig trygga.

Gustav hade fyra söner, prins Erik och hertigarna Johan, Karl och Magnus. Prins Erik var mycket maktlysten. Eftersom han ville gifta sig med en av Europas prinsessor, friade han till drottning Elisabet av England. Den stackars prinsen uppvaktade henne i nästan fem år, och en gång skickade han sitt eget porträtt till henne. Drottningen tyckte att han såg stilig ut, en lång och ståtlig prins med gyllene skägg och blåa drömmande ögon. Men hon ville ändå inte gifta sig med honom. —Jag kan inte gifta mig med någon som jag inte har sett, sade hon.

Erik gav sig inte. Han beslöt att själv fara över till England och visa sig i all sin prakt för att vinna drottningens hjärta. Men för att göra Elisabet

svartsjuk, friade han också till Skottlands vackra drottning, Maria Stuart.
Detta var hans stora misstag. När detta nådde Elisabets öron, ville hon
inte träffa honom.

    Erik fick aldrig sin prinsessa. Som kung blev han kär i Karin
Månsdotter, en enkel flicka av folket, och gifte sig med henne. Erik blev
en mycket olycklig kung, och hans bröder, hertigarna Johan och Karl,
satte honom i fängelse på hans egen borg, Gripsholm.

    Samma porträtt som Erik skickade den engelska drottningen hänger
numera på Gripsholm. Det var detta praktfulla porträtt som Erik och
Kerstin nu ville titta på.

WORD LIST

historisk	*historical, historic*
populär	*popular*
(en) utflykt (iii)	*excursion, outing*
(ett) mål (v)	*goal*
(ett) utflyktsmål (v)	*place for an excursion*
vid	*on, beside*
berömd	*famous*
(en) samling (ii)	*collection*
(en) konstsamling (ii)	*art collection*
(ett) porträtt (v)	*portrait*
(en) vårdag (ii)	*spring day*
besluta (beslöt, beslutit 4)	*to decide*
(en) grundare (v)	*founder*
(en) fiende (iii)	*enemy*
därför	*and so, therefore*
(ett) tal (v)	*number*
på 1500-talet	*in the sixteenth century*
den här	*this*
stark	*strong*
(en) borg (ii)	*fortress*
nära	*near, close to*
känna (2a) sig	*to feel*
trygg	*safe, secure*
fyra	*four*
(en) son (pl. söner iii)	*son*
(en) prins (ii)	*prince*

(en) hertig (ii)	*duke*
(en) makt (iii)	*power*
lysten	*desirous, covetous*
maktlysten	*ambitious*
gifta (2b) sig (med)	*to marry, get married (to)*
(en) prinsessa (i)	*princess*
fria (1) till	*to propose marriage to*
stackars	*unfortunate, poor*
uppvakta (1)	*to court*
skicka (1)	*to send*
egen, eget, egna	*own*
se (såg, sett irr.) ut	*to look, appear*
stilig	*handsome*
ståtlig	*stately, splendid-looking*
gyllene	*golden*
(ett) skägg (v)	*beard*
drömmande (from: **drömma** 2a)	*dreaming*
(ett) öga (pl. ögon iv)	*eye* .
ändå	*still, nevertheless*
någon (något, några)	*someone, anyone, some, any*
sett (supine of **se** irr.)	*seen*
ge (gav, gett 4) sig	*to give in*
vinna (vann, vunnit 4)	*to win*
visa (1)	*to show, indicate*
(en) prakt	*splendour*
svartsjuk	*jealous*
Skottland	*Scotland*
Maria Stuart	*Mary Queen of Scots*
(ett) misstag (v)	*mistake*
nå (3)	*to reach, get to*
(ett) öra (pl. öron iv)	*ear*
träffa (1)	*to meet*
aldrig	*never*
som	*as*
bli (blev, blivit 4) kär i	*to fall in love with*
enkel	*simple*
(en) flicka (i) av folket	*ordinary girl, girl of the people*
olycklig	*unhappy, unfortunate*
(en) bro(de)r (pl. bröder v)	*brother*
satte (from: **sätta** irr.)	*to put, place*
(ett) fängelse (iii)	*prison*

samma	*the same*
engelsk	*English*
numera	*now, nowadays*

GRAMMAR

Finding list

Adjective:	demonstrative	*see section*	1
	egen		4
	use of the definite form:		3
	stackars		5
Article:	use of the definite article		8
Noun:	declension of **öga öra**		7
Preposition:	use of **i**		9
	translation of 'of'		10
*Pronoun:	demonstrative		2
*Verb:	reflexive		6
	sätta		12
Word order:	inversion after direct speech		11

Sections

1 *The demonstrative adjectives*

Singular			*Plural*	
Common	*Neuter*			
denna (denne)	detta	*this, that*	dessa	*these, those*
den här	det här	*this*	de här	*these*
den där	det där	*that*	de där	*those*
samma (samme)	samma	*the same*	samma	*the same*
(en) sådan	(ett) sådant	*such (a)*	sådana	*such*

Note 1 **denne** and **samme** are only used when denoting a male person (cf. L.11 § 5).

Note 2 **den här, den där** etc., is more colloquial than **denna, detta**, etc.

Note 3 The noun always takes the terminal article after **den här, den där** etc.

e.g.	**Den här** borgen	*This fortress*
	Det där slottet	*That castle*
	De här konstsamlingarna	*These art collections*

BUT *NOT* AFTER **denna, detta** etc.

e.g.	**Denna** borg	*This (that) fortress*
	Detta slott	*This (that) castle*
	Dessa konstsamlingar	*These (those) collections*

Note 4 **samma** *is not* preceded by an article, and the noun it qualifies does not take the terminal article.

e.g.	**Samma** borg	*The same fortress*
	Samma slott	*The same castle*
	Samma konstsamlingar	*The same art collections*

Note 5 In Swedish the indefinite article is placed *before* **sådan** (such a) etc.

e.g.	**En sådan** prins	*Such a prince*
	Ett sådant barn	*Such a child*

2 *The demonstrative pronouns*

The demonstrative adjectives can be used as pronouns.

e.g.	Han vill ha **den här**, inte den där.	*He wants this one, not that one.*

Note 1 The form **denne** instead of **denna** is always used when the pronoun refers to a male person. It often corresponds to the English 'the latter'.

e.g.	Han bjöd författaren till	*He invited the author to*
	Kymmendö, men **denne**	*Kymmendö, but he (the latter)*
	kom inte.	*did not come.*

Note 2 A strict distinction should be made between the demonstrative adjective **samma** and the demonstrative pronoun **densamma (densamme)**, **detsamma, desamma** (the same) which stands alone and *cannot qualify a noun.*

e.g.	Det är **samma porträtt**.	*It is the same portrait.*
	Hon är alltid **densamma**.	*She is always the same.*

3 *Use of the definite form of the adjective* (cf. L.6 § 3)

The definite form of the adjective is used:

a. after a *genitive*

e.g.	Skottlands vackra drottning	*Scotland's beautiful queen*

b. after a *possessive pronoun or adjective* (cf. L. 8 § 3)

e.g.	**Hans stora** misstag	*His great mistake*
	Han skickade **sitt vackra** porträtt	*He sent his beautiful portrait*

c. after the *demonstrative adjective* (except **sådan**)

e.g.	**Denna starka** borg	*This strong fortress*
	Den här starka borgen	*This strong fortress*
	Samma starka borg	*The same strong fortress*
but	**En sådan stark** borg	*Such a strong fortress*

d. when addressing people

e.g.	**Käre Erik!** (see L.11 § 5)	*Dear Eric*
	Kära Karin!	*Dear Karin*
	Lilla vän!	*My dear*

4 The adjective **egen** (own) is irregular. It takes the indefinite form after the genitive and after the possessives.

e.g.   **Hans egen** borg   **Skottlands egen** drottning
       Hans eget hår   **Kungens eget** barn
       Hans egna söner   **Brödernas egna** hem

5 The adjective **stackars** (unfortunate, poor) is indeclinable.

6 *The reflexive verb*
The present tense of the reflexive verb is conjugated as follows:

    tvätta (1) sig   *to wash oneself*
    jag **tvättar mig**   vi **tvättar oss**
    du **tvättar dig**   ni **tvättar er**
    han, hon **tvättar sig** de **tvättar sig**

There are many more reflexive verbs in Swedish than in English.

e.g.   gifta   (2b) sig   *to marry*
       ge   (4)   sig   *to give in*
       känna(2a)   sig   *to feel*
       lägga (irr.) sig   *to lie down, go to bed*
       sätta (irr.) sig   *to sit down*

7 The following nouns of the 4th declension have irregular plurals (cf. L.3 § 1).

ett	öga	*an eye*	ögon	*eyes*
	ögat	*the eye*	ögonen	*the eyes*
ett	öra	*an ear*	öron	*ears*
	örat	*the ear*	öronen	*the ears*

8 *The use of the article*
When an adjective which stands before the names of countries expresses position, period of time, religious, political, economic and social conditions, it is preceded by the definite article (cf. L.1 § 1).

e.g.   Det moderna Sverige   *Modern Sweden*

9 *The preposition* **i**
i corresponds to the English 'for' in expressions of time when answering the question 'how long?'. *But this preposition is often omitted.*

e.g.   Prinsen uppvaktade henne **i fem år**.   *The prince courted her for five years.*

10 The English preposition 'of' has no equivalent in Swedish in geographical expressions of the following kind (cf. L.5 § 3):

Staden Mariefred   *The town of Mariefred*
Landskapet Dalarna *The province of Dalarna*

11 *Word order* (cf. L.4 § 10; L.6 § 10)
Inverted word order takes place after a direct quotation.

e.g.   Jag kan inte gifta mig, **sade hon.**   *'I can't marry,' she said.*

12 The verb **sätta** (put, place, seat) is irregular. The past tense is **satte** and the supine is **satt**.

Exercises

I Replace **denna** etc. in the following expressions with
a. den här etc. b. samma c. (en) sådan etc.

denna flicka	denna stol	denna bok	denna stuga
detta vin	detta äpple	detta öga	detta kök
dessa prinsessor	dessa båtar	dessa öron	dessa djur

II Qualify the nouns in the following expressions with
a. fin b. gammal c. stackars

kungens syster,	Karins mor,	våra söner,
min dotter,	hennes mor,	de här författarna,
den här kon,	det här fåret,	dessa gäster,
denna familj,	detta djur,	sådana föräldrar,
en sådan prins,	ett sådant djur	deras vänner

III Supply the correct reflexive pronoun.

1 Erik gifte — .
2 Vi kände — hemma.
3 Har de satt — ?
4 Hon gav — inte.
5 När ska jag lägga — ?
6 Har ni tvättat — ?

IV Answer these questions in Swedish:

Vet du något populärt utflyktsmål för stockholmarna? Var ligger Gripsholms slott? Vad är slottet berömt för? När åkte Erik och Kerstin till Mariefred? Hur gammalt är slottet? Vem lät bygga det?

Hur många söner hade kung Gustav? Vad hette de? Vem var
maktlysten? Varför friade Erik till drottning Elisabet? Hur såg
prinsen ut? Varför ville drottningen inte gifta sig med honom? Varför
friade prinsen till Maria Stuart? Fick prinsen sin drottning? Vem blev
han kär i? Blev han lycklig? Vem satte honom i fängelse? Var hänger
prinsens porträtt?

V Translate into Swedish:

Four hundred years ago the famous Swedish king, Gustav Vasa,
lived in a fortress near Stockholm with his wife and sons. In the
sixteenth century Sweden had many enemies, and Eric, the
ambitious son of the king, decided he would marry one of the
famous queens of Europe. He courted beautiful princesses also,
but he only won the heart of Karin Månsdotter. This Swedish
girl was very beautiful and a story relates that Eric fell in love with
her one day when he saw her in a square of the Old Town. But as
a prince poor Eric was not allowed to marry her, and they had to
wait many years. When Eric was twenty-six years old, he became
king. He married Karin, and this girl of the people, who now had
two children, became queen of Sweden.

The king did not feel secure and he put his own brother, Duke
John, into prison in the same fortress which his father had had
built. He also put many leading men into prison, and that was his
great mistake. The same year the unhappy king married, his brothers
put him into prison and they sent (*sända* 2a) his wife and the
children to Åbo Castle in Finland. Karin never saw her poor
husband again (*mer*).

Eric died (*dö* irr.) in 1577 (see L.13 § 9) and Gustav Vasa's
second son, John III, became king.

10
På restaurang Gyllene Freden

En söndagskväll ringde Erik till Kerstin.

—Hej, Kerstin. Ska vi gå ut och äta i kväll?

—Ja, det skulle vara trevligt. Vilken restaurang skulle du vilja gå på?

—Jag vet inte. Har du någon tidning?

—Jag har Dagens Nyheter. Vänta ett ögonblick, så ska jag titta efter. Lyssna på det här!

> *Ät middag i*
> *Gamla stan för ett par tior.*
> *Stressa av på kvällen. En middag*
> *med smör, bröd, varmrätt, öl och*
> *kaffe kostar bara några tior. Tänk vad bra!*
> *Titta på de gamla husen och butikerna.*
> *Bättre efterrätt finns inte!*
> *Koppla av, gott folk!*

—Vad är det för restaurang? frågade Erik.

—Det är källaren på Lilla Nygatan.

—Nej, dit vill jag inte gå. Jag tänkte faktiskt på Gyllene Freden.

—Jaha, där har jag aldrig varit. Vad är det för ställe?

—Det är den där gamla fina krogen på Österlånggatan. Den har verkligen stämning, tro mig. Där har Bellman sjungit.

—Oj, då! Berätta mera!

—Nu äger Svenska Akademien den, och du som läser konsthistoria kanske vill veta att konstnären Anders Zorn skänkte den till Akademien för att de skulle bevara den. Jag tror det blir särskilt bra i kväll för det är någon trubadur som sjunger visor av Evert Taube.

—O, jag som tycker så mycket om Evert Taube och hans sjömansvisor.

Erik och Kerstin valde Gyllene Freden, och här är sången som trubaduren sjöng för dem.

Sjösala vals

av
Evert Taube

Rön - ner - dahl han skut - tar med ett skratt ur sin - säng.

So - len står på Orr - ber - get. Sun - nan - vind bru - sar.

Rön - ner - dahl han val - sar ö - ver Sjö - sa - la äng.

Hör min vack - ra vi - sa, kom, sjung min re - fräng! Tär - nan har fått

ung - ar och dy - ker i min vik, ur al - la grö - na dung - ar hörs

fin - kar - nas mu - sik, och se, så mång - a blom - mor som

re - dan sla - git ut på äng - en! Gull - vi - va,

man - del - blom, katt - fot och blå vi - ol.

(From *Sjösalaboken*, Bonniers, Stockholm 1942)

WORD LIST

på	*at*
(en) restaurang (iii)	*restaurant*
Gyllene Freden	*The Golden Peace*
ringa (2a)	*to ring, telephone*
trevlig	*nice, pleasant*
vilken	*which*
gå (gick, gått irr.) på	*to go to*
någon	*a*
(en) tidning (ii)	*newspaper*
Dagens Nyheter	lit. *The Day's News*
(ett) ögonblick (v)	*moment*
så	*and so*
titta (1) efter	*to look and see, look up*
något	*something*
lyssna (1) på	*to listen to*
det här	*this*
ät (from: **äta** 4)	*to eat, have*
(en) middag (ii)	*dinner*
(en) tia (i)	*ten-kronor note*
stressa (1) av	*to relax, unwind*
(ett) smör	*butter*
(ett) bröd (v)	*bread*
(en) rätt (iii)	*dish, course*
(en) varmrätt (iii)	*warm dish, main course*
(ett) öl	*beer, ale*
kosta (1)	*to cost*
tänk (from: **tänka** 2b)	*just imagine*
vad bra!	*how nice, good*
(en) butik (iii)	*shop*
bättre	*better*
(en) efterrätt (iii)	*dessert*
koppla (1) av	*to relax*
vad . . . för	*what kind of*
fråga (1)	*to ask, question*
(en) källare (v)	*restaurant, pub* (lit. *cellar*)
(en) gata (i)	*street*
Lilla Nygatan	*name of street*
nej	*no*

dit	*to that place, there, thither*
tänka (2b) på	*to think of*
faktiskt	*actually, as a matter of fact*
jaha	*oh, I see*
(ett) ställe (iv)	*place*
den där	*that*
(en) krog (ii)	*pub*
Österlånggatan	*name of street*
(en) stämning (ii)	*atmosphere*
tro (3)	*to believe*
oj, då	*Well, well; dear me; oh, I say*
mera	*more*
äga (2a)	*to own, possess, have*
Svenska Akademien	*The Swedish Academy*
(en) konsthistoria	*history of art*
kanske	*perhaps*
(en) konstnär (iii)	*artist*
skänka (2b)	*to present, give as a gift*
bevara (1)	*to preserve*
(en) trubadur (iii)	*folk-singer*
(en) visa (i)	*song*
O	*Oh*
O, jag som tycker så mycket om	*Oh, I just love . . .*
(en) sjöman (pl. sjömän v)	*sailor, seaman*
(en) sjömansvisa (i)	*sailor's song, shanty*
valde (from: **välja** irr.)	*to choose*
Sjösala äng	*place-name* (lit. *Sjösala meadow*)
(en) vals (iii)	*waltz*
Rönnerdahl	*man's surname*
skutta (1)	*to hop, jump*
(ett) skratt (v)	*to laugh*
(en) säng (ii)	*bed*
(ett) berg (v)	*hill, mountain, rock*
Orrberget	*place-name*
solen står på Orrberget	*the sun shines on Orrberget*
sunnan	*from the south*
brusa (1)	*to surge, roar*
valsa (1)	*to waltz*
(en) refräng (iii)	*refrain*
(en) tärna (i)	*tern*

fått (from: **få** irr.)	*got*
(en) unge (ii)	*chick, young, baby*
dyka (4)	*to dive*
(en) vik (ii)	*bay*
(en) dunge (ii)	*clump of trees*
hörs (from: **höra** 2a)	*is (are) heard*
(en) fink (ii)	*finch*
slå (slog, slagit 4) ut	*bud, flower, come out*
(en) gullviva (i)	*cowslip*
(en) mandelblom = mandelblomma (i)	*meadow saxifrage*
(en) kattfot	*cat's foot (Antennaria dioeca)*
(en) viol (iii)	*violet*

GRAMMAR

Finding list

Adjective:	indefinite	*see section*	3
	interrogative		4
	use of the indefinite form		10
	'what kind of . . .'		5
Adverb:	adverbs of place		6
Conjunction:	omission of **att**		7
Numerals:	1–12 as nouns		8
Pronoun:	indefinite		3
	interrogative		4
Verb:	conditional tense		2
	future in the past tense		2
	imperative (conjugations 1–4, irregular, reflexive)		1
	translation of 'think'		9

Sections

1 *The imperative*

The imperative is formed as follows:

1st conjugation	same as the infinitive	**låna!**
2nd conjugation	same as the root	**läs!**
3rd conjugation	same as the root	**tro!**
4th conjugation	same as the root	**ät!**

The imperative of the irregular verbs is the same as the root.

    Irregular   same as the root   **säg!**

Note the imperative forms of the reflexive verb:

tvätta (1) sig	*wash oneself*	**tvätta dig!**	*wash yourself*
		tvätta er!	*wash yourselves*
gifta (2b) sig	*get married*	**gift dig!**	*get married*
		gift er!	*get married*

2 *The conditional and future in the past* (cf. L.15 § 8)

These tenses are formed by **skulle** (past tense of **skola**) plus the infinitive.
It corresponds to English 'should' 'would' 'were to' and 'was, were going
to'.

    e.g.   Om jag **skulle** skriva till   *If I should (were to) write to him*
                honom nu, **skulle** han få   *now, he would get the letter*
                brevet i morgon.   *tomorrow.*
                Det **skulle** vara trevligt.   *That would be nice.*
                Erik **skulle** just ringa   *Eric was just going to ring her,*
                henne, när hon kom.   *when she came.*

Note **Om** (if) which introduces a conditional clause can be omitted more
often in Swedish than in English. This then causes inverted word order
(see L.4 § 10, L.6 § 10).

    e.g.   **Hade jag** (= om jag hade) vetat det, skulle jag ha kommit.
                Had I (= if I had) known I would have come.
                Kommer han idag, så ska jag ringa honom. *If he comes today*
                I'll ring him.

3 *Some indefinite pronouns and adjectives* (see also L.6 § 7 and L.7 § 10)

Note the following indefinite pronouns and adjectives:

Common		*Neuter*		*Plural*
någon	*some, any,*	något	*some, any,*	några
	someone, anyone		*some–, anything*	
ingen	*no, nobody*	inget, intet	*no, nothing*	inga
annan	*other, else*	annat		andra
en annan	*another*	ett annat		andra
den andra	*the other*	det andra		de andra
var	*every, each*	vart		
var och en	*each one, everyone*	vart och ett		
varannan	*every other*	vartannat		varandra

Note 1 **någon, ingen** are used both as pronouns and adjectives.

e.g.	**Någon** sjunger visor av Evert Taube.	*Someone is singing songs of Evert Taube.*
	Någon trubadur sjunger visor av Evert Taube.	*Some (A) folk-singer is singing songs of Evert Taube.*

Note 2 'no, nobody etc.' is often rendered into Swedish by **inte någon, inte något, inte några** (i.e. 'not anybody etc.').

a. This is always the case when it is the object of a main clause in which a compound tense of the verb is used *or* an auxiliary verb plus the infinitive. For position of **inte** see L.5 § 5, 2.

e.g.	Hon har **ingen** tidning.	*She has no newspaper.*
	Hon har **inte** haft **någon** tidning.	*She has had no newspaper.*
	Hon vill **inte** ha **någon** tidning.	*She does not want any newspaper.*

b. This is nearly always the case when 'no, nobody etc.' is the object in a subordinate clause.

e.g.	Han har **inget** bröd.	*He has no bread.*
	Han säger att han **inte** har **något** bröd.	*He says that he has no bread.*

Note 3 **några** is often rendered into English by 'a few'.

Note 4 **en annan** etc. means 'another' in the sense of 'different'. If the sense of addition is implied 'another' is translated by **till**.

e.g.   Erik vill gå på **en annan** restaurang. *Eric wants to go to another (i.e. different) restaurant.*
Erik vill gå på en restaurang **till**. *Eric wants to go to another (i.e. yet one more) restaurant.*

Note 5 **alla** is more common than **var och en** for translating 'everyone, everybody'. (see L.7 § 10)

4 *Some interrogative pronouns and adjectives*

a. Note the following interrogative pronouns:

vem?	*who?*
vems?	*whose?*
vad?	*what?*

Note **vem** refers only to a person in the singular. In the plural **vilka** (see below) must be used.

e.g.   **Vem** är Evert Taube?   *Who is Evert Taube?*

         Vilka är de där trubadurerna?   *Who are those folk-singers?*

b. Note the following interrogative pronoun and adjective:

Common		*Neuter*	*Plural*
vilken	*who, which, what*	vilket	vilka

e.g.   **Vilken** av dem är trubaduren?   *Which one of them is the folk-singer?*

         Vilken sång sjunger trubaduren?   *Which song is the folk-singer singing?*

Note 1 **vilken** etc. can also be used as a relative pronoun, but it belongs to elevated style and is rarely used. Prepositions precede **vilken** etc. but not **som**.

Compare Bilen **i vilken** jag åkte . . .   *The car in which*

         Bilen **som** jag åkte **i** . . .   *I drove*

Note 2 Both **vilken** etc. and **vad** are used in exclamations. Note the lack of the indefinite article after **vilken**.

e.g.   Vilken utsikt!   *What a view!*

         Vad bra!   *Good!*

5 *Translation of the English 'what kind of . . .'*

Note the following ways of translating the English 'what kind of . . .'

a. by the interrogative pronoun and adjective **hurdan (hurdant, hurdana)**.

e.g.   **Hurdan utsikt** har Erik?   *What kind of view does Eric have?*

         Hurdant är **kaffet**?   *What is the coffee like?*

b. by the interrogative expression **vad för**. Note that the two words of the expression may be placed separately in the sentence.

e.g.   **Vad för** restaurang går du på?   *What kind of restaurant are you going to?*

         Vad är det **för** restaurang du går på?   *What kind of restaurant are you going to?*

6 *Adverbs of place*

Most Swedish adverbs of place have two forms. One denotes *motion towards*, the other *rest*.

Rest		Motion towards	
var?	*where?*	vart?	*to where, whither?*
där	*where, there*	dit	*to where, whither, thither*
här	*here*	hit	*to here, hither*
borta	*away*	bort	*away*
inne	*inside*	in	*in*
ute	*outside*	ut	*out*
uppe	*above, up*	upp	*up*
nere	*below, down*	ner, ned	*down*
hemma	*at home*	hem	*home*
framme	*in front, arrived*	fram	*on, forward, there*

e.g. Han är **där** nu.   *He is there now*
      Han ska resa **dit** i kväll. *He will be travelling there tonight.*

Note 1 If the English 'where' introduces a direct or indirect question var or vart must be used.

e.g. **Var** ligger gatan?   *Where is the street?*
      Vet du, **var** gatan ligger? *Do you know where the street is?*
      Vart reser du?   *Where are you going?*
      Vet du, **vart** han reser?   *Do you know where he is going?*

Note 2 When the English 'where' means 'in which, to which' där or dit must be used.

e.g. Han har en lägenhet, **där** vi kan bo. *He has a flat where we can live.*
      Han har en stuga, **dit** vi kan åka. *He has a cottage where we can go.*

7 *The subordinating conjunction* att (cf. L.3 § 9).
Note that the subordinating conjunction **att** (that) may sometimes be omitted, especially in the spoken language, but *never to the same extent as in English.*

e.g. Jag tror (att) det blir bra i kväll. *I think it will be good tonight.*

8 *The numerals as nouns*
The numerals 1−12 can be made into en-nouns of the 1st declension.
They end in −a and have the following meanings:
a. the names of the numbers, e.g. en etta (*a one*), en tvåa (*a two*), en trea (*a three*) etc.
b. the names of bank-notes, bus routes, type of dwelling etc.

e.g. en tia   *a ten kronor note*
      tian   *the No. 10 bus*
      en trea   *a three roomed flat*

9 *The translation of 'think'*

A careful distinction should be made between the following verbs, all of which can be rendered by the English 'think'.

tro   (3)   *believe*

tycka (2b) *be of the opinion, find*

tänka (2b) *process of thinking, reasoning*

e.g. Jag **tror** att han kommer.   *I think he's coming. (i.e. it is something I am supposing but cannot know.)*

　　　Jag **tycker** att maten är bra.   *I think (i.e. find)the food is good.*

　　　Jag kan inte **tänka** när jag är trött.   *I can't think when I'm tired.*

10 *Use of the indefinite form of the adjective* (cf. L.1 § 7; L.6 § 3; L.7 § 10; L.9 § 3)

The indefinite form of the adjective is used after

a. The indefinite adjectives (see § 3)

　　e.g. **Någon fin** restaurang

　　　　Något fint djur

　　　　Några fina lägenheter

b. The interrogative adjective (see § 4)

　　e.g. **Vilken fin** utsikt

　　　　Vilket fint hus

　　　　Vilka fina båtar

c. The demonstrative adjective **en sådan** etc. (see L.9 § 3)

　　e.g. **En sådan fin** flicka

　　　　Ett sådant fint barn

　　　　Sådana fina pojkar

Exercises

I Give the imperative of the following verbs:

1st conjugation:	fråga, visa, tvätta sig
2nd conjugation:	känna, vända, gifta sig
3rd conjugation:	ro, bo
4th conjugation:	låta, sitta, ge
Irregular verbs:	se, välja, sätta sig

II Give the conditional form of the following expressions:

Det är bra. Jag äter gärna bröd. Han vill dricka öl. De tycker om honom.

III 1 Begin the following sentences with **Jag såg att** . . .
    a. Ingen var där   b. Han har ingen bra tidning.
    Inget var bra.   Hon har inget hem.
    Inga kom.   Det fanns inga sjömän där.
  2 Re-write the sentences in 1 using the perfect tense (see L.7 § 4).
  3 Replace **ingen** etc. in the sentences in 1 with the appropriate forms of **en/annan/den andra**.

IV Give the correct form of the adverb indicated.
    där   Han var . . .   Han gick . . .
    här   Hon är . . .   Hon kommer . . .
    bort De har varit . . . De har åkt . . .
    hem   Vi ska inte vara . . . Vi ska åka . . .
    fram Vi är . . . nu   Vi kom . . . igår.

V Answer these questions in Swedish:
När ringde Erik till Kerstin? Varför ringde han till henne? Vad ska de göra? Vilken tidning har Kerstin? Hur mycket kostar en middag i Gamla stan? Vad äter man? Vad heter restaurangen som Erik vill gå på? Är det en ny restaurang? Varför vill Erik gå dit? Vem äger restaurangen? Vem är Anders Zorn? Vad gjorde han? Vad är det för visor som trubaduren sjunger? Vilka blommor ser Rönnerdahl? Vad är en tärna för fågel?

VI Translate into Swedish:
The same evening Eric rang Kerstin they went to Gyllene Freden. Kerstin had wanted to go to another restaurant, but when they got there and she saw the famous old pub, she thought it was really marvellous.

'What a nice place this pub is', she said to Eric, 'and what an atmosphere! Do you think we can have dinner here for only forty crowns?'

'Oh no,' said Eric. 'I was here a year ago and a lunch (*en frukost* ii) cost forty-five crowns. And if we drink a bottle (*en flaska* i) of wine . . .'

'Good! Shall we do that?' said Kerstin.

Kerstin and Eric had a very good dinner. When they were eating the main course they listened to some famous songs by Evert Taube.

'Tell me more about this pub,' Kerstin said.

'Oh, it's very old. I think Anders Zorn, the artist, bought it many years ago and gave it to the Swedish Academy. It was famous when Bellman was living. His portrait is hanging in that room. Many artists and writers come here to eat. Believe me, I don't know (*känna* 2a) anyone who hasn't had fun here. Gyllene Freden is a very popular place in Stockholm.

'Look, who is that man with the black beard sitting at that table?' Kerstin asked.

'Oh, a writer. In fact, a very good writer. I don't know the others. But eat your food. It's getting cold. Cheers (*skål*)! What is the wine like, by the way?'

Kerstin and Eric sat at the table and relaxed for some hours. They did not want to go home, but at one o'clock there were no other patrons (*en gäst*) left (*kvar*).

'Shall we go now?' Eric said. 'We can always come here another time.'

11
Ådalen 1931

I Sverige finns det ett utbrett intresse för film, och som många andra
studenter är Kerstin medlem i en filmstudio. Hon har ett särskilt intresse
för filmer, som behandlar sociala och politiska ämnen. En kväll tar hon
Erik med sig till filmstudion för att se en känd men omtvistad film,
Ådalen 31, av den berömde, svenske regissören Bo Widerberg. Den
handlar om en utdragen strejk på trettiotalet, då lågavlönade arbetare i
Ådalen ordnade ett stort demonstrationståg mot de avskydda
strejkbrytarna. Arbetsgivarna kallade in militär, och chefen för trupperna,
som trodde att arbetarna var beväpnade, gav soldaterna order att skjuta.
De sköt ihjäl fem personer. Bland de dödade var en ung flicka, som inte
hade något med demonstrationen att göra.

Denna blodiga händelse, som är unik i den svenska arbetarrörelsens
historia, blev en oerhörd chock för alla svenskar, och till begravningen av
de skjutna ådalsborna kom folk från hela landet.

Den socialistiske diktaren Erik Blomberg har i följande korta dikt
tolkat den bitterhet som många kände inför det skedda:

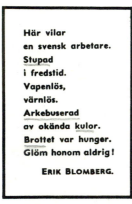

> Här vilar
> en svensk arbetare.
> Stupad
> i fredstid.
> Vapenlös,
> värnlös.
> Arkebuserad
> av okända kulor.
> Brottet var hunger.
> Glöm honom aldrig!
>
> ERIK BLOMBERG.

(From *Nattens ögon,* Bonniers, Stockholm 1943)

Ådalskonflikten ligger nu i det förflutna och är nästan glömd, men den bidrog till att socialdemokraterna följande år fick makten och började bygga upp den moderna svenska välfärdsstaten.

WORD LIST

Ådalen	*a valley in the province of Ångermanland*
breda (2a) ut	*to spread out*
utbredd	*widespread*
(ett) intresse (iv) (för)	*interest (in)*
(en) film (iii)	*film*
andra	*other*
(en) medlem (sg. def.: medlemmen ii) (i)	*member (of)*
(en) studio (pl. studior iii)	*studio*
(en) filmstudio	*film club*
särskilja (2a)	*to distinguish between*
särskild	*especial, distinct, separate*
behandla (1)	*to treat, deal with, be about*
social	*social*
politisk	*political*
(ett) ämne (iv)	*subject*
känd	*known, well-known*
tvista (1) om	*to argue about*
omtvistad	*disputed, controversial*
av	*by*
berömma	*praise*
berömd	*famous*
(en) regissör (iii)	*director, producer*
dra (ga) (drog, dragit 4) ut	*to draw out*
utdragen	*protracted*
(en) strejk (iii)	*strike*
trettiotalet	*the thirties*
då	*when*
ordna (1)	*to arrange, organize, stage*
låg	*low*
avlöna (1)	*to pay wages*
lågavlönad	*low-paid, lower paid*

(en) arbetare (v)	*worker, workman*
(en) demonstration (iii)	*demonstration*
(ett) tåg (v)	*procession. train*
(ett) demonstrationståg (v)	*protest march*
avsky (3)	*to loathe, hate, detest*
avskydd	*hated, loathed, detested*
(en) strejkbrytare (v)	*black-leg, strike-breaker*
(en) arbetsgivare (v)	*employer*
kalla (1) in	*to call in*
(en) militär (iii)	*military, soldier*
(en) chef (iii) (för)	*chief, head (of)*
(en) trupp (iii)	*troop*
beväpna (1)	*to arm*
beväpnad	*armed*
ge (gav, gett 4)	*to give*
(en) order	*order, command*
ihjäl	*to death*
(en) person (iii)	*person*
döda (1)	*to kill*
(en) dödad	*a person who has been killed*
något	*anything, something*
blodig	*bloody*
(en) händelse (iii)	*event*
unik	*unique*
(en) rörelse (iii)	*movement*
(en) arbetarrörelse (iii)	*workers' movement*
blev (from: **bli** 4)	*was*
oerhörd (cf. **höra** *hear* 2a)	*(unheard of) tremendous*
(en) chock (iii)	*shock*
(en) begravning (ii)	*burial, funeral*
skjuten (from: **skjuta** 4)	*shot*
socialistisk	*socialist*
(en) diktare (v)	*poet*
Erik Blomberg (1894–1965)	*name of Swedish poet*
följande	*following*
tolka (1)	*interpret*
(en) bitterhet (iii)	*bitterness*
känna (2a)	*to feel*
inför	*before, in face of*
ske (3)	*to happen, take place, occur*
det skedda	*what had happened*

vila (1)	*to rest*
stupa (1)	*to fall, be killed*
stupad	*fallen*
(en) fred	*peace*
(en) fredstid (iii)	*peace time*
(ett) vapen (v)	*weapon*
vapenlös	*weaponless*
(ett) värn (v)	*defence*
värnlös	*defenceless*
arkebusera (1)	*to execute by firing squad*
arkebuserad	*executed*
okänd (cf. **känna** 2a)	*unknown*
(en) kula (i)	*bullet*
(ett) brott (v)	*crime*
(en) hunger	*hunger*
glömma (2a)	*to forget*

(en) konflikt (iii)	*conflict*
förflyta (−flöt, −flutit 4)	*to pass (of time)*
förfluten	*passed*
det förflutna	*the past*
glömd (from: **glömma** 2a)	*forgotten*
bidra (ga) (−drog, −dragit 4) (till)	*to contribute (to)*
(en) socialdemokrat (iii)	*Social Democrat*
(en) välfärd	*welfare*
(en) stat (iii)	*state*
(en) välfärdsstat (iii)	*Welfare State*

GRAMMAR

Finding list

Sections

1 A compound verb is a verb + prefix (e.g. besluta), or a verb combined with a noun, adjective, adverb or preposition.

e.g. en plan + lägga = planlägga *to plan, design*
   fri + känna = frikänna   *to acquit*
   bort + se = bortse   *to disregard*
   på + lägga = pålägga   *to impose*

Prefixes etc. can be separable or inseparable
Verbs compounded with *inseparable* prefixes etc. are
a. some which are compounded with nouns.

e.g. hungerstrejka *to go on hunger-strike*

b. some which are compounded with prepositions, adjectives or adverbs.

e.g. avlöna   *to pay wages*
   storskrika   *to scream at the top of one's voice*
   närvara   *to be present*

c. generally all those compounded with the following prefixes: an—, be—, er—, för—, här—, miss—, sam—, um—, und—, van—, å—, bi—, före—.

e.g. anfalla *to attack,* betrakta *to regard, look at,* erbjuda *to offer,* förbjuda *to forbid,* härleda *to derive,* missleda *to mislead,* samordna *to co-ordinate,* umbära *to do without,* undgå *to escape,* vanhedra *to dishonour,* åhöra *to listen to,* bistå *to assist,* föregå *to precede*

Verbs *always compounded with separable prefixes* etc. are for example: tycka om *to like,* komma bort *to get lost,* gå hem *to go home.* See however § 3 below.

Many verbs compounded with prefixes etc. (especially with an adverb or preposition) have separable or inseparable forms without change of meaning.

The inseparable form has been the norm for the written language, the separable form the norm for the spoken language. *It should be noted, however, that the separable form is becoming more and more common in the written as well as the spoken language.*

e.g. Nio personer **medföljde honom**.   *Nine people accompanied him.*

Nio personer **följde med** honom.   *Nine people accompanied him.*

(See § 3 below)

A small number of compound verbs have, however, different meanings in their separable and inseparable forms. The inseparable form is generally used in the abstract sense.

e.g. Hon **ställde fram** en stol.   *She set out a chair.*
Han **framställde** ett förslag.   *He put forward a proposal.*
Han **bryter av** käppen.   *He breaks the stick.*
Hon **avbryter** besöket.   *She cuts the visit short.*

2 *The past participle* (cf. L.7 § 4)

The Swedish past participle is used

a. as an adjective

b. after the verbs **bli (va)** and **vara** when forming the passive voice (see L.12).

Note the following endings to form the past participle.

			Infinitive	*Past participle*
1st conjugation		−ad	älska	alskad
2nd conjugation	a.	−d	bygga	byggd
	b.	−t	köpa	köpt
3rd conjugation		−dd	bebo (*to inhabit*)	bebodd
4th conjugation		−en	skriva	skriven

Note 1 Verbs of the 2nd conjugation whose root ends in −**nd** drop the **d** before the past participle ending (cf. L.7 § 2).

e.g. vända *to turn*, past participle **vänd**.

Note 2 In the 4th conjugation the root-vowel of the supine and past participle is always the same. See Appendix.

The endings of the past participle (cf. L.1 § 7, L.5 § 4, L.6 § 3, L.7 § 8, L.9 § 3, L.10 § 11)

Study the following table:

	Indefinite form	Definite form
1st conjugation	en älskad son	den älskade sonen
	ett älskat barn	det älskade barnet
	älskade söner	de älskade sönerna
2nd conjugation a.	en byggd båt	den byggda båten
	ett byggt hus	det byggda huset
	byggda stugor	de byggda stugorna
b.	en köpt båt	den köpta båten
	ett köpt hus	det köpta huset
	köpta stugor	de köpta stugorna
3rd conjugation	en bebodd stuga	den bebodda stugan
	ett bebott hus	det bebodda huset
	bebodda stugor	de bebodda stugorna
4th conjugation	en skriven bok	den skrivna boken
	ett skrivet brev	det skrivna brevet
	skrivna dikter	de skrivna dikterna

Note The past participle is declined according to the rules for the adjective *with the exception* of the 1st conjugation which adds –e instead of –a to its basic form.

3 *The past participle and present participle of compound verbs*
The past and present participles (cf. L.8 § 7) of compound verbs *always have an inseparable form.*

e.g. Hon **tycker om** pojken.   En **omtyckt** pojke
      She likes the boy.   *A popular boy*

      Brevet **kom bort**.   Ett **bortkommet** brev
      The letter got lost.   *A lost letter*

      Bilen **följer efter** begravningståget.   En **efterföljande** bil
      The car follows the funeral procession.   *A car following on behind*

4 *The past participle of some irregular verbs*

gå	*to go*	gången (–et, –na)
göra	*to do*	gjord (–t, –da)
lägga	*to lay*	lagd (–t, –da)
se	*to see*	sedd (–tt, –dda)
stå	*to stand*	stådd (–tt, –dda), stånden (–et, –na)
säga	*to say*	sagd (–t, –da)
sätta	*to put*	satt (–tt, –tta)
välja	*to choose*	vald (–t, –da)

5 *The adjectival ending* **e** (cf. L.9 § 1 Note 1)
It is standard practice in the *written* language to use the old singular
masculine ending **e** instead of **a** with adjectives qualifying words denoting
males.

>   e.g.   Den berömde regissören Bo Widerberg

6 *The adjective used as a noun*
Adjectives and participles used as adjectives can be used as nouns in
Swedish much more frequently than in English.

e.g.	död	*dead*	En död	*A dead man (or woman)*
			Den döde	*The dead man*
			Den döda	*The dead woman*
			De döda	*The dead (people)*
	anställa 2a	*to employ*	En anställd	*An employee (male or female)*
			Den anställde	*A male employee*
			Den anställda	*A female employee*
			De anställda	*The employees*

Note The old masculine **e** ending must always be used to distinguish the
sexes when the adjective is used as a noun in the singular definite form.

7 The adjectives **följande** following, **föregående** previous, and **nästa** next.
It should be noted that these adjectives are followed by nouns in the
indefinite form and by adjectives in the definite form.

e.g.	Följande dikt	*The following poem*
	Följande korta dikt	*The following short poem*
	Föregående vackra kväll	*The previous beautiful evening*
	Nästa röda stuga	*The next red cottage*

8 *The omission of the indefinite article before certain nouns*
There is no article in Swedish before unqualified nouns denoting
nationality, profession etc. after the verbs **vara** and **bli (va)**.

e.g.	Han **är engelsman.**	*He is an Englishman.*
	Erik **är student.**	*Eric is a student.*
	Hon **är medlem** i filmstudion.	*She is a member of the film club.*
	Jag ska (ll) **bli lärare.**	*I am going to be a teacher.*
BUT	Han är en trevlig engelsman.	*He is a nice Englishman.*

9 It should be noted that the Swedish verb **bli (va)** 'to become'
sometimes corresponds to the English verb 'to be'.

e.g.   Denna händelse blev en chock.   *This event was a shock.*

Exercises

I Give the past participle of the following verbs:

1st conjugation	kalla, hämta, tolka, behandla, stressa av.
2nd conjugation	hänga, tänka, skänka bort, breda ut.
3rd conjugation	misstro (*distrust*), nå, fly, nå upp.
4th conjugation	vinna, ge, bli(va), besluta, slå ut, komma hem.
Irregular	förstå, lägga på, fortsätta (*continue*), avgöra (*decide*).

II Give the present participle of the following verbs:
koppla (1) av, känna (2) igen, lägga (irr.) ned, falla (4) bort.

III Give the singular form of the following expressions:

1 lånade böcker
   de stupade soldaterna
   älskade barn
   de bevarade husen

2 kända män
   de gifta arbetarna
   glömda brott
   de uppblåsta seglen

3 avskydda chefer
   de bebodda öarna
   misstrodda barn
   de uppnådda målen

4 druckna män
   de utslagna blommorna
   skjutna får
   de förflutna åren

IV Answer these questions in Swedish:
Vad är Kerstin medlem i? Vilka filmer har hon ett särskilt intresse
för? Vem har gjort Ådalen 31? Vad gjorde arbetarna i Ådalen 1931?
Tyckte de om strejkbrytarna? Varför sköt soldaterna? Hur många
dödade de? Vilka kom till begravningen? Vem är Erik Blomberg?
När kom socialdemokraterna till makten i Sverige?

V Translate into Swedish:
At the beginning (*I början*) of the thirties there were many strikes
in Sweden, and low-paid workers organized demonstrations against
their employers. A tragic (*tragisk*) event occurred (*inträffa* 1) on
14th May (see L.13 § 9), 1931 in Ångermanland when the employers
called in the military. The soldiers fired at the protest march,
killing four men and a young girl. The girl had only been watching
the march. This came as a great shock for the whole country, and
many Swedes came to the funeral of the workers who had been shot.
This strike is now almost forgotten in Sweden. But many have seen
the controversial film about it which the famous film director,
Bo Widerberg, made in the sixties.

12
En skidtävling i Dalarna

Erik tycker mycket om att åka skidor. På våren när snön börjar smälta i Stockholm är det fortfarande vinter i Dalarna och då brukar han resa upp till Mora för att åka skidor. Där är han i 'Sveriges hjärta', bland folk som är stolta över den roll, som Dalarna en gång spelade i den svenska historien.

I början av 1500-talet regerades Sverige av Kristian Tyrann, en dansk kung, som var mycket grym. En kall novemberdag fördes åttiotvå svenska adelsmän till Stortorget i Gamla stan för att halshuggas. Bland de halshuggna befann sig Gustav Vasas far, svåger och morbröder. Hans mor, systrar, mormor och moster hade kastats i fängelse. Själv var han tvungen att fly. Jagad av kungens soldater kom han till Dalarna, där han flera gånger var nära att bli tillfångatagen. Förklädd till bonde nådde han kort före jul Mora. Här steg Gustav upp på en liten kulle och berättade för bönderna om det grymma blodbadet i Stockholm. Han bad dem om hjälp med att befria landet, men han möttes bara av misstro.

Nu flydde Gustav på skidor vidare mot Norge. Kort därefter nåddes folket i Mora av nyheten om Stockholms blodbad och, vad värre var, om kungens nya höga skatter. Ett par skidlöpare sändes efter Gustav Vasa. De hann upp honom i Sälen, inte långt från den norska gränsen, och med glädje vände Gustav tillbaka till Mora. Tillsammans med dalkarlarna befriade han landet från danskarna.

Frihetshjälten Gustav Vasa hedras varje år med en berömd skidtävling som går från Sälen till Mora. Vasaloppet, som det kallas, är åttiofem kilometer långt. På morgonen den första söndagen i mars åker tusentals skidåkare detta historiska lopp.

Även Erik hoppas kunna åka det en gång i sitt liv.

WORD LIST

(en) skida (i)	*ski*
(en) tävling (ii)	*race, competition*
(en) skidtävling (ii)	*skiing contest, race*
Dalarna	*Dalecarlia (name of province)*
bruka (1)	*to be in the habit of, generally*
åka (2b) skidor	*to go skiing*
(en) vår (ii)	*spring*
(en) snö	*snow*
smälta (2b)	*to melt*
(en) vinter (ii)	*winter*
då	*then*
stolt (över)	*proud (of)*
(en) roll (iii)	*role, part*
(en) början	*beginning*
regerades (from: **regera** 1)	*was ruled*
Kristian Tyrann	*Christian the Tyrant*
dansk	*Danish*
grym .	*cruel*
kall	*cold*
fördes (from: **föra** 2a)	*were led*
(en) adel	*nobility*
(en) adelsman (pl. —män v)	*nobleman*
(en) hals (ii)	*neck, throat*
hugga (högg, huggit 4)	*to chop*
halshuggas (from: **halshugga** 4)	*to be beheaded*
de halshuggna	*the beheaded men*
befinna (—fann, —funnit 4) sig	*to be*
(en) svåger (ii)	*brother-in-law*
(en) morbro(de)r (pl. —bröder v)	*maternal uncle*
(en) syster (ii)	*sister*
(en) mormo(de)r (pl. —mödrar ii)	*maternal grandmother*
(en) moster (ii)	*maternal aunt*
kastats (from: **kasta** 1)	*been thrown*
tvungen (from: **tvinga** 4 & 1)	*forced*
fly (3)	*to flee*
jagad (from: **jaga** 1)	*hunted, chased*
(en) soldat (iii)	*soldier*
flera	*several*

bli tillfångatagen (from: **ta** (4) tillfånga)	*taken prisoner, captured*
förklädd (from: **förkläda** 2a) till	*disguised as*
kort	*shortly*
före	*before*
(en) jul (ii)	*Christmas*
stiga (steg, stigit 4)	*to climb*
(en) kulle (ii)	*mound, hillock, low hill*
berätta (1) för	*to tell, relate to*
(ett) blod	*blood*
(ett) bad (v)	*bath*
(ett) blodbad (v)	*blood-bath, massacre*
be (dja) (bad, bett 4) om	*to ask for*
(en) hjälp	*help*
befria (1)	*to liberate, set free*
möttes (from: **möta** 2b)	*was met, was received*
(en) misstro	*mistrust*
vidare	*further*
Norge	*Norway*
därefter	*afterwards, after that*
nåddes (from: **nå** 3)	*was reached*
(en) nyhet (iii)	*piece of news*
värre (from: **ond**)	*worse*
(en) skatt (iii)	*tax, treasure*
(en) skidlöpare (v)	*skier*
sändes (from: **sända** 2a)	*were sent*
hinna (hann, hunnit 4) upp	*to catch up*
norsk	*Norwegian*
(en) gräns (iii)	*border, frontier*
(en) glädje	*joy, pleasure*
vända (2a)	*to turn*
tillsammans	*together*
(en) karl (ii)	*man, chap, fellow*
(en) dalkarl (ii)	*Dalecarlian, man from Dalarna*
(en) dansk (ii)	*Dane*
(en) frihet (iii)	*freedom, liberty*
(en) hjälte (ii)	*hero*
(en) frihetshjälte (ii)	*hero of the liberation*
hedras (from: **hedra** 1)	*is honoured*
(ett) lopp (v)	*race*
Vasaloppet	*The Vasa Marathon*

kallas (from: **kalla** 1)	*is called*
(en) kilometer (v)	*kilometre*
tusentals	*thousands*
(en) skidåkare (v)	*skiers*
även	*as well*
hoppas (1)	*hope*

GRAMMAR

Finding list

Adjective:	determinative	*see section*	9
Adverb:	'before'		10
Conjunction:	'before'		10
Noun:	abstract nouns ending in —**an**		7
	translation of verbal nouns		8
Preposition:	'before'		10
	av with passive		5
Pronoun:	determinative		9
Verb:	the passive voice		1–3
	deponent verbs		4
	The infinitive without **att**		6

Sections

1 *The passive voice*

The passive voice in Swedish can be formed in two ways:

a. *The compound passive* is formed by using the auxiliary verbs **bli(va)** or **vara** together with the past participle of the main verb. The past participle is then declined like an ordinary adjective (see L.11 § 2), e.g.

Boken är (var, har varit) lånad.	*The book is (was, has been) borrowed.*
Boken blir (blev, har blivit) lånad.	*The book is (was, has been) borrowed.*
Böckerna är (var, har varit) lånade.	*The books are (were, have been) borrowed.*
Böckerna blir (blev, har blivit) lånade.	*The books are (were, have been) borrowed.*
Brevet är (var, har varit) skrivet.	*The letter is (was, has been) written.*
Brevet blir (blev, har blivit) skrivet.	*The letter is (was, has been) written.*

Breven är (var, har varit) skrivna.   *The letters are (were, have been) written.*

Breven blir (blev, har blivit) skrivna.   *The letters are (were, have been) written.*

Note Constructions with **vara** usually indicate a continuous state, whereas constructions with **bli (va)** indicate change or transition, the beginning of an action.

b. *The s—passive* is formed by adding —s to the active form of the verb, e.g.

	Infinitive	*Present*	*Past*	*Supine*
1st conjugation	lånas	lånas	lånades	lånats
2nd conjugation	a. byggas	byggs	byggdes	byggts
	b. köpas	köps	köptes	köpts
3rd conjugation	bebos	bebos	beboddes	bebotts
4th conjugation	skrivas	skrivs	skrevs	skrivits

Note 1 The —r ending of the present tense of the active form is dropped before the —s.

e.g. jag älskar *I love* jag älskas *I am loved*

Note 2 The **e** of the present tense of the 2nd and 4th conjugations is usually dropped before the —s in the spoken language, unless the root of the verb ends in **s**.

			Elevated passive	*Colloquial passive*
e.g.				
(2)	han **följer**	*he follows*	han **följes**	han **följs**
(4)	han **skjuter**	*he shoots*	han **skjutes**	han **skjuts**
BUT				
(2)	han **läser**	*he reads*	han **läses**	han **läses**

2 *The use of the passive voice*

The s— and compound passives are often interchangeable, but the s—passive is more common in the written than the spoken language. The present tense of the s—passive is used to express repeated action and is therefore used in public notices, instructions, etc.

e.g. Bilar köpes *Cars bought*
    Öl säljes här *Beer sold here*

The s—form is also sometimes used to express reciprocal action.

e.g. Vi möttes i dag. *We met each other today.*

3 *Avoidance of the passive voice*

The passive voice is not as common in Swedish as in English and is often avoided by using an active construction with the indefinite pronoun **man** (one, they, you, people).

e.g.   Han blev tillfångatagen.
       Han tillfångatogs.   *He was captured.*
       Man tog honom tillfånga.

4 Deponent verbs

Swedish has a number of deponent verbs (i.e. verbs which have a passive form but an active meaning).

e.g.

hoppas (1)	*to hope*	jag **hoppas**	*I hope*
		jag **hoppades**	*I hoped*
		jag har **hoppats**	*I have hoped*
trivas (2)	*to thrive, flourish*	jag **trivs**	*I am happy*
		jag **trivdes**	*I was happy*
		jag har **trivts**	*I have been happy*

5 The preposition **av** (by) is used to express the agent in the passive constructions.

e.g.   Boken lånades **av** pojken.   *The book was borrowed by the boy.*

6 The infinitive without att

In Swedish there are many verbs which are followed by the infinitive without **att**.

a. After the auxiliary verbs, i.e. after:
skola, vilja, kunna, böra, få, måste, låta, lär (*is said to*), tör (*may*), må (*may*).

b. After the following verbs:

be (4)	*to request*	låtsas (1)	*to pretend*
*behöva (2b)	*to need, have to*	*orka (1)	*to have the strength*
besluta (1 & 4)	*to decide*	råka (1)	*to happen to*
*bruka (1)	*to be in the habit of*	sluta (1)	*to stop, finish*
börja (1)	*to begin*	*synas (2a)	*to appear*
försöka (2a)	*to try*	*tyckas (2a)	*to seem*
*hinna (4)	*to have time to*	*tänka (2a)	*to intend*
hoppas (1)	*to hope*	verka (1)	*to seem*
lova (1)	*to promise*	*våga (1)	*to dare*
lära (2b)	*to teach*	vägra (1)	*to refuse*
lära sig (2b)	*to learn*	*ämna (1)	*to intend*
lyckas (1)	*to succeed*	*önska (1)	*to wish*

The asterisk denotes verbs which, as a rule, *are never followed* by an infinitive with **att**.

The other verbs can be followed by an infinitive with or without **att**.

    e.g.   Han **tänker gå** hem nu.   *He intends to go home now.*

             Han **börjar (att)** läsa.   *He begins to read.*

c. After the verbs **se** (to see irr.) and **höra** (to hear 2a) an object with the infinitive without **att** can be used.

    e.g.   Han såg henne komma.   *He saw her come.*

             Jag hör honom sjunga.   *I hear him sing.*

7 *Abstract nouns ending in* **−an**

Abstract nouns derived from verbs and ending in **−an** take no terminal article.

    e.g.   börja   *to begin*   en början   *a beginning*

                                      i början   *in the beginning*

8 *Translation of the English verbal noun*

There is no verbal noun (i.e. an *−ing* form of the verb functioning as a noun) in Swedish:

a. The English verbal noun usually corresponds to a Swedish infinitive. Unlike English a Swedish infinitive can be preceded by a preposition.

    e.g.   Han bad dem om hjälp **med att befria landet.** *He asked them for help in freeing the country.*

b. When the English verbal noun is preceded by a possessive noun or adjective it must be rendered into Swedish by a subordinate clause beginning with **att**.

    e.g.   Jag har inget emot, **att du kommer.** *I have no objection to your coming.*

c. When the English verbal noun is governed by a preposition and expresses an adverbial relation it must be expanded into a subordinate clause.

    e.g.   **När han såg oss**, vinkade han. *On seeing us, he waved.*

9 *Determinative adjectives and pronouns*

Den, det and **de** are used as determinative adjectives when it is felt that a following clause is necessary to understanding the noun qualified by the determinative. Except sometimes in the case of singular nouns, the noun does not take the terminal article.

    e.g.   Han är stolt över **den roll, som** Dalarna spelade. *He is proud of the role which Dalarna played.*

             Det hus, som han köpte, är rött. *The house he bought is red.*

The *determinative pronouns* have the following forms:

Subject   Object

den   den
det   det
de   dem

The Swedish determinative pronoun corresponds to English 'that, those, the one(s), he, him, she, her, the man, anyone'.

e.g. **Den som** kommer nu är min son.	*The one coming now is my son.*
De som läste boken tyckte att den var bra.	*Those who read the book thought it was good.*
Hon sade till **dem som** kom, att han inte var hemma.	*She said to those who came that he wasn't at home.*
Han är inte **den som** ger sig.	*He is not the man to give in.*

10 *Translation of the English 'before'*
Note the different ways of translating the English 'before'.
a. *Preposition of time* (= 'previous to') = **före**
      e.g. Han nådde Mora **före** jul.   *He reached Mora before Xmas.*
b. *Preposition of place* (= 'in front of') = **framför**
      e.g. Han står **framför** huset.   *He is standing before the house.*
c. *Adverb* (= 'earlier, previously') = **förr, förut, tidigare**
      e.g. Han hade inte varit i   *He had not been in Mora before.*
      Mora **förr (förut, tidigare)**
d. *Conjunction after an affirmative clause* = **innan**
      e.g. Han bad dem om hjälp,   *He asked them for help before*
      innan han flydde.   *he fled.*
e. *Conjunction after a negative clause* = **förrän**
      e.g. Han hade inte nått Sälen   *He had not reached Sälen before*
      förrän de hann upp honom.   *they caught up with him.*

Exercises
I 1 Give the three passive forms, all tenses, of the following verbs: älska (1), glömma (2), anförtro (*entrust* 3), slå (*strike* 4).
    2 Give two passive forms (the passive with **bli** and s–passive) of the following expressions (see Appendix I):
    1st conjugation   De jagar bonden; pojken kastade ut barnet; han har uppmanat dem.

2nd conjugation   Alla läser boken; man eftersände (*send on*) brevet; doktorn har undersökt (*examine*) dem.

3rd conjugation   Man betror (*entrust*) honom med uppdraget (*task*); man nådde målet; man har avskytt honom.

4th conjugation   Man bjuder dig; de sköt djuret; man har huggit ner träden.

Irregular   Man säger upp mig; man utsåg (*appoint*) barnet till kung; man har valt ut (*select*) flickorna.

II Give the past tense and the supine of the following deponent verbs: lyckas (*succeed* 1), vistas (*reside* 1), svettas (*sweat* 1), synas (*appear* 2b), tyckas (*seem* 2b), finnas (*exist* 4), minnas (*remember* 2a), slåss (*fight* 4).

III Give the correct Swedish word for *before* in the following sentences:
1 Pojken hade aldrig varit i Sverige. . .
2 Vi kom hem . . . snön började smälta.
3 Jag tror det inte . . . jag får se det.
4 Han tog en promenad . . . middagen.
5 . . . huset var en trädgård.

IV Answer these questions in Swedish:
Vad tycker Erik om att göra? När brukar han resa upp till Dalarna? När var Kristian Tyrann kung av Sverige? Var han en svensk kung? När blev de svenska adelsmännen halshuggna? Vad gjorde Gustav Vasa i Mora? Ville bönderna hjälpa honom? Varför skickade de skidlöparna efter honom? Hur långt är Vasaloppet? Varför åker tusentals skidåkare detta lopp? Har Erik åkt det?

V Translate into Swedish:
People have told many stories about Gustav Vasa's adventures in Dalecarlia where he was almost captured by Danish soldiers who had been sent out by the cruel king. After the massacre in Stockholm, the young Swedish nobleman had been forced to flee northwards to his friends who tried to save his life. First he came to Anders Persson at Rankhyttan. They had been good friends many years before at Uppsala when they were students. Gustav was dressed (*kläda* 2a) as (*som*) a peasant. He told his friend about his family and about how his father had been beheaded and his mother had been thrown into prison. Anders was unable to give him the help he requested, and the young nobleman fled further to Arent Persson

at (*på*) Ornäs, a few kilometres from Borlänge. Here he was received with mistrust and the news soon reached the soldiers that the king's enemy was (*befinna sig* 4) in the vicinity. They came to Ornäs, but Arent's wife saw them come and gave her guest a horse. The young hero fled on to Svärdsjö where he hoped to be able to get help from (*av*) a priest (*en präst* iii) called Jon. But it was not before Gustav was caught up by skiers near the Norwegian border that (*som*) he got the help he wanted from the Dalecarlians. Gustav Vasa succeeded in freeing Sweden from the Danes, but it is said that Arent never forgave (*förlåta* 4) his poor wife.

13

Forntidens Sverige

ᚠᚢᚦᚨᚱᚲ ᚺᚾᛁ ᛅᛋ ᛏᛒᛘᛚᛦ

f uth o r k h n i a s t b m l R

Kerstins allra bästa väninna heter Eva Andersson och hon läser Nordisk fornkunskap vid Stockholms universitet. Hon är särskilt intresserad av runstenar från forntiden. En dag föreslog hon att de skulle ta en båt från Stockholm till Birka för att titta på ett av Sveriges mest berömda gravfält från vikingatiden.

Birka var en gång den mäktigaste och största hamnstaden i svearnas rike. Denna stad var centrum för handel mellan öst och väst och låg på Björkö, en mindre ö i Mälaren. Hit kom vikingarna tillbaka ända från Grekland längs Rysslands floder med tungt lastade skepp.

Svearna var hedningar och dyrkade asagudarna. På sina större offerfester offrade de hundar, hästar och till och med människor till krigsguden Oden, åskguden Tor och kärleksguden Frej. Under offerfesterna sjöng de, men deras sång lät mera som hundars tjut än mänskliga röster.

Till detta grymma folk kom från Tyskland en sommardag år 830 en ung munk, som hette Ansgar, för att predika om 'Vite Krist'. Aldrig hade hedningarna hört vackrare sånger än de som munkarna sjöng, och de blev också väldigt förtjusta i det strålande gyllene korset. Lättast var det för munkarna att döpa kvinnorna, som fick behålla sina vackra vita dopskjortor. De krigiska männen trodde att munkarnas gud kunde vara lika mäktig som guden Tor, om inte mäktigare. Och så liknade Tors hammare det kristna korset. För att vara på den säkra sidan, lät några döpa sig strax innan de dog.

Men att folket i Birka inte blev helt övertygat om den nya gudens kraft visar några utgrävda gravar, där de döda har

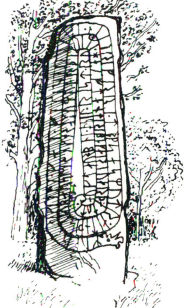

fått med sig både hammaren och korset. Det skulle ta lång tid innan de krigiska vikingarna blev kristnade. Följande fornsvenska vers som Torkel ristade på en runsten omkring år 1000 visar att hedendomen levde kvar:

> Fem söner Gulle
> födde den gode.
> Föll vid Fyris
> frejdige Asmund.
> Assur fick
> sin ände i Grekland.
> Halvdan dräptes
> under holmgång.
> Kare dog hemma,
> död är ock Boe.

WORD LIST

forn	*old, ancient*
(en) forntid (iii)	*ancient time(s)*
allra (old genitive form of **all**)	*of all, very*
bäst	*best*
(en) väninna (i)	*girl friend*
nordisk	*Scandinavian, Nordic, Norse*
(en) kunskap (iii)	*piece of knowledge*
(en) fornkunskap	*archaeology*
vid	*at*
(ett) universitet (v)	*university*
intressera (1)	*to interest*
intresserad av	*interested in*
(en) runa (i)	*rune*
(en) sten (ii)	*stone*
(en) runsten (ii)	*runic stone (monument)*
föreslå (−slog, −slagit 4)	*to propose, suggest*
skulle (from: **skola** aux.)	*should*
mest	*most*
(en) grav (ii)	*grave*
(ett) gravfält (v)	*burial ground*
(en) viking (ii)	*Viking*
(en) vikingatid (iii)	*Viking Period*

mäktigast (from: **mäktig**)	*most powerful*
störst (from: **stor**)	*greatest, largest*
svear (pl.)	*ancient Swedes*
(ett) rike (iv)	*kingdom*
(ett) centrum (för)	*centre (of)*
(en) handel	*trade*
mellan	*between*
öst	*east*
väst	*west*
Björkö	*name of island*
mindre (from: **liten**)	*less, smaller, small*
hit	*to this place, here, hither*
ända	*as far as, all the way*
Grekland	*Greece*
Ryssland	*Russia*
(en) flod (iii)	*river*
tungt	*heavily*
lastade (from: **lasta** 1)	*laden*
(ett) skepp (v)	*ship*
(en) hedning (ii)	*heathen, pagan*
dyrka (1)	*worship*
(en) gud (ii)	*god*
(en) asagud (ii)	*Scandinavian pagan god*
större (from: **stor**)	*larger*
(ett) offer (v)	*sacrifice, victim*
(en) offerfest (iii)	*sacrificial feast*
offra (1)	*to sacrifice*
(en) hund (ii)	*dog*
till och med	*even*
(en) människa (i)	*human being*
(ett) krig (v)	*war*
(en) krigsgud (ii)	*god of war*
Oden	*Woden*
(en) åska (i)	*thunder*
(en) åskgud (ii)	*god of thunder*
Tor	*Thor*
(en) kärlek	*love*
(en) kärleksgud (ii)	*god of love*
Frej	*Frey*
under	*during*

(ett) tjut (v)	*howling*
än	*than*
mänsklig	*human*
(en) röst (iii)	*voice*
Tyskland	*Germany*
(en) munk (ii)	*monk*
predika (1) om	*to preach about*
'Vita Krist'	*The White Christ*
vackrare (from: **vacker**)	*more beautiful*
de	*those*
förtjust (from: **förtjusa** 1 & 2b) i	*fascinated by, delighted with*
strålande (from: **stråla** 1)	*radiant, shining*
(ett) kors (v)	*cross*
lättast (from: **lätt**)	*easiest, most easy*
döpa (2b)	*to baptize*
(en) kvinna (i)	*woman*
behålla (−höll, −hållit 4)	*to keep*
(ett) dop (v)	*baptism*
(en) skjorta (i)	*shirt*
(en) dopskjorta (i)	*baptismal robe*
krigisk	*warlike*
lika	*just as*
mäktigare (from: **mäktig**)	*more powerful, mightier*
och så	*and then*
likna (1)	*to resemble, be like*
(en) hammare (v)	*hammer*
kristen	*Christian*
säker	*safe, sure*
(en) sida (i)	*side*
döpa (2b) sig	*to be (get) baptized*
strax	*immediately*
innan	*before*
dö (dog, dött irr.)	*to die*
helt	*wholly, completely*
övertyga (1) om	*to convince about (of)*
(en) kraft (iii)	*force, might, strength*
utgrävd (from: **gräva** 2a ut)	*excavated*
(en) död (noun derived from adjective)	*dead man (woman, person)*
både . . . och	*both . . . and*
det skulle	*it was to*

kristna (1)	*to christen, christianize*
fornsvensk	*Old Swedish*
rista (1)	*to carve, cut*
(en) hedendom	*paganism, heathendom*
leva (2a) kvar	*to live on, remain*
Gulle	*a man's name*
föda (2a)	*to give birth to, beget*
Fyris	*River Fyris (This is a reference to a battle c. 985)*
frejdig (poetic)	*brave, bold*
Asmund	*a man's name*
Assur	*a man's name*
(en) ände (ii)	*end*
Halvdan	*a man's name*
dräpa (2b)	*to slay, kill*
(en) holme (ii)	*small island*
(en) holmgång (obsolete)	*duel fought on an island*
Kare	*a man's name*
död	*dead*
ock = också	*also, too*
Boe	*a man's name*

GRAMMAR

Finding list

Adjective:	comparison	*see section* 1, 2, 3
	absolute comparative	4
	use of **allra**	5
	ways of expressing the comparative	6
Preposition:	**vid** as preposition of place	7
	på after certain verbs	8
	omission of preposition with dates	9

Sections
1 *The comparison of the adjective*
a. Most Swedish adjectives form the comparative by adding —**are** to the non-neuter form of the adjective.

     e.g. fin *fine* finare *finer*

Most Swedish adjectives form the superlative by adding —ast to the non-neuter form of the adjective.

> e.g.   fin   *fine*   finast   *finest*

Note If the adjective ends in unstressed —el, —en, —er the —e is dropped in the comparative and superlative (cf. L.7 § 8).

> e.g.   enkel   *simple*   enklare   enklast
> öppen   *open*   öppnare   öppnast
> vacker   *beautiful*   vackrare   vackrast

b. The following adjectives form the comparative by adding —re and the superlative by adding —st. Notice the change in the root-vowel.

grov	*coarse*	grövre	grövst
hög	*high*	högre	högst
låg	*low*	lägre	lägst
lång	*long*	längre	längst
stor	*large, great*	större	störst
trång	*narrow*	trängre	trängst
tung	*heavy*	tyngre	tyngst
ung	*young*	yngre	yngst

c. Some adjectives have irregular comparatives and superlatives:

god (bra)	·*good*	bättre	bäst
dålig	*bad*	sämre	sämst
ond	*evil, bad*	värre	värst
liten	*little*	mindre	minst
mycket	*much*	mer (mera)	mest
många	*many*	fler (flera)	flest
gammal	*old*	äldre	äldst

d. Some adjectives form the comparative and superlative with **mera** (more) and **mest** (most). This is true of all adjectives ending in —e and —isk and *all pqrticiples used as adjectives.*

> e.g.

gyllene	*golden*	mera gyllene	mest gyllene
krigisk	*warlike*	mera krigisk (—t, —a)	mest krigisk (—t, —a)
älskad	*beloved*	mera älskad (—t, —e)	mest älskad (—t, —e)
spännande	*exciting*	mera spännande	mest spännande

Note also:

lik	*like, alike*	mera lik (—t, —a)	mest lik (—t, —a)
van	*accustomed*	mera van (—t, —a)	mest van (—t, —a)

2 *The declension of the comparative*

Comparatives ending in —e are indeclinable (cf. L.2 § 4)

e.g.	En **vackrare** röst	*A more beautiful voice*
	Den **vackrare** rösten	*The more beautiful voice*
	De **vackrare** rösterna	*The more beautiful voices*
	Ett **vackrare** barn	*A more beautiful child*
	Det **vackrare** barnet	*The more beautiful child*
	De **vackrare** barnen	*The more beautiful children*

3 *The declension of the superlative*

The definite form of the superlative is declined as follows:

a. Superlatives ending in —ast take the ending —e.

Den vackr**aste** rösten	*The most beautiful voice*
De vackr**aste** rösterna	*The most beautiful voices*
Det vackr**aste** barnet	*The most beautiful child*
De vackr**aste** barnen	*The most beautiful children*

b. Superlatives ending in —st take the ending —a.

Den stör**sta** festen	*The greatest feast*
De stör**sta** festerna	*The greatest feasts*
Det stör**sta** universitetet	*The largest university*
De stör**sta** universiteten	*The largest universities*

Note When the superlative is used predicatively (i.e. when it follows the verb, see L.1 § 7) and is *not* preceded by the article it is indeclinable.

e.g.	Den här rösten är **vackrast**.	*This voice is most beautiful*
	De här rösterna är **vackrast**.	*These voices are most beautiful.*
	Det här barnet är **vackrast**.	*This child is most beautiful.*
	De här barnen är **vackrast**.	*These children are most beautiful.*

BUT

Den här kvinnan är den vackraste.	*This woman is the most beautiful.*
De här kvinnorna är de vackraste.	*These women are the most beautiful.*
Det här barnet är det vackraste.	*This child is the most beautiful.*
De här barnen är de vackraste.	*These children are the most beautiful.*

4 *The absolute comparative*

Swedish has a comparative called the absolute comparative. No direct comparison is being made, the meaning of the adjective is merely strengthened. The absolute comparative is often translated into English with the positive form of the adjective.

e.g.   En **mindre** ö i Mälaren   *A small (or fairly small, or smallish) island in Lake Mälar*

5 *The use of* **allra**
The superlative is often strengthened by an old genitive plural form **allra** (of all).

e.g.   Kerstins **allra bästa** väninna   *Kerstin's very best friend*

6 *Ways of expressing the comparative*
Notice the following ways of expressing the comparative:

Hon är **inte så** vacker **som** Kerstin.   *She is not as beautiful as Kerstin.*

Hon är **vackrare än** Kerstin.   *She is more beautiful than Kerstin.*

Hon är **lika** vacker **som** Kerstin.   *She is as beautiful as Kerstin.*

7 *The preposition* **vid** (to express place)
vid often corresponds to the English 'at' to express place.

e.g.
Eva läser **vid Stockholms universitet.**   *Eva is studying at Stockholm University.*

Erik mötte Kerstin **vid stationen.**   *Eric met Kerstin at the station*

vid is also used to express place in the sense of 'beside'

e.g.
Erik bor i ett hus **vid torget.**   *Eric lives in a house on the square.*

Kerstin har en stuga **vid havet.**   *Kerstin has a cottage by the sea.*

Mariefred ligger **vid Mälaren.**   *Mariefred lies on Lake Mälar.*

8 Notice the use of the preposition **på** after the following verbs (cf. L.3 § 5).

bjuda på	*to offer, invite to*
hoppas på	*to hope for*
tro på	*to believe in*
tänka på	*to think of*

9 *Dates*

No preposition is used *before the year* or *day of the month* in expressions
with dates. Sometimes **år** (year) precedes the year.

e.g. En ung munk kom till Birka (**år**) **830**.	*A young monk came to Birka in 830.*
Han kom till Stockholm den **tredje maj**.	*He came to Stockholm on the third of May.*

Exercises

I Give the comparative and superlative of the following adjectives:
stolt, söt, rolig, brun, grym, säker, maktlysten, tung, stor, låg, hög,
lång, många, gammal, ond, god.

II Give the comparative and superlative of the following expressions:

1 duken är vit;   bordet är enkelt; sonen är ung;   brödet är
                                                        dåligt.

den vita duken; det enkla bordet; den unge sonen; det dåliga
                                                    brödet.

2 barnet är älskat;   filmen är berömd.

det älskade barnet;   den berömda filmen.   ·

III Answer these questions in Swedish:
Vad heter Kerstins väninna? Vad är hon intresserad av? Vad ska hon
och Kerstin titta på? Varför kom vikingarna till Birka? Vilka gudar
dyrkade folk i Sverige? Vem kom till Sverige år 830? Vad blev
hedningarna förtjusta i? Varför var det lättast att döpa kvinnorna?
Var det lätt att övertyga folket i Birka? Varför? Hur många söner
hade Gulle? Vad hette de? Hur dog Asmund?

IV Translate into Swedish:
The ancient Swedes celebrated one of their bigger sacrificial feasts
in a temple (*ett tempel* v) at Uppsala north of Stockholm. The
pagans worshipped many gods. The most celebrated were Woden,
Thor and Frey.
In the eleventh century a monk called Adam of Bremen was sent
to Sweden from Germany to baptize this people which was the most
heathen (*hednisk*) of (*av*) the Northmen (*en nordbo* iii). Adam
never saw the temple himself, but one of the Christians told him
what it looked like. It was more beautiful than any other temple
in Scandinavia (*Norden*), and in it the heathens worshipped their
three gods. Thor, who was the most powerful, stood in the middle

of (*mitt i*) the temple. The pagans worshipped the god they believed most in. Thor was the god especially of the farmers, and Woden was the god of the more warlike Vikings. Uppsala was also famous for its sacrificial well (*en offerkälla* i) where human beings were sacrificed.

It took time (*dröja* 2a) before the Swedes were baptized, but when they saw that the new god was just as mighty as Thor they became Christian.

14
En ny förort

Eva Andersson och hennes föräldrar bor, liksom mer än hälften av
stockholmarna, i en av Stockholms förorter. De hyr en lägenhet på tre
rum och kök i Skärholmen, som är en av de största av de välplanerade
förorterna runt Stockholm.

Skärholmen ligger på historisk mark och är rikt på fornfynd och gamla
minnesmärken. Vikingarna byggde sig en fästning här för att försvara
segelleden till Birka, och år 1521 slog Gustav Vasas dalkarlar upp sitt
vinterläger här under befrielsekriget. Under Stormaktstiden uppfördes en
herrgård, och på platsen för Skärholmens nuvarande centrum låg för inte
så länge sedan fridfulla bondgårdar och torp.

Det tar Eva tjugofem minuter att komma hem med tunnelbana från
biblioteket i stan. När hon kommer ut ur tunnelbanan befinner hon
sig plötsligt i ett bilfritt shoppingcentrum med snabbköp, varuhus och

roliga butiker som lockar henne att dröja sig kvar på hemvägen. Detta är Skärholmens affärscentrum, som är samlingspunkten för förortsborna i sydvästra Storstockholm. Här ligger till exempel banker och postkontor, läkarhus och apotek, pastorsexpedition och arbetsförmedlingen. Arkitekterna har lyckats skapa en trevlig miljö för alla med skolor, kyrkor, ungdomslokal och pensionärshotell. Stora områden har planlagts för promenader, lek och idrott. För dem som önskar roa sig finns det biograf och restauranger.

Eva behöver inte gå långt för att komma hem. Till sin bostad brukar hon komma med hiss från affärscentrum. Familjen Andersson bor på sjunde våningen och från balkongen har de en underbar utsikt över skog och sjö. Husen i Skärholmen smälter naturligt in i omgivningen, och Evas föräldrar, som flyttat hit från ett litet samhälle i Småland, tycker att det nästan är som att bo på landet.

Familjen Andersson bor mycket bekvämt i sin lägenhet. Den är visserligen inte så stor, men den är hypermodern med centralvärme och sopnedkast, ett välutrustat kök och badrum med dusch. Den lättskötta lägenheten uppskattas särskilt av Evas mor, som arbetar som bibliotekarie på Skärholmens stadsbibliotek. Hennes far tycker också det är bra att bo bekvämt och ha nära till arbetet. På tio minuter hinner han gå till grundskolan, där han är lärare i svenska och historia.

Hela familjen Andersson trivs jättebra med att bo i en förort.

WORD LIST

(en) förort (iii)	*suburb*
liksom	*like*
mer	*more*
(en) hälft (iii)	*half*
hyra (2a)	*to rent, hire*
väl	*well*
planera (1)	*to plan*
runt	*around*
rik (på)	*rich (in)*
(ett) fornfynd (v)	*archaeological find*
(ett) minne (iv)	*memory*
(ett) märke (iv)	*mark*
(ett) minnesmärke (iv)	*monument, memorial*
bygga (2a) sig	*to build (for) oneself*
(en) fästning (ii)	*fortification, fortress*

försvara (1)	*to defend*
(en) led (iii)	*path, track*
(en) segelled (iii)	*channel*
slå (slog, slagit 4) upp	*to set up*
(ett) läger (v)	*camp*
(ett) vinterläger (v)	*winter quarters*
(en) befrielse	*liberation*
(ett) befrielsekrig (v)	*war of independence*
(en) Stormaktstid (1611−1718)	*Age of Greatness*
uppföra (2a)	*to build, erect*
(en) herre (ii)	*gentleman*
(en) herrgård (ii)	*manor house*
nuvarande	*present*
länge	*long (time)*
(en) bondgård (ii)	*farm*
(ett) torp (v)	*croft*
tjugofem	*twenty-five*
hem	*home*
med	*with, by*
(en) tunnel (ii)	*tunnel, tube*
(en) bana (i)	*railway line, path*
(en) tunnelbana (i)	*tube, underground railway*
(ett) bibliotek (v)	*library*
ut ur	*out of*
(en) bil (ii)	*car*
bilfri	(lit. *car-free*) *pedestrians only*
(ett) shoppingcentrum	*shopping centre*
(ett) bilfritt shoppingcentrum	*a pedestrian precinct*
(ett) köp (v)	*purchase*
(ett) snabbköp (v)	*self-service store, supermarket*
locka (1)	*to entice*
dröja (2a) sig	*to linger*
kvar	*behind, on*
(en) hemväg (ii)	*way home*
(en) affär (iii)	*shop*
(ett) affärscentrum	*shopping centre*
(en) punkt (iii)	*point*
(en) samlingspunkt (iii)	*focal (meeting) point*
(en) förortsbo (iii)	*suburban dweller*
sydvästra	*south-west*
Storstockholm	*Greater Stockholm*

till exempel	*for example*
(en) post (iii)	*post*
(ett) kontor (v)	*office*
(ett) postkontor (v)	*post-office*
(en) läkare (v)	*doctor*
(ett) läkarhus (v)	*medical centre*
(ett) apotek (v)	*chemist's shop*
(en) pastor (iii)	*pastor, parson*
(en) expedition (iii)	*office*
(en) pastorsexpedition (iii)	*Parish Registrar's Office*
(ett) arbete (iv)	*work, labour*
(en) förmedling (ii)	*mediation, agency*
(en) arbetsförmedling (ii)	*Employment Exchange*
(en) arkitekt (iii)	*architect*
lyckas (deponent 1)	*to succeed*
skapa (1)	*to create*
(en) miljö (iii)	*environment*
(en) skola (i)	*school*
(en) kyrka (i)	*church*
(en) ungdom (ii)	*youth*
(en) lokal (iii)	*place, room*
(en) ungdomslokal (iii)	*Youth Centre*
(en) pensionär (iii)	*pensioner*
(ett) hotell (v)	*hotel*
(ett) pensionärshotell (v)	*service flats (hostel) for pensioners*
planlägga (–lade, –lagt irr.)	*to plan, design*
(en) idrott (iii)	*sport, athletics*
lek och idrott	*games and athletics*
önska (1)	*to wish*
roa (1) sig	*to enjoy oneself*
(en) biograf (iii)	*cinema*
behöva (2a)	*to need, have to*
(en) bostad (pl. –städer iii)	*flat, room, house*
(en) hiss (ii)	*lift*
sjunde	*seventh*
(en) våning (ii)	*floor*
(en) balkong (iii)	*balcony*
(en) skog (ii)	*forest*
smälta (2b)	*to melt, merge*
in, i	*into*

naturligt	*naturally*
(en) omgivning (ii)	*surroundings*
flyttat = har flyttat (from: **flytta** 1)	*have moved*
(ett) samhälle (iv)	*town*
Småland	*name of province*
som att bo	*like living*
på landet	*in the country*
bekvämt	*comfortably*
visserligen	*it is true*
hypermodern	*ultra-modern*
(en) värme	*warmth*
(en) centralvärme	*central heating*
(en) sop (ii)	*rubbish, refuse*
(ett) sopnedkast (v)	*refuse chute*
utrusta (1)	*to equip*
(ett) badrum (v)	*bathroom*
(en) dusch (ii)	*shower*
sköta (2b)	*to manage, look after*
arbeta (1)	*to work*
uppskatta (1)	*to appreciate*
(en) bibliotekarie (iii)	*librarian*
(ett) stadsbibliotek (v)	*municipal library*
ha (irr.) nära	*to be close to, be near*
hinna (hann, hunnit 4)	*to have time to, manage*
(en) grundskola (i)	*comprehensive school*
(en) lärare (v)	*teacher*
svenska	*Swedish (language)*
trivas (deponent 2a)	*to enjoy, thrive, be happy*
jättebra	*very much*

GRAMMAR

Finding list

Preposition:	om and på as prepositions of time	7
	på after certain adjectives	8
	på = 'of'	9
	med	10
*Verb:	omission of the auxiliary in perfect	
	and pluperfect tenses	11
	måste and behöva	12

Sections

1 *The formation of adverbs* (cf. L.4 § 7)

a. Many adverbs are derived from adjectives and have the same form as the neuter singular of the adjective.

e.g.

naturlig	*natural*	naturligt	*naturally*
verklig	*real*	verkligt	*really*
öppen	*open*	öppet	*openly*

b. Some adjectives ending in —**lig** can form adverbs by

i   adding the ending —**en** to the non-neuter form of the adjective.

e.g.

vanlig	*usual*	vanligen	*usually*
verklig	*real*	verkligen	*really*

ii   adding the ending —**vis** (cf. English —wise) to the neuter form of the adjective.

e.g.

naturlig	*natural*	naturligtvis	*naturally*
vanlig	*usual*	vanligtvis	*usually*

Note In general adverbs formed with —**t** tend to qualify a single word, whereas those formed with —**en** and —**vis** qualify a whole clause.

e.g.   Jag kan verkligen inte komma.   *I really cannot come.*

Det är en verkligt fin stuga.   *It is a really fine cottage.*

c. The present participle and the neuter form of the past participle can be used as *adverbs.*

e.g.   stråla (1)   *to radiate*   Korset är **strålande** vackert.

The cross is radiantly beautiful.

bryta (4) av *to break off*   Han talade **oavbrutet.**

He talked continuously.

2 *Swedish adverbs with no exact English equivalents*

The following common adverbs in Swedish should be noted:

nog *I suppose, without doubt, all right*

e.g.   Han är **nog** hemma nu.   *He must be at home now, I suppose.*

ju 'as you know, of course, I suppose'

e.g.   Jag har **ju** aldrig sett honom.   *I've never seen him, you know.*

väl 'I suppose'. When expressing uncertainty or hope **väl** corresponds to the repetition of the verb in English questions.

  e.g. Han är **väl** hemma nu? *He's at home now, isn't he?*

visserligen . . . men 'It is true that . . . but'

  e.g. **Visserligen** är hon ung, **men** hon är klok. *It is true that she is young, but she is wise.*

3 *The uses of* **då** *and* **sedan**

The adverbs **då** and **sedan** can both be rendered into English by 'then'.

  When 'then' = 'afterwards' 'subsequently' it must be translated by **sedan**.

  e.g. Först kom Eva hem och **sedan** kom hennes far. *First Eva came home and then her father came.*

When 'then' = 'at that time' 'in that case' it must be translated by **då**.

  e.g. Jag såg Eva för ett år sedan. **Då** läste hon vid Stockholms universitet. *I saw Eva a year ago. Then she was studying at Stockholm University.*
  Är Eva hemma? **Då** kommer jag i kväll. *Is Eva at home? Then I'll come tonight.*

4 *The comparison of adverbs*

Adverbs which can be compared drop the adverbial ending −**t** and form their comparison like the adjective.

  e.g. naturligt *naturally* naturligare naturligast

The comparison of the following adverbs should be noted:

fort	*quickly*	fortare	fortast
illa	*badly*	värre	värst
nära	*near*	närmare	närmast
väl	*well*	bättre	bäst

5 *The adverb* **gärna**

gärna (gladly, readily) has a comparative **hellre** and a superlative **helst**. They correspond to English 'like', 'prefer', and 'like best'.

  e.g. Jag kommer **gärna** i morgon. *I would like to come tomorrow.*
  Jag kommer **hellre** nästa vecka. *I would prefer to come next week.*
  Jag kommer **helst** på söndag. *I would like best to come on Sunday.*

6 *The adverb* **först**
Note the idiomatic use of **först** (first) = 'not until', 'only'.

Hon kom **först** i dag.   *He only came today.*
Jag hörde det **först** igår.   *I didn't hear it until yesterday.*

7 **Om** *and* **på** *as prepositions of time*
The English preposition 'in' corresponds to **om** *when expressing time in the future.*

e.g.   Eva ska komma hem **om två år.**   *Eva will be coming home in two years.*

The English preposition 'in' corresponds to **på** when the question can be asked 'How long does it take?'

e.g.   Evas far hinner gå till skolan   *Eva's father manages to walk*
       på tio minuter.   *to school in ten minutes.*

8 **På** *after certain adjectives*
Notice the use of **på** after the following adjectives:

arg på	*angry with*	rik på	*rich in*
blind på	*blind in*	säker på	*sure of*
döv på	*deaf in*	trött på	*tired of*

9 **På** = 'of'
Note that in expressions like the following **på** corresponds to the English preposition 'of' (in the sense 'comprising').

En lägenhet **på tre rum.**   *A flat comprising three rooms*
Ett brev **på tre sidor.**   *A letter of three pages*
Ett barn **på tre år.**   *A child of three years*

10 *The preposition* **med** = 'by'
Med = 'by' when expressing means of transportation in phrases such as
med bil *by car,* med båt *by boat,* med tunnelbana *by tube,*
med tåg *by train,* med flyg *by air,* med hiss *by the lift.*

11 *The omission of the auxiliary* **ha** *in subordinate clauses*
It is important to note that the auxiliary **ha** is often omitted, especially in the written language, in subordinate clauses when the perfect and pluperfect tenses are used.

e.g.   Evas föräldrar, **som flyttat hit** (= som **har flyttat** hit), tycker att det nästan är som att bo på landet. *Eva's parents, who have moved here, think it is almost like living in the country.*

'och se, så många blommor **som redan slagit ut** på ängen!' (see L.10)
'And behold, so many flowers which have already come out in the meadow!'

12 Måste *and* behöva

Måste denotes necessity and compulsion.

> e.g. Jag måste åka hem i morgon.   *I have to go home tomorrow.*

However, after a negative 'to be obliged, compelled' is often rendered by behöva (2a).

> e.g. Eva **behöver inte** gå långt.   *Eva doesn't have to go far.*
>
> Du **behöver inte** åka dit.   *You don't have to go there.*

Exercises

I Give the comparative and superlative of the following adverbs:

sent *late,*   tidigt *early,*   högt *highly,*   fort *quickly,*
ofta *often,*   gärna *gladly,*   nära *near,*   illa *badly.*

II Answer these questions in Swedish:

Var bor Eva Andersson? Varför byggde vikingarna en fästning där?
Vad gjorde dalkarlarna år 1521? Hur åker Eva hem? Vad tittar hon
på på hemvägen? Vad finns det i affärscentrum för folk som vill roa
sig? Hur brukar Eva komma till sin bostad? Hur stor är familjen
Anderssons lägenhet? Vad ser de från balkongen? Varifrån kom
Evas föräldrar? Varför uppskattar Evas mor lägenheten? Var
arbetar Evas far? Hur trivs familjen Andersson i en förort?

III Translate into Swedish:

Before Skärholmen, the large suburb in south-west (*sydvästra*)
Greater Stockholm, was planned, the most famous suburb was
Farsta which lies south-east (*sydost*) of the inner city (*en innerstad*
iii). Modern Farsta was built some years after the war, but this part
of Stockholm has a long history. A runic stone from the eleventh
century tells about Helga and her three sons who are the oldest
known inhabitants of Farsta.

It takes twenty minutes by tube to get to the Old Town from
Farsta Shopping Centre which the architects have planned like an
Italian (*italiensk*) square. They have really succeeded in creating a
very pleasant shopping precinct. There is also a good library, and
those who wish to read or borrow books do not have to go far.

Round about (*runt omkring*) the square one sees 16-storey blocks of flats (*ett hyreshus* v), but people who live there enjoy it because they are close to green areas. It is almost like living in the country. Eric, who is tired of living in the Old Town, will be moving to Farsta in two weeks. It is true that he will then have to travel every day, but he is sure that his new two-room flat will be more comfortable than his old flat. Eric has a car, but he prefers to travel by tube. He thinks it is much better.

15

I Lappland

Abisko den 1 oktober 19 . .

Redaktör Sven Berggren
Svenska Turistföreningen
Stureplan
Fack
103 80 Stockholm 7

Tack för Er förfrågan av den 20 september om en
lyrisk beskrivning av hösten på Kebnekaise. Härmed bifogar
jag en kort artikel till påseende. Jag vore tacksam att få
veta om den passar Ert syfte.

Med vänlig hälsning

Erik Lindkvist

Så här löd artikeln.

Kungsleden—vandringsleden genom samernas Lappland.

En tidig morgon i slutet av augusti kryper jag ut ur tältet. Björkarna
lyser som gula facklor, hedarna glöder i eldrött mot en klarblå himmel. I
natt har den första nysnön fallit på de höga topparna, på den blågröna
glaciären. Där har den långa arktiska vintern redan börjat, men i
dalgången brinner fortfarande den korta fjällhösten. Bergens kala skönhet
är överväldigande.

Att vandra i den lappländska fjällvärlden är att möta tystnadens
skiftande ansikten. Det enda jag tycker mig höra är på avstånd, bruset från
en fors. Jag lämnar den trånga dalen och går med fjädrande steg upp mot
Kebnekaisemassivet. Vandringen går genom lapparnas gamla jaktmarker.
På en myr fylld av tjärnar och bäckar plockar jag de sista frusna
hjortronen. Långt borta betar några renar och i den tunna nysnön syns de
färska spåren efter en björn.

På utbredda vingar svävar en hök ljudlöst över det ödsliga landskapet.
Allt är stilla och fjärran. Fjällvärldens befriande tystnad vilar över mig.
Här återfinner jag mig själv.

Ensamheten! Tystnaden! Ingen behöver övertyga mig om att den allra
bästa årstiden för att göra en vandring i fjällen är om hösten.

WORD LIST

Abisko	*name of tourist station in Lapland*
(en) redaktör (iii)	*editor*
(en) turist (iii)	*tourist*
(en) förening (ii)	*society, club*
Svenska Turistföreningen	*The Swedish Touring Club*
(ett) fack (v)	*box*
(en) förfrågan	*enquiry*
lyrisk	*lyrical*
(en) höst (ii)	*autumn*
(en) beskrivning (ii)	*description*
(en) höstbeskrivning (ii)	*autumn description, description of autumn*
Kebnekaise	*name of mountain*
härmed	*hereby, herewith*
bifoga (1)	*to enclose*
(en) artikel (ii)	*article*
(ett) påseende (till påseende)	*inspection, sight (for approval)*
vore (subjunctive of **vara** 4)	*would be, were*
tacksam	*grateful, thankful*
om	*if*
passa (1)	*to suit*
(ett) syfte (iv)	*purpose*
vänlig	*kind, friendly*
med vänlig hälsning	*Yours sincerely, Yours truly*
så här	*like this, as follows*
lyda (lydde *or* löd, lytt 2a)	*to run, read*
Kungsleden	*The Royal Route*
(en) vandring (ii)	*walk, walking-tour*
(en) vandringsled (ii)	*walking route*
(en) same (iii)	*Lapp*
Lappland	*Lapland*
tidig	*early*
(ett) slut (v)	*end*
i slutet	*at the end*

krypa (kröp, krupit 4)	*to creep*
(ett) tält (v)	*tent*
lysa (2b)	*to shine*
gul	*yellow*
(en) fackla (i)	*torch*
(en) hed (ii)	*moor, heath*
glöda (2a)	*to glow*
(en) eld (ii)	*fire*
eldrött (from: −**röd**)	*fiery red*
klar	*clear*
klarblå	*clear blue*
(en) natt (pl. nätter iii)	*night*
i natt	*during the night, last night, tonight*
(en) nysnö	*newly fallen snow, fresh snow*
(en) topp (ii)	*peak, top*
blågrön	*bluish green*
(en) glaciär (iii)	*glacier*
arktiskt	*arctic*
(en) dal (ii)	*valley*
(en) gång (ii)	*passage*
(en) dalgång (ii)	*glen*
brinna (brann, brunnit 4)	*to burn, be aflame*
(ett) fjäll (v)	*fell, mountain*
(en) fjällhöst (iii)	*alpine autumn*
kal	*naked, bare, treeless*
(en) skönhet (iii)	*beauty*
överväldigande	*overwhelming*
lappländsk	*of Lapland*
(en) värld (ii)	*world*
(en) tystnad	*silence*
skiftande	*shifting, changing*
(ett) ansikte (iv)	*face*
enda	*only, sole, single*
det enda	*the only thing*
tycka (2b) sig	*to think that one . . .*
(ett) avstånd (v)	*distance*
(ett) brus (v)	*roar, rush*
(en) fors (ii)	*waterfall*
lämna (1)	*to leave*
trång	*narrow*

fjädrande	*springing, elastic*
(ett) steg (v)	*step*
(ett) massiv (v)	*massif*
(en) lapp (ii)	*Lapp*
(en) jakt (iii)	*hunt*
(en) jaktmark (iii)	*hunting-ground*
(en) myr (ii)	*mire, bog*
fylld (from: **fylla** 2a)	*full*
(en) tjärn (ii)	*tarn, small mountain lake*
(en) bäck (ii)	*stream, brook*
sist	*last*
frusen (from: **frysa**, frös, frusit 4)	*frozen*
(ett) hjortron (v)	*cloudberry*
borta	*away*
beta (1)	*to graze*
(en) ren (ii)	*reindeer*
tunn	*thin*
synas (2b)	*to be seen, appear*
färsk	*fresh*
(ett) spår (v)	*trace, track*
efter	*of*
(en) vinge (ii)	*wing*
sväva (1)	*to hover*
(en) hök (ii)	*hawk*
(ett) ljud (v)	*sound*
ljudlös (t)	*soundless (lv)*
ödslig	*desolate*
(ett) landskap (v)	*scene, landscape*
stilla	*still, quiet*
fjärran	*distant*
befriande	*liberating*
åter	*again*
återfinna (−fann, −funnit 4)	*to re-find*
(en) ensamhet	*solitude*
ingen (inget, inga)	*no one, no*
(en) årstid (iii)	*season, time of the year*
om hösten	*in (the) autumn*

GRAMMAR

Finding list

Sections

1 *The subjunctive*

In modern Swedish subjunctive forms are rarely used. They do, however, occur in the Bible, in some set expressions and sometimes in elevated literary style. The imperfect or pluperfect subjunctive may also be used in conditional sentences (see § 8). The student should therefore learn to recognize them.

a. *The present subjunctive*

The present subjunctive is formed by adding –e to the root of the verb. An exception is verbs of the 3rd conjugation which remain unchanged.

	Infinitive		*Pres. subjunctive*
1st conjugation	bevara	*to preserve*	bevare
2nd conjugation	leva	*to live*	leve
3rd conjugation	ske	*to happen*	ske
4th conjugation	vara	*to be*	vare

e.g.	Gud **bevare** honom.	*May God preserve him.*
	Leve kungen.	*Long live the king!*
	Ske Guds vilja.	*May God's will be done.*
	Frid **vare** med Eder.	*Peace be with you.*

Note Verbs with longer and shorter forms (see L.3 § 4) take the longer form in the subjunctive.

     e.g.   Gud **give** (from: **ge** 4) att det går väl.   *God grant it goes well.*

b. *The past subjunctive*

The past subjunctive of the 1st, 2nd and 3rd conjugations is the same as the past indicative. The past subjunctive of the 4th conjugation is formed by changing the –o of the old plural past indicative to –e.

e.g.   *Infinitive*   *Old past indicative*   *Past subjunctive*

ta (ga)	jag		jag	
	du	**tog**	du	
	han		han	
				toge
	vi		vi	
	ni	**togo**	ni	
	de		de	

Note the old plural past indicative forms of these common verbs:

Infinitive   *Old past indicative plural*

få	fingo
gå	gingo
vara	voro

2 Note that the following verbs can use a construction with the reflexive pronoun (or object of noun or pronoun) + the infinitive without **att**:

tro, tycka, anse (*to consider* irr.), säga, påstå (*to maintain* irr.), medge (*to admit* 4)

e.g.   Det enda jag **tycker mig kunna höra**.   *The only thing I think I can hear.*

Han **säger sig vara sjuk**.   *He says he is ill.*

3 The prepositions **till** and **i**.

a. **till** = 'for' in the following type of expression:

till påseende	*for approval*
till i morgon, i dag etc.	*for tomorrow, today, etc.*
till middag, frukost etc.	*for dinner, breakfast etc.*
till jul, påsk etc.	*for Christmas, Easter etc.*
till exempel	*for example*

b. **i** = 'at'

i   Before names of towns and villages etc.

i Uppsala   *at Uppsala*

ii   In the following type of expression:

Han är **i skolan**	*He is at school*
Hon är **i kyrkan**	*She is at church*
I slutet	*At the end*
I början	*At the beginning*

Note also:

| Han **går i skolan** | *He goes to school* |
| Hon **går i kyrkan** | *She goes to church* |

4 The prepositions **om** and **på** can be interchanged before seasons, days and parts of the day. **Om**, however, is not as common as **på** and is mainly used in more elevated style.

> e.g.   om (på) våren   *in the spring*
>   om (på) dagen   *in the daytime*
>   om (på) söndag   *on Sunday*

5 Note that a preposition can often govern a subordinate clause in Swedish. In English it is sometimes necessary to add *the fact that* when rendering this type of construction.

> e.g.   Ingen behöver övertyga   *Nobody needs convince me (of the*
>   mig **om att den bästa**   *fact) that the best time of the year*
>   **årstiden är om hösten.**   *is in autumn.*

6 *Dropping of the front article*
a. The definite article preceding the adjective is often omitted in names of institutions.

> e.g.   Svenska akademien   *The Swedish Academy*
>   Svenska turistföreningen   *The Swedish Touring Club*

b. The following adjectives usually have no preceding article when followed by nouns in the definite form:

båda	männen	*the two men*
dubbla	priset	*twice the price*
förra	året	*last year*
halva	folket	*half the people*
hela	tiden	*the whole time*
första, sista	gången	*the first, last time*

7 *Correspondence*
a. In writing business letters or letters of a more private but formal nature it is important that the *name and title* of the addressee should be set out on the left-hand side before commencing the text. The *place and date* of writing should head the letter on the right-hand side.
b. The pronoun of address in formal correspondence is **Ni** and **Er**, written with capital letters.
c. **Käre, kära** (Dear) is generally used only for relatives and intimate friends. In formal correspondence *no preliminary address of this kind is necessary.*

     Bäste, Bästa can always be used to an unknown addressee or to a person one does not know very well.

All these forms are followed by an exclamation mark.
    e.g.   Käre Erik!   Bäste Herr Berggren!
        Kära Kerstin!   Bästa Fru Andersson!
The most informal type of address is **Hej!**

d. Business correspondence of a more formal nature often has the ending **Med vänlig hälsning** (Yours faithfully, Yours sincerely), otherwise the very formal **Högaktningsfullt** (Yours faithfully, Yours truly) can be used.

e. Note the following way of addressing an envelope:

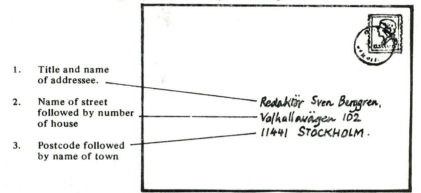

1.	Title and name of addressee.
2.	Name of street followed by number of house
3.	Postcode followed by name of town

Redaktör Sven Berggren,
Valhallavägen 102
11441 STOCKHOLM.

f. The name and full address of the sender (en avsändare v) should be written at the top of the back of the envelope.

8 *The past subjunctive in conditional sentences* (cf. L.10 § 2)
The imperfect and pluperfect subjunctive can be used in the 'if' clause of conditional sentences.
    e.g. **Vore jag ung,** skulle jag komma.   *If I were (Were I) young I would come.*

            Hade jag vetat det, så skulle jag ha kommit.   *If I had (Had I) known, I would have come.*

The imperfect or pluperfect subjunctive may replace the conditional in the result clause.
    e.g. Om jag fick bo här, **vore jag glad.**   *If I could live here, I would be happy.*

Exercises
I Give the present subjunctive of the following verbs:
    komma (4), välsigna (1), bli (4), rädda (1), hjälpa (*help* 2), ta (4).
Give the past subjunctive of the following verbs:
    få (irr.), bli (4), gå (irr.) vara (4).

II Answer these questions in Swedish:

    Vem skriver Erik till? Varför? Vad är Kungsleden? Var bor samerna?
    Vad ser Erik en tidig morgon? Vilken årstid är det? Vad hör Erik?
    Vad äter han? Vilka djur ser han? Tycker Erik om ensamheten?
    När börjar vintern i Lappland?

III Translate into Swedish:

                The Swedish Touring Club,
                Stockholm.

                6th October, 19 . .

Mr Erik Lindkvist,
Abisko Tourist Station,
Abisko.

Dear Mr Lindkvist,

Thank you for your letter of the 1st October.

I have read your description of autumn in Lapland, and I am pleased to be able to tell you (*meddela* 1) that it suits our purposes and we would like to publish (*publicera* 1) the whole article at the beginning of next year.

I am enclosing a cheque (*en check* ii) for (*på*) one hundred crowns, and would be grateful if you would ring me when you come to Stockholm.

Yours sincerely,

Sven Berggren

16
En svensk middag

En kort tid efter det att Erik kommit tillbaka från Lappland, fick han
följande inbjudningskort från redaktör Sven Berggren.

Herr och fru Sven Berggren

HAVA ÄRAN INBJUDA

Herr Erik Lindkvist med fästmö

TILL   middag

måndagen DEN 1 november 19 KL. 19⁰⁰

Valhallavägen 102,
smoking
O.S.A. senast den 25 oktober

Några minuter i sju den 1 november stod Erik och Kerstin utanför
redaktörens lägenhet med en bukett rosor i handen. När klockan slog
sju ringde de på dörren. Det var fru Berggren som öppnade och hälsade
dem hjärtligt välkomna.

Då gästerna samlats i salongen och hälsat på varandra, fick Erik äran
att föra värdinnan till det smakfullt dukade bordet. När alla satt sig till
bords knackade herr Berggren i glaset och reste sig.

'Min fru och jag tycker det är trevligt att se er alla hos oss i kväll.
Jag vänder mig särskilt till vår nye medarbetare, Erik Lindkvist, och
hans fästmö, Kerstin Aulin, ej att förglömma. Och så är jag också
mycket glad att fröken Tina Martin, vår engelska översättare, har
kunnat gästa oss i kväll. Eftersom gammal är äldst vill jag nu passa
på tillfället att föreslå att vi lägger bort titlarna. Så höjer vi en skål
för Tina, Kerstin och Erik. Skål och hjärtligt välkomna!'

Vid förrätten, bestående av sill och färsk potatis, skålade Erik med den
unga, söta engelskan som satt till vänster om honom. Tina såg häpen ut
när Erik höjde sitt glas, tittade henne i ögonen och sade 'Skål Tina!', och
tittade henne en gång till i ögonen innan han ställde ifrån sig glaset.

Erik blev full i skratt när han såg hennes min, för han förstod genast att
hon inte var van vid svenska seder och bruk.

Men Tina blev ännu häpnare när hennes bordskavaljer, Ingmar Franzén,
helt plötsligt knackade i glaset och tog upp en sång som alla stämde in i.

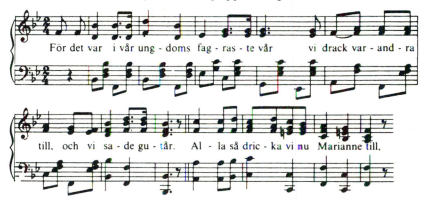

För det var i vår ung - doms fag - ras - te vår vi drack var - and - ra

till, och vi sa - de gu - tår. Al - la så dric - ka vi nu Marianne till,

Här höjde värdinnan sitt glas och skålade med alla gästerna medan hon
sjöng:

och Marianne hon sä - ger in - te nej där - till.

Varpå alla sjöng:

För det var i vår ung - doms fag - ras - te vår, vi drack var - and - ra

till och vi sa - de gu - tår.

Middagen fortsatte under sång och sorl.

Vid desserten var det Eriks tur att resa sig och hålla gästernas tacktal.

'Då jag i kväll har fått hedersplatsen vid värdinnans vänstra sida, faller
det på min lott att tacka vårt kära värdpar för den riktigt
norrländska måltiden på renkött, mandelpotatis, hjortron och

excellent

tunnbröd som har blivit en <u>förträfflig</u> avslutning på allt vårt
samarbete om Norrland. Du Marianne, måste få ett extra tack för
allt besvär du har gjort dig för att vi skulle få en minnesvärd kväll.
Får jag föreslå att vi alla höjer en skål för Marianne och Sven.'
Festen blev mycket lyckad. Det skålades och dracks och sjöngs och
först vid tolvtiden bröt gästerna upp. På hemvägen kunde Tina inte låta
bli att fråga om det myckna tackandet, och Kerstin skrattade och
förklarade att man bör tacka värdfolket ännu en gång genom att ringa och
säga 'Tack för sist'.

WORD LIST

efter det att	*after, when*
(en) inbjudning (ii)	*invitation*
(ett) kort (v)	*card*
(ett) inbjudningskort (v)	*invitation card*
(en) herr (ii)	*Mr*
(en) fru (ii)	*Mrs, wife*
hava = har	*(they) have*
(en) ära	*honour*
inbjuda (−bjöd, −bjudit 4)	*to invite*
(en) fästmö (iii)	*fiancée*
kl = klockan	*o'clock*
(en) smoking (ii)	*dinner-jacket, black tie*
O.S.A. = om svar anhålles	*R.S.V.P.* (lit. *reply, to ask for*)
(ett svar v anhålla (−höll, −hållit 4) om)	
senast (from: **sen**)	*latest*
Valhallavägen	*name of street*
utanför	*outside*
(en) bukett (iii)	*bunch*
(en) ros (pl. rosor i)	*rose*
(en) hand (pl. händer iii)	*hand*
slå (slog, slagit 4)	*to strike*
(en) dörr (ii)	*door*
ringa (2a) på dörren	*to ring the doorbell*
öppna (1)	*to open*
hälsa (1) välkommen	*to bid welcome*
hjärtlig (t)	*hearty (−ily)*
samlas (1)	*to assemble*

(en) salong (iii)	*drawing-room*
hälsa (1) på	*to greet*
varannan (varannat, varandra)	*each other*
(en) värdinna (i)	*hostess*
smakfull (t)	*tasteful (ly)*
duka (1)	*to lay the table*
sätta (satte, satt irr.) sig	*to sit down*
till bords	*at the table*
knacka (1)	*to knock, tap*
(ett) glas (v)	*glass*
resa (2b) sig	*to get up*
vända (2a) sig	*to address oneself*
(en) medarbetare (v)	*contributor, fellow worker*
ej	*not*
förglömma (2a)	*to forget*
(en) fröken (ii)	*Miss*
(en) översättare (v)	*translator*
gästa (1)	*to be a guest*
gammal är äldst	*old folks know best*
passa (1) på	*to avail oneself of*
(ett) tillfälle (iv)	*opportunity*
lägga (lade, lagt irr.)	*to lay, put*
bort	*away, aside*
(en) titel (ii)	*title*
lägga bort titlarna	*to dispense with titles, use Christian names*
höja (2a)	*to raise*
(en) skål (ii)	*toast* (lit. *bowl, basin*); *Cheers!*
(en) förrätt (iii)	*first course*
bestå (−stod, −stått irr.)	*to consist of*
bestående av	*consisting of*
(en) sill (ii)	*herring*
(en) potatis (ii)	*potato*
skåla (1)	*to toast*
söt	*sweet, pretty*
(en) engelska (i)	*English girl (woman)*
till vänster (om)	*to the left (of)*
häpen	*amazed*
en gång till	*once more*
ställa (2a) ifrån sig	*to put down, put aside*
full	*full*

full i skratt	*bursting with laughter*
(en) min (iii)	*look, expression, mien*
förstå (−stod, −stått irr.)	*understand, realize*
genast	*at once*
van (vant, vana) vid	*accustomed to*
(en) sed (iii)	*custom*
(ett) bruk (v)	*habit, custom*
ännu	*yet, still*
(en) bordskavaljer (iii)	*dinner partner*
ta (ga) (tog, tagit 4) upp	*to strike up*
stämma (2a) in i	*to join in*
fager	*beautiful, fair*
gutår (obsolete = skål)	*Your Health!*
därtill	*to that*
medan	*while*
varpå	*whereupon*
fortsätta (−satte, −satt irr.)	*to continue*
(ett) sorl	*hum of voices*
under sång och sorl	*amidst singing and humming of voices*
(en) dessert (iii)	*dessert*
(en) tur (iii)	*turn*
hålla (höll, hållit 4)	*to hold, give*
(ett) tal (v)	*speech*
(ett) tacktal (v)	*speech of thanks*
(en) hedersplats (iii)	*place of honour*
(en) lott (iii)	*lot*
(en) värd (ii)	*host*
(ett) värdpar (v)	*host and hostess*
riktig	*real*
norrländsk	*of Norrland*
(ett) kött	*meat*
(ett) renkött	*reindeer meat*
(en) mandel (ii)	*almond*
(en) mandelpotatis (ii)	*name of small almond-shaped potato*
(ett) tunnbröd	*thin, unleavened bread*
förträfflig	*excellent*
(en) avslutning (ii)	*conclusion*
(ett) samarbete (iv)	*collaboration*

Norrland	*name of province in north of Sweden*
extra	*special, extra*
(ett) besvär (v)	*trouble*
värd	*worth*
minnesvärd	*memorable*
(blev) lyckad	*(was) successful*
Det skålades och dracks och sjöngs	*There was toasting, drinking and singing*
först	*not until*
tolvtiden	*round about 12 o'clock*
bryta (bröt, brutit 4) upp	*to break up*
låta (lät, låtit 4) bli (4)	*to help, stop*
mycken (mycket, myckna)	*much, a great deal of*
(ett) tackande	*thanking*
skratta (1)	*to laugh*
förklara (1)	*to explain*
böra (borde, bort aux.)	*ought, should, be obliged*
tacka (1)	*to thank*
(ett) värdfolk (v)	*host and hostess*
ännu	*yet*
ännu en gång	*yet again*
genom att	*by*
tack för sist	*thanks for a lovely evening*

GRAMMAR

Finding list

Adverb:	**inte, ej, icke**	*see section* 9
*Conjunction:	**efter det att**	5
	då and **när**	7
	då and **eftersom**	8
Preposition:	**till** with nouns in genitive	3
	hos	4
	efter	5
*Pronoun:	use of **den** and **det**	6
Style:	formal and informal styles of Swedish	10
*Verb:	old plural forms of the present tense	1
	impersonal use of the s—passive	2

Sections

1 *Old plural forms of the present tense*
Although exceedingly rare, old plural forms of the present tense are still
sometimes used in elevated style.

With the exception of **vara** (to be 4), which has the present plural
form **äro**, *the plural form is the same as the infinitive.*

e.g.   *1*   *2*   *3*   *4*

	1	2	3	4
jag (du, han)	lånar	läser	bor	kommer
vi (ni, de)	**låna**	**läsa**	**bo**	**komma**

Vi **hava** äran inbjuda.   *We have the honour of inviting.*
'Saliga **äro** de som **äro**   *'Blessed are the poor in spirit,*
fattiga i anden, ty dem   *for theirs is the kingdom of*
hör himmelriket till.'   *heaven.'*

2 *Impersonal use of the s–passive*
Note that s-forms of the passive can sometimes be used impersonally and
correspond to the English verbal noun.

e.g.   Det skålades och dracks.   *There was toasting and drinking.*

3 *The preposition* **till** *with certain nouns*
In some set expressions **till** is followed by a noun with the genitive −s
(see L.1 § 3).

e.g.   till bords   *at table*   Han satte sig till bords.
        till döds   *to death*   Hon skjuts till döds.
        till fots   *on foot*   De gick till fots.
        till sjöss   *to, at sea* Han är (går) till sjöss.
        till sängs   *to, in bed* Barnet går (ligger) till sängs.

4 *The preposition* **hos**
hos has no direct equivalent in English. It corresponds to French *chez* and
German *bei*.

a. **hos** = with, at the house of, at
    e.g.   Det är trevligt att se er **hos oss** i kväll. *It's nice to see you with*
            us tonight.
b. **hos** = in, about, with, of
    e.g.   Jag förstår inte vad du finner **hos henne.** *I don't understand*
            what you find in her.
            Han har inflytande **hos chefen.** *He has influence with the boss.*
            Man finner vackra verser **hos Bellman.** *You find beautiful*
            verses in Bellman.

Ögonen **hos djur**. *The eyes of animals.*

5 *The translation of* **after**
When used as a conjunction **after** = when, since. It should be rendered
into Swedish by **efter det att** or **sedan**.

> e.g. **Efter det att** Erik hade kommit hem. . . ⎫
> *After Erik had come*
> **Sedan** Erik hade kommit hem. . . ⎭ *home. . .*

6 *The use of* **den** *and* **det** (cf. L.2 § 6)
a. **Det** is used in impersonal constructions of the kind **det regnar** (it is
raining), **det snöar** (it is snowing) etc.
b. **Det** is used to translate 'it' when it is followed by a form of the verb
'to be' + a noun.

> e.g. Det är en björn. *It is a bear.*
> Det var ett får. *It was a sheep.*

But note that if the noun is replaced by an adjective then either **den** or
det must be used depending on the gender of the noun referred to.

> e.g. Det är en björn. **Den** (i.e. *the bear*) är **fin**.
> Det var ett får. **Det** (i.e. *the sheep*) var **fint**.

c. **Det** has no equivalent in English in the following type of construction.

> Är du glad?—Ja, **det är** jag. *Are you happy? Yes, I am.*
> Får de komma?— Nej, **det får** de inte. *May they come? No, they may not.*
> Tycker hon om att resa?—Ja, **det gör** hon. *Does she like travelling? Yes, she does.*
> Är det varmt idag?—Ja, **det är** det. *Is it warm today? Yes, it is.*

7 *The use of* **då** *and* **när**
Both **då** and **när** are used to render English 'when'.

> e.g. Då gästerna hade samlats. . . *When the guests had assembled. . .*
> När gästerna hade samlats. . .

8 *The use of* **då** *and* **eftersom**
Both **då** and **eftersom** are used to render English 'as, since, because'.

> e.g. Då jag fått hedersplatsen. . . ⎫
> *Since I have been*
> Eftersom jag har fått hedersplatsen. . . ⎬ *given the place of*
> ⎭ *honour. . .*

9 inte, icke, ej
Swedish has three adverbs of negation, viz. **inte, icke** and **ej**.

Of these **inte** is the most common and should normally be used in ordinary prose style. However if one wishes to give special emphasis to the negation **icke** or **ej** can be used.

10 *Formal and informal styles of Swedish*
Formal and informal styles of Swedish can be distinguished by the choice of words.

		Informal	*Formal*
	not	inte	icke, ej
	only	bara	endast, blott
	also	också	även
	because	eftersom	emedan
	although	fast (fastän)	ehuru
	yet	ändå	dock
	send	skicka	sända
	which, who	som	vilken
	down	ner	ned
	up	opp	upp
	on	på	å
	otherwise	annars	eljes (t)
	invite	bjuda	inbjuda

Exercises

I Give the singular form of the following expressions:
1 de hälsa, vi skåla
2 de resa, vi vända
3 de tro, vi ro
4 de bjuda, vi äro, de hava

II Complete the following sentences with either **den** or **det**:
Kerstin har en stol. . . . är gammal, men . . . är en bra stol.
Hon har ett bord. . . . är lätt, men . . . är ett bra bord.
Erik har en lägenhet. Är . . . en gammal lägenhet? —Nej, . . . är . . . inte.
Han har ett hus. Är . . . ett nytt hus?—Ja, . . . är det.
. . . är en bra bok. Har du läst . . . ?—Ja, . . . har jag. . . . var mycket intressant.
Hurdant väder är . . . ? . . . snöar. Finns . . . ett par skidor här?— Ja, . . . gör . . . Vill du åka med mig?—Nej, . . . vill jag inte.

III Answer these questions in Swedish:

När fick Erik ett inbjudningskort från Sven Berggren? När stod
Kerstin och Erik utanför redaktörens lägenhet? Var samlades
gästerna? Vad föreslår värden? Vem är Tina Martin? Varför blev
Erik full i skratt? Varför måste Erik hålla gästernas tacktal? Varför
blev festen lyckad? Vad bör man göra efter en fest?

IV Translate into Swedish:

It was the first time the young English girl, Tina Martin, had been to
a Swedish dinner and on the way home she realized that she was not
at all (*inte alls*) used to the habits and customs of the Swedes. She
had arrived at the editor's home at ten minutes past seven, as she
would have done in England. All the guests were already assembled
in the drawing-room and the host and hostess were waiting for
her. It was a memorable evening. She had never heard so much
thanking before.

The following week Tina thought it would be nice to thank Sven
and his wife, and so she invited them for dinner at a restaurant in
the city. The evening was a great success and Tina and her party
(*ett sällskap* v) did not break up until after one o'clock. The
next day Marianne rang Tina to say thank you for the lovely
evening.

17
Det gamla Sverige

Tina Martin, som vistades i Sverige för att skriva en uppsats om det
gamla bondesamhället, hade blivit angenämt överraskad över att få träffa
Ingmar Franzén, intendent vid Nordiska museets allmogeavdelning.
Han erbjöd sig att visa henne Skansen, 'hela Sveriges hembygdsgård', och
redan dagen efter festen möttes de utanför ingången till friluftsmuseet,

I rulltrappan uppför Skansenberget började Ingmar berätta om hur
Artur Hazelius, mannen bakom verket, kom på idén att åt eftervärlden
rädda och bevara delar av den gamla bondekulturen.

'Som du säkert har läst, Tina, skedde ju industrialismens genombrott
mycket sent i Sverige. Vi var ungefär hundra år efter England. Urgamla
seder och bruk började försvinna i slutet av 1800–talet och livet på
landsbygden höll på att förändras.'

'Var det inte då man slutade bära sockendräkt?' frågade Tina.

'Jo, det är alldeles riktigt och med den försvann också folkmusik och
folkdanser. Till Skansen lyckades Hazelius köpa och flytta bondgårdar,
torp, fäbodar och mycket annat från hela landet. Här kan du alltså skaffa
dig en bra uppfattning om det gamla ståndssamhället. Du kanske redan
vet att bönderna var det fjärde ståndet–efter adel, präster och borgare.'

'Ja, och jag vet, att bonden i Sverige alltid var representerad i
riksdagen–i motsats till andra europeiska länder. Men kan du förklara för
mig varför nästan en fjärdedel av befolkningen utvandrade till Amerika
under 1800–talet?'

'Ja, det är kanske svårt att förstå i dag att Sverige förr i tiden var ett
av de fattigaste länderna i Europa. Många faktorer bidrog till
emigrationen: dels en kraftig befolkningsökning och dels ett ålderdomligt
och oekonomiskt jordbruk som ofta resulterade i hungersnöd. Framför
allt levde jordbrukets "underklasser", torpare och statare, i misär.
Fattigdomen var så självklar att Almqvist t.ex. kunde skriva att det som
framför allt utmärkte svensken var att han var född till fattigdom och
måste finna sig i den. Men Almqvist hade nog en romantisk uppfattning
om livet på landsbygden.'

'Finns det då några realistiska skildringar av det svenska bondelivet?'
undrade Tina.

'De bästa skildringarna, tycker jag, har August Strindberg skrivit i sin
skärgårdsberättelse *Hemsöborna.* Känner du till Fröding förresten?'
'Menar du skalden?'
'Ja. En av hans dikter, *Lars i Kuja,* skildrar den svenska fattigdomen i
ett nötskal. När vi kommer upp på Skansenberget ska jag försöka läsa upp
den ur minnet för dig.'
Här är dikten.

Vid Bymon på vägen till Byn
där bor Lars i Kuja i skogens bryn.
I hemmanet Byn, om jag ej tar fel,
de äga, han och hans käring,
en hundradetrettiotredjedel
med äng och med åker och äring.

Men ängen är skäligen klen
och åkern mager och äringen sen,
ty allt som växer åt Lars är sten
och sten är dålig förtäring.
Men Lars har armar och Lars har ben,
och gnidig och seg är hans käring.

Han plockar och gräver och sliter och drar,
och käringen spar,
den som spar han har,
av nävgröt ha de sin näring.
Och länsman kommer och länsman tar,
och Lars han sliter och Stina spar
och fast han knappt äger skjortan kvar,
så tror Lars i Kuja på bättre dar,
så ock Lars i Kujas käring.

Lars i Kuja av
Gustav Fröding

WORD LIST

vistas (1)	*to stay, reside*
(en) uppsats (iii)	*essay, dissertation*
(ett) bondesamhälle (iv)	*peasant society*
angenäm (t)	*pleasant (ly)*
överraska (1) (över)	*to surprise (by, about)*

(en) intendent (iii)	*curator*
Nordiska museet	*name of museum*
(en) allmoge	*peasantry*
(en) avdelning (ii)	*section, department*
(en) allmogeavdelning (ii)	*section on peasant life*
erbjuda (−bjöd, bjudit 4) sig	*to offer*
(en) bygd (iii)	*district, settlement*
(en) hembygd (iii)	*native place, home district*
(en) gård (ii)	*farm, homestead*
(en) hembygdsgård	*folk museum, old homestead museum*
(en) ingång (ii)	*entrance*
(en) rulle (ii)	*roll, coil*
(en) trappa (i)	*stairs*
(en) rulltrappa (i)	*escalator*
uppför	*up*
Skansenberget	*Skansen Hill, Skansen Rock*
bakom	*behind*
(ett) verk (v)	*work, deed*
(en) idé (iii)	*idea*
åt	*for, to*
(en) eftervärld (ii)	*posterity*
(en) bondekultur (iii)	*peasant culture*
som	*as*
säkert	*I am sure, of course*
ju	*you know*
(en) industrialism	*industrialism*
(ett) genombrott	*rise, emergence*
industrialismens genombrott	*the industrial revolution*
ungefär	*roughly, approximately*
urgammal	*ancient, very old*
försvinna (−svann, −svunnit 4)	*to disappear*
(en) landsbygd (iii)	*country, countryside*
hålla (höll, hållit 4) på att	*to be in the process of*
förändra (1)	*to change*
sluta (1)	*to stop, finish*
bära (bar, burit 4)	*to wear, bear*
(en) socken (definite form singular: sock**nen** ii)	*parish*
(en) dräkt (iii)	*costume, suit*

(en) sockendräkt (iii)	*parish costume*
jo	*yes*
alldeles	*perfectly, quite*
riktig	*correct, right*
(en) folkmusik	*folk music*
(en) folkdans (iii)	*folk dance*
(en) fäbod (ii)	*shieling, alpine dairy*
annan (annat, andra)	*other*
mycket annat	*many other things*
skaffa (1) sig	*to get, acquire*
(en) uppfattning (ii)	*idea, conception*
(ett) stånd (pl. ständer iii)	*Estate, station, class*
(ett) ståndssamhälle (iv)	*society organized in 'Estates',*
	class
fjärde	*fourth*
(en) präst (iii)	*clergyman, priest* (pl. *the clergy*)
(en) borgare	*burgher, citizen*
(en) motsats (iii)	*contrast*
europeisk	*European*
representera (1)	*to represent*
(en) riksdag	*Parliament*
(en) fjärdedel (ii)	*quarter*
(en) befolkning (ii)	*population*
utvandra (1)	*to emigrate*
Amerika	*America*
svår	*difficult*
förr i tiden	*formerly*
fattig	*poor*
(en) faktor (iii)	*factor*
(en) emigration	*emigration*
dels . . . dels	*partly . . . partly*
kraftig	*vigorous, immense*
(en) ökning (ii)	*increase*
(en) befolkningsökning (ii)	*increase in population*
ålderdomlig	*old fashioned, archaic*
oekonomisk	*uneconomic*
(en) jord (ii)	*earth*
(ett) jordbruk	*agriculture*
resultera (1)	*to result*
(en) nöd	*need, distress*
(en) hungersnöd	*famine*

framför allt	*above all*
(en) underklass	*lower class*
(en) torpare (v)	*crofter*
(en) statare (v)	*farm labourer*
(en) misär	*penury, destitution*
(en) fattigdom	*poverty*
självklar	*natural, self-evident, as a matter of course*
Almqvist (1793–1866)	*name of Swedish author*
t. ex. = till exempel	*for example*
utmärka (2b)	*to distinguish, single out*
född till	*born into, born to be*
finna (fann, funnit 4) sig i	*to resign oneself to, accept*
nog	*to be sure*
romantisk	*romantic*
realistisk	*realistic*
(en) skildring (ii)	*description*
(ett) bondeliv	*peasant life*
undra (1)	*to wonder*
(en) berättelse (iii)	*tale, story*
(en) skärgårdsberättelse (iii)	*tale of the skerries*
känna (2a) till	*to know of*
Fröding (1860–1911)	*name of Swedish poet*
mena (1)	*to mean*
(en) nöt (pl. nötter iii)	*nut*
(ett) skal (v)	*shell*
(ett) nötskal (v)	*nut shell*
försöka (2b)	*to try*
läsa (2b) upp	*to recite*
ur	*from*
Bymon	*place-name*
Byn	*place-name*
Lars	*man's name*
Kuja (= Kojan)	*literally: Hut, Hovel*
Lars i Kuja	*Lars of Kuja*
(ett) bryn (v)	*edge*
(ett) hemman (v)	*smallholding, small farm*
fel	*wrong*
ta (ga) (tog, tagit 4) fel	*to be mistaken*
(en) käring (ii)	*old woman*

hundradetrettiotredjedel	*133rd part*
(en) åker (ii)	*arable land*
(en) äring (obsolete)	*harvest, crop*
skäligen	*rather*
klen	*slender, unfertile*
mager	*meagre, poor*
ty	*for, because*
dålig	*bad*
(en) förtäring	*food consumption, food*
(en) arm (ii)	*arm*
(ett) ben (v)	*leg*
gnidig	*mean, stingy*
seg	*tough, hardy*
gräva (2a)	*to dig*
slita (slet, slitit 4)	*to slave, toil*
dra (ga) (drog, dragit 4)	*to drag, toil*
spara (present: sparar *or* spar 1)	*to save, be economical*
den som spar han har	*waste not want not*
(en) näver	*birch-bark*
(en) gröt	*porridge*
(en) nävgröt	*bark porridge*
(en) näring	*nourishment*
(ett) län (v)	*district, country*
(en) länsman (obsolete) (v)	*bailiff, police*
fast	*although*
knappt	*hardly*
dar = dagar (from: **dag** ii)	*days*

GRAMMAR

Finding list

Abbreviations:	some common abbreviations	*see section* 9
Adverb:	**ja** and **jo**	4
	redan	5
	förr	6
Numerals:	fractional numbers	7
Preposition:	**i** = on	8
*Verb:	use of the present tense	1
	use of the past tense	2
	continuous action	3

Sections

1 *Use of the present tense*

a. The present tense is used when stating the date of birth of a person who is still alive. Otherwise the past s—passive is normally used.

> e.g.   Den nuvarande professorn **är född** 1930. *The present professor was born in 1930.*
> BUT
> Strindberg **föddes** 1849. *Strindberg was born in 1849.*

b. The present tense is often used with *future meaning* especially with verbs of motion.

> e.g.   Han **reser** till Stockholm nästa vecka. *He will be travelling to Stockholm next week.*
> Det **blir** dans på bryggan. (L.7.) *There will be a dance on the landing-stage.*

2 *Use of the past tense*

Swedish uses the past tense in impersonal constructions which express politeness, interest etc. on the part of the speaker.

> e.g.   Det **var** bra att du kan komma.   *It's good you can come.*
> Det **var** roligt att se dig.   *It's nice to see you.*
> Hur **var** namnet?   *What is your name, please?*

3 *Expressing continuous action*

Swedish has no special continuous form like the English 'I am reading, I was thinking' etc., but where it is felt necessary to emphasize that something is in the process of being done the verb **hålla på** (to be busy with 4) + infinitive with **att** can be used.

> e.g.   Kerstin **håller på** att läsa engelska. *Kerstin is studying English.*
> Livet på landsbygden **höll på** att förändras. *Life in the country was changing.*

4 ja *and* **jo**

Ja is used to answer an affirmative question. **Jo** is used to answer a negative question.

> e.g.   Känner du till Fröding?—Ja. *Have you heard of Fröding? Yes.*
> Känner du inte till Fröding?—Jo. *Haven't you heard of Fröding? Yes.*

5 Redan

Redan can mean 'already', 'as early as' and 'even'.

Du kanske redan vet det. *Perhaps you already know.*
Redan dagen efter. *The very next day.*
Redan som barn. *Even as a child.*
Redan på 1800–talet. *As early as the nineteenth century.*

6 Note that the adverb **förr** (before) is often expanded into **förr i tiden,
förr i världen**.

  e.g.   Sverige var ett fattigt land **förr i tiden**. *Sweden was formerly
          a poor country.*

7 *Fractional numbers*
Fractional numbers are formed by adding –**del** (part ii) to the ordinal
number. If the ordinal ends in –**de** the –**de** is dropped.

  e.g.   17 = sjutton   17th = sjutto**nde**   17th part = **sjuttondel**
          Exceptions   fjärde   *4th*   fjär**dedel**   *quarter*
                          sjunde   *7th*   sjun**dedel**   *7th part*

8 *The preposition* **i** = on
When referring to place **i** sometimes corresponds to the English 'on'.

  e.g.   i rulltrappan   *on the escalator*
          i telefon   *on the telephone*
          i TV   *on T. V.*
          i radio   *on the radio*
          i gräset   *on the grass*

9 Notice the following abbreviations:

  t.ex.   = till exempel   *for example*
  dvs.   = det vill säga   *i.e., that is to say*
  bl.a.   = bland annat   *among other things*
  t.o.m. = till och med   *including*

10 The words **länsman** and **äring** which occur in Fröding's poem are now
no longer used, and should be replaced in modern usage by **en polis**
(policeman iii) and **en skörd** (harvest ii).

Exercises
I Give the fractional numbers of the following:
  6, 9, 15, 4, 13, 30.

II Translate the following expressions into Swedish:
  At sea. At the end. At church. At the University. At Christmas.

At his sister's. Look at him. At Uppsala.
In the winter. In 1980. In the south. In the beginning.
Blind in one eye. In the street. In the square.
On the phone. The town is on the sea. On the grass.
A good friend of his. He is tired of him. A girl of ten years.
For five years. Hope for. Wait for.

III Answer these questions in Swedish:

Vad gör Tina Martin i Sverige? Varför erbjöd sig Ingmar att visa
henne Skansen? Vad gjorde Artur Hazelius? När skedde industrial-
ismens genombrott i England? När slutade man bära sockendräkt i
Sverige? Vad är en fäbod? Vilket stånd var prästerna? Varför
utvandrade så många svenskar till Amerika? Vem var Almqvist?
Vilken uppfattning hade han om den svenska bonden? Var bor
Lars i Kuja? Vad äter Lars och hans fru? Vad tror de på?

IV Translate into Swedish:

The curator of the Nordic Museum showed Tina everything that had
to do with (*gälla* 2a) the old Swedish peasant society. From
Skansen, which is something of a Sweden in miniature (*en miniatyr*
iii), one has a beautiful view of Stockholm. Amongst other things
this open-air museum has over a hundred houses from the whole
country. There are many farm houses, a manor house and an
eighteenth-century church. Tina was especially fascinated by the
shieling huts which had been moved from Dalecarlia. At Skansen it
was easy to understand why almost a quarter of the population of
Sweden had emigrated to America. Tina also saw a woman who was
wearing a folk-costume. 'It's nice to see the old folk-costume,' she
said to Ingmar. 'Are there still many wearing (= who wear) it?' 'No,'
he answered (*svara* 1), 'only in Dalecarlia. Otherwise (see L.16 §10)
it disappeared many years ago.'

Swedish – English vocabulary (Grammar)

1 The declensions of the nouns are shown by the roman numerals i–v. The declension is not indicated when the noun normally has no plural form. Irregular plurals are indicated in brackets.

2 The conjugations of the verbs are shown by the arabic numerals 1–4. The past tense and the supine forms of the 4th conjugation and of irregular verbs are given in brackets.

3 Irregular comparative forms of the adjectives are indicated in brackets.

4 L. indicates the Lesson in which the word first occurs.

5 *Abbreviations*: a. = adjective; art. = article; aux. = auxiliary; c. = common; colloq. = colloquial; def. = definite; irr. = irregular; lit. = literally; n. = neuter; obs. = obsolete; pl. = plural; sg. = singular.

6 The meanings given are usually confined to those used in the texts of this book.

	Abisko	*name of tourist station*	L.15
(en)	adel	*nobility*	L.12
(en)	adelsman (pl.-män v)	*nobleman*	L.12
(en)	affär (iii)	*shop*	L.14
(ett)	affärscentrum (pl. centra)	*shopping centre*	L.14
(en)	afton (pl. aftnar ii)	*evening, eve*	L.7
	aldrig	*never*	L.9
	all (allt, alla)	*all, everything, everybody*	L.7
	allra	*of all*	L.13
	alldeles	*quite, directly, just, perfectly*	L.5
			L.17
(en)	allmoge	*peasantry*	L.17
(en)	allmogeavdelning (ii)	*section on peasant life*	L.17

alltid	*always*	L.2
allting	*everything*	L.7
Almqvist, C.J.L. (1793– 1866)	*name of Swedish author*	L.17
Amerika	*America*	L.17
andra (see **annan**)	*other, others*	L.11
angenäm(t)	*pleasant(ly)*	L.17
annan (annat, andra)	*other*	L.17
(ett) ansikte (iv)	*face*	L.15
anhålla (höll, -hållit 4)(om)	*to request (for)*	L.16
Ansgar (801–865)	*name of Christian missionary*	L.13
(ett) apotek (v)	*chemist shop*	L.14
arbeta (1)	*to work*	L.14
(en) arbetare (v)	*worker, workman*	L.11
(en) arbetarrörelse (iii)	*workers' movement*	L.11
(ett) arbete (iv)	*work, labour*	L.14
(en) arbetsförmedling (ii)	*Employment Exchange*	L.12
(en) arbetsgivare (v)	*employer*	L.12
arg	*angry*	L.8
(en) ark	*ark*	L.4
arkebusera (1)	*to execute by firing squad*	L.11
(en) arkitekt (iii)	*architect*	L.14
(en) arm (ii)	*arm*	L.17
(en) artikel (ii)	*article*	L.15
arktisk	*arctic*	L.15
(en) asagud (ii)	*Scandinavian pagan god*	L.13
Asmund	*a man's name*	L.13
Assur	*a man's name*	L.13
att	*that*	L.3
av	*of, from*	L.1
	by	L.11
av och an	*to and fro*	L.8
(en) avdelning (ii)	*section, department*	L.17
avlöna (1)	*to pay wages*	L.11
avsky (3)	*to loathe, hate*	L.11
avskydd	*hated, loathed*	L.11
(en) avslutning (ii)	*conclusion*	L.16
(ett) avstånd (v)	*distance*	L.15
på avstånd	*at a (in the) distance*	L.15
(en) axel (ii)	*shoulder*	L.8

(ett)	bad (v)	*bath*	L.12
	bada (1)	*to bathe*	L.7
(ett)	badrum (v)	*bathroom*	L.14
	bakom	*behind*	L.17
(en)	balkong (iii)	*balcony*	L.14
(en)	bana (i)	*path, railway line*	L.14
	bara	*only*	L.3
(ett)	barn (v)	*child*	L.3
	be(dja) (bad, bett 4) (om)	*to ask (for)*	L.13
	befinna (-fann, -funnit 4) sig	*to be*	L.12
(en)	befolkning (ii)	*population*	L.17
(en)	befolkningsökning (ii)	*increase in population*	L.17
	befria (1)	*to liberate, set free*	L.12
	befriande	*liberating*	L.15
(en)	befrielse	*liberation*	L.14
(ett)	befrielsekrig (v)	*war of independence*	L.14
(en)	begravning (ii)	*burial, funeral*	L.11
	behandla (1)	*to treat, deal with, be about*	L.11
	behålla (-höll, -hållit 4)	*to keep*	L.13
	behöva (2a)	*to need, have to*	L.14
	bekväm(t)	*comfortable(ly)*	L.14
	Bellman, C.M. (1740– 95)	*name of Swedish poet*	L.4
(ett)	ben (v)	*leg*	L.17
(ett)	berg (v)	*mountain, hill*	L.10
	berätta (1)	*to talk about, tell stories, relate*	L.7
	berätta(1) om ngt för	*to inform someone about something*	L.12
(en)	berättelse (iii)	*tale, story*	L.17
	berömd	*famous*	L.9
	berömma (2a)	*to praise*	L.11
(en)	beskrivning (ii)	*description*	L.15
	besluta (-slöt, -slutit 4)	*to decide*	L.9
	bestå (-stod, -stått irr.) av	*to consist of*	L.16
	bestående av	*consisting of*	L.16
(ett)	besvär (v)	*trouble*	L.16
	besvärlig	*troublesome*	L.8
	beta (1)	*to graze*	L.15
	beundra (1)	*to admire*	L.5
	bevara (1)	*to preserve*	L.10
	beväpna (1)	*to arm*	L.11

beväpnad	*armed*	L.11
(ett) bibliotek (v)	*library*	L.14
(en) bibliotekarie (iii)	*librarian*	L.14
bidra(ga) (-drog, -dragit 4)		
till	*to contribute (to)*	L.11
bifoga (1)	*to enclose*	L.15
(en) bil (ii)	*car*	L.14
bilfri	*pedestrians only*	L.14
(en) biograf (iii)	*cinema*	L.14
Birka	*name of ancient town*	
(en) bitterhet (iii)	*bitterness*	L.11
bjuda (bjöd, bjudit 4)	*to invite*	L.6
(en) björk (ii)	*birch*	L.7
Björkö	*name of island in Lake Mälar*	L.13
(en) björn (ii)	*bear*	L.3
bland	*among*	L.6
blank	*bright*	L.6
bli(va) (blev, blivit 4)	*to become, to be*	L.6
bli kär i	*to fall in love*	L.9
(ett) blod	*blood*	L.12
(ett) blodbad (v)	*blood-bath, massacre*	L.12
blodig	*bloody*	L.11
Blomberg, Erik (1894–		
1965)	*name of Swedish poet*	L.11
(en) blomma (i)	*flower*	L.2
blå	*blue*	L.7
blågrön	*bluish-green*	L.15
blåsa (2b)	*to blow*	L.8
(en) -bo (iii)	*dweller, inhabitant*	L.7
bo (3)	*to live, dwell*	L.1
Boe	*a man's name*	L.13
(en) bok (pl. böcker iii)	*book*	L.2
(en) bokhylla (i)	*bookcase*	L.2
(en) bonde (pl. bönder iii)	*farmer, peasant*	L.8
(en) bondekultur (iii)	*peasant culture*	L.17
(ett) bondeliv	*peasant life*	L.17
(ett) bondesamhälle (iv)	*peasant society*	L.17
(en) bondgård (ii)	*farm*	L.14
(ett) bord (v)	*table*	L.2
till bords	*at the table*	L.16
(en) bordskavaljer (iii)	*dinner partner*	L.16

(en)	borg (iii)	*fortress*	L.9
(en)	borgare (v)	*burgher, townsman, citizen*	L.17
	bort	*away, aside*	L.15
	borta	*away*	L.16
(en)	bostad (pl. bostäder iii)	*flat, house, dwelling place*	L.14
	bra	*good*	L.2
	breda (2a) ut	*to spread out*	L.11
(ett)	brev (v)	*letter*	L.7
	brinna (brann, brunnit 4)	*to burn*	L.15
(en)	bro(de)r (pl. bröder v)	*brother*	L.9
(ett)	brott (v)	*crime*	L.11
(ett)	bruk (v)	*custom, habit, usage*	L.16
	bruka (1)	*to be in the habit*	L.12
	brun	*brown*	L.7
(ett)	brus (v)	*surge, roar, noise*	L.15
	brusa (1)	*to surge, roar*	L.10
(en)	brygga (i)	*landing stage*	L.3
(ett)	bryn (v)	*edge, verge*	L.17
	bryta (bröt, brutit 4) upp	*to break up*	L.16
(ett)	bröd (−)	*bread*	L.10
(en)	bukett (iii)	*bunch, bouquet*	L.16
(en)	butik (iii)	*shop*	L.10
(en)	bygd (iii)	*district, settlement*	L.17
	bygga (2a)	*to build*	L.6
	bygga sig	*to build oneself*	L.14
	Byn	*place-name*	L.17
	Bymon	*place-name*	L.17
(en)	byst (iii)	*bust*	L.4
	både ... och	*both ... and*	L.13
(en)	båt (ii)	*boat*	L.3
(en)	båtresa (i)	*boat trip*	L.6
(en)	bäck (ii)	*stream, brook*	L.15
	bära (bar, burit 4)	*to bear, wear*	L.17
	bäst	*best*	L.13
	bättre	*better*	L.10
	böla (1)	*to bellow*	L.8
	bölande	*bellowing*	L.8
	böra (borde, bort aux.)	*ought, should*	L.16
	börja (1)	*to begin*	L.6
(en)	början	*beginning*	L.12

(en)	centralvärme	*central heating*	L.14
(ett)	centrum (pl. centra)	*centre*	L.5
(ett)	centrum för	*centre of*	L.13
(en)	chef (iii) (för)	*chief, head (of)*	L.11
(en)	chock (iii)	*shock*	L.11
(en)	choklad (iii)	*chocolate*	L.3
(en)	city	*centre of town*	L.5
(en)	civilisation (iii)	*civilization*	L.8
(en)	dag (ii)	*day*	L.3
	i dag	*today*	L.7
	Dagens Nyheter	*name of Swedish newspaper*	L.10
(en)	dal (ii)	*valley*	L.15
(en)	dalgång (ii)	*glen, valley*	L.15
	Dalarna	*Dalecarlia (name of Swedish province)*	L.12
(en)	dalkarl (ii)	*Dalecarlian*	L.12
(en)	dans (iii)	*dance*	L.7
	dansa (1)	*to dance*	L.2
	dansk	*Danish*	L.12
(en)	dansk (ii)	*Dane*	L.12
	dar = dagar	*days*	L.17
	de	*they*	L.2
	de (pl. def. art.)	*the*	L.6
	de (determinative pronoun)	*those*	L.13
(en)	del (ii)	*part*	L.1
	dels ... dels	*partly ... partly*	L.17
	dem	*them*	L.3
(en)	demonstration (iii)	*demonstration*	L.11
	den här (det här, de här)	*this (this, these)*	L.9
	den där (det där, de där)	*that (that, those)*	L.10
	den (sg.def.art.c.)	*the*	L.6
	denna (detta, dessa)	*this (that, these, those)*	L.9
	deras	*their*	L.8
(en)	dessert (iii)	*dessert*	L.16
	det	*it, that*	L.1
	det (sg.def.art.n.)	*the*	L.6
	detta	*this*	L.1
		that	L.4
	dig	*you*	L.3
(en)	dikt (iii)	*poem*	L.6

	dikta (1)	*to write poetry*	L.4
(en)	diktare (v)	*poet*	L.11
	dit	*there, thither, to that place*	L.10
(ett)	djur (v)	*animal*	L.3
	Djurgården	*name of suburb*	L.3
(en)	djurpark (iii)	*zoo*	L.3
(ett)	dop (v)	*baptism*	L.13
(en)	dopskjorta (i)	*baptismal robe*	L.13
	dra(ga)(drog, dragit 4)(ut)	*to draw (out)*	L.11
	dra (ga) (4)	*to drag, toil*	L.17
(ett)	dragspel (v)	*accordion*	L.7
(en)	dragspelsmusik	*accordion music*	L.7
	dricka (drack, druckit 4)	*to drink*	L.5
(en)	drottning (ii)	*queen*	L.6
	Drottningholm	*name of a palace*	L.6
(en)	dräkt (iii)	*costume, suit*	L.17
	dräpa (2b)	*to slay, kill*	L.13
	dröja (2a) sig (kvar)	*to linger (behind)*	L.14
	drömma (2a)	*to dream*	L.9
	drömmande	*dreaming*	L.9
(en)	duk (ii)	*cloth*	L.2
	duka (1)	*to lay (the table)*	L.16
(en)	dunge (ii)	*clump of trees*	L.10
(en)	dusch (ii)	*shower*	L.14
	dyka (dök, dykt 4)	*to dive*	L.10
	dyrka (1)	*to worship*	L.13
	då	*then*	L.12
	dålig (sämre, sämst)	*bad*	L.17
	där	*there*	L.4
		where	L.5
	därefter	*afterwards, after that*	L.12
	därför	*therefore, and so*	L.9
	därifrån	*from there*	L.4
	därtill	*to that*	L.16
	dö (dog, dött irr.)	*to die*	L.13
	död	*dead*	L.13
(en)	död	*a dead man (woman)*	L.13
	döda (1)	*to kill*	L.11
(en)	dödad (noun derived from döda)	*person who has been killed*	L.11

	döpa (2b)	*to baptize*	L.13
	döpa (2b) sig	*to be baptized*	L.13
(en)	dörr (ii)	*door*	L.16
	efter	*after*	L.8
	efter det att	*after, when*	L.16
(en)	eftermiddag (ii)	*afternoon*	L.7
	i eftermiddag	*this afternoon*	L.7
(en)	efterrätt (iii)	*dessert*	L.10
	eftersom	*because*	L.7
(en)	eftervärld (ii)	*posterity*	L.17
	egen (eget, egna)	*own*	L.9
	ej	*not*	L.16
(en)	eld (ii)	*fire*	L.15
	eldröd	*fiery red, crimson*	L.15
	eller	*or, nor*	L.3
(en)	emigration	*emigration*	L.17
	enda	*only, sole, single*	L.15
	engelsk	*English*	L.9
(en)	engelska (i)	*English woman*	L.16
	enkel	*simple*	L.9
(en)	ensamhet	*loneliness, solitude*	L.15
	enslig	*secluded, solitary*	L.8
	erbjuda (-bjöd, -bjudit 4)		
	sig	*to offer*	L.17
	Erik XIV (1533–1577)	*name of Swedish king*	L.9
	Europa	*Europe*	L.5
	europeisk	*European*	L.17
(ett)	exempel (v)	*example*	L.5
	till exempel	*for example*	L.14
(en)	expedition (iii)	*office, dispatch*	L.14
	extra	*extra, special*	L.16
(ett)	fack (v)	*box*	L.15
(en)	fackla (i)	*torch*	L.15
(en)	fa(de)r (pl. fäder v)	*father*	L.8
	fager	*fair, lovely*	L.16
	faktiskt	*actually, in fact*	L.10
(en)	faktor (iii)	*factor*	L.17
	falla (föll, fallit 4)	*to fall*	L.6
(en)	familj (iii)	*family*	L.6
	fara (for, farit 4)	*to travel*	L.6

	fast	*although*	L.17
	fattig	*poor*	L.17
(en)	fattigdom	*poverty*	L.17
	fel	*wrong*	L.17
	fem	*five*	L.2
	femton	*fifteen*	L.3
(en)	fest (iii)	*party*	L.2
(en)	fiende (iii)	*enemy*	L.9
(en)	film (iii)	*film*	L.11
(en)	filmstudio (iii)	*film club*	L.11
	fin	*fine, good*	L.1
(en)	fink (ii)	*finch*	L.10
	finna (fann, funnit 4)		
	sig	*to accept, resign oneself to*	L.17
	finnas (fanns, funnits 4)	*to be, exist*	L.5
	fira (1)	*to celebrate*	L.4
(en)	fiskare (v)	*fisherman*	L.8
	fjädrande	*springy, elastic*	L.15
(ett)	fjäll (v)	*mountain, fell*	L.15
(en)	fjällhöst (ii)	*alpine autumn*	L.15
(en)	fjällvärld (ii)	*alpine world*	L.15
	fjärde	*fourth*	L.17
(en)	fjärdedel (ii)	*fourth part, quarter*	L.17
	fjärran	*distant, far off*	L.15
	flera	*several*	L.12
(en)	flicka (i)	*girl*	L.2
(en)	flicka av folket	*girl of the people, ordinary girl, commoner*	L.9
(en)	flod (iii)	*river*	L.13
	fly (3)	*to flee*	L.12
	flytta (1)	*to move, remove*	L.14
(ett)	folk (v)	*people*	L.4
(en)	folkdans (iii)	*folk-dance*	L.17
(ett)	folkliv	*life of the people*	L.4
(en)	folkmusik	*folk music*	L.17
(en)	fontän (iii)	*fountain*	L.5
	forn	*old, ancient*	L.13
(ett)	fornfynd (v)	*archaeological find*	L.14
(en)	fornkunskap	*archaeology*	L.13
	fornsvenska	*Old Swedish*	L.13
(en)	forntid (iii)	*ancient times, olden days*	L.13

(en)	fors (ii)	*waterfall*	L.15
	fortfarande	*still*	L.4
	fortsätta (−satte, −satt irr.)	*to continue*	L.16
	framför	*in front of, before*	L.7
	framför allt	*above all*	L.17
(en)	fred	*peace*	L.11
(en)	fredstid	*peace time*	L.11
	Frej	*Frey*	L.13
	frejdig (poetic)	*bold, brave*	L.13
	fri	*free*	L.3
	fria (1) till	*to propose marriage to*	L.9
	fridfull	*peaceful*	L.8
(en)	frihet (iii)	*freedom, liberty*	L.12
(en)	frihetshjälte (ii)	*champion of liberty*	L.12
(ett)	friluftsmuseum (iii)	*open-air museum*	L.3
(en)	fru (ii)	*Mrs, wife, woman*	L.16
	frusen	*frozen*	L.15
	frysa (frös, frusit 4)	*to freeze, be cold*	L.15
	fråga (1)	*to ask, question*	L.10
	från	*from*	L.6
	Fröding, G. (1860−1911)	*name of Swedish poet*	L.17
(en)	fröken (ii)	*Miss*	L.16
	full	*full*	L.16
	full i skratt	*bursting with laughter*	L.16
	fylla (2a)	*to fill*	L.15
	fylld	*full, filled*	L.15
	fyra	*four*	L.9
	Fyris	*name of river*	L.13
	få (fick, fått irr.)	*to have, get, be given; may*	L.6
(en)	fågel (ii)	*bird*	L.7
(ett)	får (v)	*sheep*	L.3
(en)	fäbod (ii)	*shieling, alpine dairy*	L.17
(ett)	fält (v)	*open-space, field, ground*	L.7
(ett)	fängelse (iii)	*prison*	L.9
	färsk	*fresh, new*	L.15
(en)	fästmö (iii)	*fiancée*	L.16
(en)	fästning (ii)	*fortification, fortress*	L.14
	föda (2a)	*to give birth to, beget*	L.13
	född till	*born to, born to be*	L.17

	följa (2a) med	*to accompany*	L.7
	följande	*following*	L.11
(ett)	fönster (v)	*window*	L.7
	för	*for, because*	L.1
	för att	*in order to*	L.5
	för . . . sedan	*ago*	L.4
	föra (2a)	*to lead*	L.12
	före	*before*	L.12
(en)	förening (ii)	*club, society*	L.15
	föreslå (−slog, −slagit 4)	*to propose, suggest*	L.13
(en)	författare (v)	*author, writer*	L.8
	förflyta (−flöt, −flutit 4)	*to pass (of time)*	L.11
	förfluten	*passed*	L.11
	det förflutna	*the past*	L.11
(en)	förfrågan	*enquiry*	L.15
	förglömma (2a)	*to forget*	L.16
	förkläda (2b)	*to disguise*	L.12
	förklädd till	*disguised as*	L.12
	förklara (1)	*to explain*	L.16
(en)	förmedling (ii)	*mediation, agency*	L.14
(en)	förort (iii)	*suburb*	L.14
(en)	förortsbo (iii)	*suburban dweller*	L.14
	förr i tiden	*formerly*	L.17
	förresten	*by the way, anyway*	L.5
(en)	förrätt (iii)	*first course (of a meal)*	L.16
	först	*first*	L.3
		not until	L.16
	förstå (−stod, −stått irr.)	*to understand, realize*	L.16
	förstående	*understanding*	L.2
	försvara (1)	*to defend*	L.14
	försvinna (−svann, −svunnit 4)	*to disappear*	L.17
	försöka (2b)	*to try*	L.17
	förtjusa (2b)	*to fascinate, charm*	L.13
	förtjust i	*fascinated by, delighted with*	L.13
	förträfflig	*excellent*	L.16
(en)	förtäring	*food (and drink)*	L.17
	föräldrar (pl. ii)	*parents*	L.8
	förändra (1)	*to change*	L.17
	Gamla stan	*The Old City*	L.1
	gammal	*old*	L.1

gammal är äldst	*old folks know best*	L.16
ganska	*rather, quite*	L.1
(en) gata (i)	*street*	L.10
ge (gav, gett 4)	*to give*	L.11
ge (gav, gett 4) sig	*to give in, yield*	L.9
genast	*at once*	L.16
genom	*through*	L.7
	by	L.16
(ett) genombrott	*rise, emergence*	L.17
gick (infinitive: **gå**)	*went*	L.4
gifta (2b) sig	*to marry, get married*	L.9
gjorde (infinitive: **göra**)	*did*	L.4
(en) glaciär (iii)	*glacier*	L.15
glad (över)	*glad, happy (about)*	L.1
(ett) glas (v)	*glass*	L.16
glimma (1)	*to gleam, shine*	L.6
(en) glädje	*joy, pleasure*	L.12
glöda (2a)	*to glow*	L.15
glömd	*forgotten*	L.11
glömma (2a)	*to forget*	L.11
gnidig	*mean, stingy*	L.17
god (bättre, bäst)	*good*	L.2
(en) grad (iii)	*degree*	L.7
(en) grammofon (iii)	*gramophone*	L.2
(en) grammofonskiva (i)	*gramophone record*	L.2
(en) granne (ii)	*neighbour*	L.2
(en) grav (ii)	*grave*	L.13
(ett) gravfält (v)	*burial-ground*	L.13
Grekland	*Greece*	L.13
(en) grundare (v)	*founder*	L.9
(en) grundskola (i)	*comprehensive school*	L.14
grym	*cruel*	L.12
(en) gräns	*frontier, border*	L.12
gräva (2b)	*to dig*	L.17
gräva (2b) ut	*to dig out, excavate*	L.13
grön	*green*	L.4
(ett) grönområde (iv)	*green belt*	L.4
(en) gröt	*porridge*	L.17
(en) gubbe (ii)	*old man, husband*	L.4
(en) gud (ii)	*god*	L.13
gul	*yellow*	L.15

	Gulle	*a man's name*	L.13
(en)	gullviva (i)	*cowslip*	L.10
	Gustav III (1746–1792)	*name of Swedish king*	L.5
	Gustav I = Gustav Vasa (1496–1560)	*name of Swedish king*	L.9
	gutår (obs.)	*Your health*	L.16
	gyllene	*golden*	L.9
	Gyllene Freden	*name of a restaurant*	L.10
	gå (gick, gått irr.)	*to walk to*	L.3
(en)	gång (ii)	*passage*	L.15
(en)	gång (iii)	*time, occasion*	L.7
	en gång till	*once more*	L.16
(en)	gård (ii)	*yard, courtyard, farm, homestead*	L.6
(en)	gärdsgård (ii)	*fence, paling*	L.8
	gärna	*gladly, willingly*	L.2
	han är gärna	*he likes to be*	L.2
(en)	gäst (iii)	*guest*	L.2
	gästa (1)	*to be a guest*	L.16
	göra (gjorde, gjort irr.)	*to do, make*	L.2
	ha (hade, haft irr.)	*to have*	L.1
	hur har ni det?	*how are you?*	L.7
	ha nära	*to be near*	L.14
(en)	hals (ii)	*neck, throat*	L.12
	halshugga (–högg, –huggit 4)	*to behead, decapitate*	L.12
	Halvdan	*a man's name*	L.13
(en)	hammare (pl. hammare v)	*hammer*	L.13
(en)	hamn (ii)	*harbour, port*	L.3
(en)	hamnstad (pl. –städer iii)	*seaport*	L.13
	han	*he*	L.1
(en)	hand (pl. händer iii)	*hand*	L.16
(en)	handel	*trade*	L.13
	handla (1)	*to shop*	L.7
	handla (1) om	*to deal with, be about*	L.7
	hans	*his*	L.2
(ett)	hav (v)	*sea, ocean*	L.7
(en)	havsfågel (ii)	*sea-bird*	L.7
	Hazelius, A. (1833–1901)	*name of founder of Skansen*	L.17
(en)	hed (ii)	*moor, heath*	L.15

(en)	heder	*honour*	L.4
(en)	hedendom	*paganism, heathendom*	L.13
(en)	hedersman (pl. —män v)	*decent fellow*	L.4
(en)	hedersplats (iii)	*place of honour*	L.16
(en)	hedning (ii)	*heathen, pagan*	L.13
	hedra (1)	*to honour*	L.12
	hej	*hello, goodbye*	L.7
	hel (helt, hela)	*whole*	L.7
	helt	*completely*	L.13
(ett)	hem (v)	*home*	L.2
	hem	*home*	L.14
	hemma	*at home*	L.2
(en)	hembygd (iii)	*native place, home district*	L.17
(en)	hembygdsgård (ii)	*folk museum*	L.17
(ett)	hemman (v)	*small farm, smallholding*	L.17
(en)	hemväg (ii)	*way home*	L.14
	hemsk (t)	*terrible (ly), awful (ly)*	L.7
	Hemsö	*fictitious name for Kymmendö*	L.7
	Hemsöborna	*The People of Hemsö*	L.7
	henne	*her*	L.3
	hennes	*her, hers*	L.8
(en)	herr (ii)	*Mr*	L.16
(en)	herre (ii)	*gentleman*	L.14
(en)	herrgård (ii)	*manor-house*	L.14
(en)	hertig (ii)	*duke*	L.9
	heta (hette, hetat irr.)	*to be called*	L.1
(en)	himmel (ii)	*sky, heaven*	L.7
	hinna (hann, hunnit 4)	*to manage, have time*	L.14
(en)	hiss (ii)	*lift, elevator*	L.14
(en)	historia (pl. historier iii)	*story, history*	L.8
	historisk	*historical, historic*	L.9
	hit	*here, hither, to this place*	L.13
(ett)	hjortron (v)	*cloudberry*	L.15
(en)	hjälp	*help, aid*	L.12
(en)	hjälte (ii)	*hero*	L.12
(ett)	hjärta (iv)	*heart*	L.5
	hjärtlig (t)	*hearty (ily)*	L.16
(en)	holme (ii)	*small island, islet*	L.13
(en)	holmgång (obs.)	*duel*	L.13
	honom	*him*	L.3
	hoppa (1)	*to jump, skip*	L.3

hoppas (1)	*to hope*	L.12
(ett) horn (v)	*horn*	L.8
hos	*at (the house of), with*	L.8
(ett) hotell (v)	*hotel*	L.14
hugga (högg, huggit 4)	*to chop, hew, cut*	L.12
(en) hund (ii)	*dog*	L.13
hundra	*hundred*	L.4
hundradetrettiotredje	*133rd*	L.17
(en) hunger	*hunger, starvation*	L.11
(en) hungersnöd	*famine*	L.17
hur	*how*	L.1
(ett) hus (v)	*house, building*	L.3
(en) hustru (pl. hustrur iii)	*wife*	L.8
(ett) huvud (iv)	*head*	L.1
(en) huvudstad (pl. huvudstäder iii)	*capital city*	L.1
(en) hylla (i)	*case, shelf*	L.2
hypermodern	*extremely up-to-date*	L.14
hyra (2a)	*to rent, hire*	L.14
hålla (höll, hållit 4)	*to hold, keep*	L.16
hålla (4) på att	*to be in the process of*	L.17
häftig (t)	*vehement (ly), fierce (ly)*	L.8
(en) hälft (iii)	*half*	L.14
hälsa (1) på	*to visit a person, pay a visit*	L.7
	to greet	L.16
hälsa (1) välkommen	*to bid someone welcome*	L.16
(en) hälsning (ii)	*regard, greeting*	L.7
med vänlig hälsning	*Yours sincerely*	L.15
hämta (1)	*to fetch, collect*	L.7
(en) händelse (iii)	*event*	L.11
hänga (2a)	*to hang*	L.8
hängande	*hanging*	L.8
häpen	*amazed, startled*	L.16
här	*here*	L.1
härmed	*herewith*	L.15
(en) häst (ii)	*horse*	L.6
(ett) hö	*hay*	L.6
(en) höbåt (ii)	*hay-boat*	L.6
hög (högre, högst)	*high, tall*	L.5
höger	*right-hand*	L.5
till höger	*to the right*	L.5

(ett)	höghus (v)	*multi-storey buildings, high*
		rise block	L.5
	höja (2a)	*to raise*	L.16
(en)	hök (ii)	*hawk*	L.15
	höra (2a)	*to hear*	L.3
(en)	höst (ii)	*autumn*	L.15
	om hösten	*in (the) autumn*	L.15
(en)	höstbeskrivning (ii)	*description of autumn*	L.15
	i	*in, into, on, onto*	L.1
	i land	*ashore*	L.3
	ibland	*sometimes*	L.5
(en)	idé (iii)	*idea*	L.17
(en)	idrott (iii)	*athletic sports*	L.14
	ifrån	*from*	L.8
	ihjäl	*to death*	L.11
	inbjuda (−bjöd, --bjudit 4)	*to invite*	L.16
(en)	inbjudning (ii)	*invitation*	L.16
(ett)	inbjudningskort (v)	*invitation card*	L.16
(en)	industrialism	*industrialism*	L.17
	industrialismens	
	genombrott	*the industrial revolution*	L.17
	ingen (inget, inga)	*no, nobody, none*	L.15
	in i	*into*	L.14
	inför	*before, in face of*	L.11
(en)	ingång (ii)	*entrance*	L.17
	innan	*before*	L.13
(en)	innerstad (−städer iii)	*inner city*	L.14
	inte	*not*	L.3
(en)	intendent (iii)	*curator, keeper*	L.17
(ett)	intresse (iv) (för)	*interest (in)*	L.11
	intressera (1)	*to interest*	L.13
	intresserad av	*interested in*	L.13
(en)	is (ii)	*ice*	L.3
(en)	isbjörn (ii)	*polar bear*	L.3
	ja	*yes*	L.4
	jaga (1)	*to hunt, pursue*	L.12
	jaha	*oh, I see*	L.10
(en)	jakt (iii)	*hunt*	L.15
(en)	jaktmark (iii)	*hunting-ground*	L.15
	jo	*well . . .*	L.17

	Johan (1537–1592)	*John, brother of Eric XIV*	L.9
(en)	jord (ii)	*earth*	L.17
(ett)	jordbruk	*farming, agriculture*	L.17
	ju	*you know, of course*	L.17
(en)	jul (ii)	*Christmas, Yule*	L.12
	juli	*July*	L.4
	just	*just*	L.7
(en)	jätte (ii)	*giant*	L.7
	jättebra	*tremendously well*	L.14
	jättekul	*great fun*	L.7
	jättesöt	*awfully nice, very sweet*	L.7
(ett)	kaffe	*coffee*	L.5
(en)	kajuta (i)	*cabin*	L.6
	kal	*naked, bare*	L.15
	kall	*cold*	L.12
	kalla (1)	*to call*	L.8
	kalla (1) in	*to call in*	L.11
(en)	kamrat (iii)	*friend*	L.3
	kan (infinitive: **kunna** aux.)	*can, am (is, are) able*	L.1
	kanske	*perhaps*	L.10
	Kare	*a man's name*	L.13
	Karin Månsdotter	*name of Eric XIV's wife*	L.9
	Karl (1550–1611)	*Charles, brother of Eric XIV*	L.9
(en)	karl (ii)	*man, fellow, chap*	L.12
	kasta (1)	*to throw*	L.12
(en)	kattfot	*cat's foot*	L.10
	Kebnekaise	*name of mountain*	L.15
(en)	kilometer (v)	*kilometre*	L.12
	klar	*clear*	L.15
	klarblå	*clear blue*	L.15
	klen	*slender, unfertile*	L.17
(en)	klocka (i)	*clock, time*	L.2
	kl = klockan	*o'clock*	L.16
	klättra (1)	*to climb*	L.8
	knacka (1)	*to tap, knock*	L.16
	knappt	*hardly*	L.17
(en)	ko (pl. kor iii)	*cow*	L.8
(en)	konflikt (iii)	*conflict*	L.11
(en)	konst (iii)	*art*	L.5
(en)	konsthistoria	*history of art*	L.10

(en)	konstnär (iii)	*artist*	L.10
(en)	konstsamling (iii)	*art collection*	L.9
(ett)	kontor (v)	*office*	L.14
	komma (kom, kommit 4)	*to come*	L.2
(en)	kopp (ii)	*cup*	L.2
	koppla (1) av	*to relax*	L.10
(ett)	kors (v)	*cross*	L.13
(ett)	kort (v)	*card*	L.16
	kort	*short (ly)*	L.3
	kosta (1)	*to cost*	L.10
(en)	kraft (iii)	*strength, might, force*	L.13
	kraftig	*strong, vigorous, immense*	L.17
(ett)	krig (v)	*war*	L.13
(en)	krigsgud (ii)	*god of war*	L.13
	krigisk	*warlike*	L.13
	kring	*around*	L.7
	kristen	*Christian*	L.13
	Kristian Tyrann (1481–1559)	*Christian the Tyrant*	L.12
	kristna (1)	*to christen, christianize*	L.13
(en)	krog (ii)	*pub, tavern*	L.10
(en)	krona (i)	*crown, Swedish krona*	L.8
	krypa (kröp, krupit 4)	*to creep*	L.15
	kul	*good, nice, fun*	L.3
(en)	kula (i)	*bullet*	L.11
(en)	kulle (ii)	*mound, low hill*	L.12
(en)	kung (ii)	*king*	L.1
(en)	kungafamilj (iii)	*royal family*	L.6
	kunglig	*royal*	L.6
	Kungsleden	*The Royal Route*	L.15
(en)	kunskap (iii)	*knowledge*	L.13
	kvar	*left, remaining, behind*	L.4
(en)	kvinna (i)	*woman*	L.13
(en)	kväll (ii)	*evening*	L.7
	i kväll	*this evening, tonight*	L.7
	Kymmendö	*name of island*	L.7
(en)	kyrka (i)	*church*	L.14
(en)	källare (v)	*cellar, pub*	L.10
	känd	*known, well-known*	L.11
	känna (2a)	*to know, feel*	L.7
	känna (2a) igen	*to recognize*	L.7

	känna (2a) sig	*to feel*	L.9
	känna (2a) till	*to know, be acquainted with*	L.17
	kär	*dear*	L.7
	bli (4) kär i	*to fall in love*	L.9
(en)	käring (ii)	*old woman, wife*	L.17
(en)	kärlek	*love*	L.13
(en)	kärleksgud (ii)	*god of love*	L.13
(ett)	kök (v)	*kitchen*	L.1
(ett)	köp	*purchase*	L.15
	köpa (2b)	*to buy*	L.2
(ett)	kött	*meat*	L.16
(ett)	lamm (v)	*lamb*	L.3
(ett)	land (iii & v)	*land, country*	L.3
	i land	*ashore*	L.3
	på landet	*in the country*	L.14
(en)	landsbygd (iii)	*country, countryside*	L.17
(ett)	landskap (v)	*landscape*	L.15
(en)	lapp (ii)	*Lapp*	L.15
	Lappland	*Lapland*	L.15
	lappländsk	*(of) Lapland*	L.15
	Lars i Kuja = Lars i Kojan	*Lars of Kuja* (lit. *Lars at the Hovel*)	L.17
	lasta (1)	*to load*	L.13
(en)	led (iii)	*path, track*	L.14
	ledande	*leading*	L.5
(en)	lek (ii)	*game, play*	L.7
	lek och idrott	*games and athletics*	L.14
	leva (2a)	*to live, be alive*	L.4
	leva (2a) kvar	*to live on, remain*	L.13
	ligga (låg, legat irr.)	*to lie, be situated*	L.5
	lik (likt, lika)	*like*	L.6
	lika	*just as*	L.13
	likna (1)	*to resemble*	L.13
	liksom	*like*	L.14
	Lilla Nygatan	*name of street*	L.10
	liten (litet, lilla, små; mindre, minst)	*little, small*	L.1
(ett)	liv (v)	*life*	L.4
	livlig	*lively*	L.5
(ett)	ljud (v)	*sound*	L.15

	ljudlös (t)	*soundless (ly)*	L.15
	locka (1)	*to entice*	L.14
(en)	lokal (iii)	*place, room*	L.14
(ett)	lopp (i)	*race*	L.12
(en)	lott (iii)	*lot*	L.16
	Lovön	*name of island*	L.6
(en)	luft	*air*	L.3
	lummig	*lush, thickly foliaged*	L.6
	lyckad	*successful*	L.16
	lyckas (1)	*to succeed*	L.14
	lyda (lydde *or* löd, lytt 2a)	*to read, run, be worded*	L.15
	lyrisk	*lyrical*	L.15
	lysa (2b)	*to shine, gleam*	L.15
	lyssna (1) på	*to listen (to)*	L.10
	lysten	*desirous, covetous*	L.9
	låg (lägre, lägst)	*low*	L.11
	lågavlönad	*low paid, lower paid*	L.11
	låna (1)	*to loan, borrow*	L.2
	lång (längre, längst)	*tall, long*	L.8
	långt	*far*	L.8
(ett)	lås (v)	*lock*	L.6
	låta (lät, låtit 4)	*to let, make, have, cause to be*	L.6
	låta (4) bli	*to resist, stop, help*	L.16
(en)	lägenhet (iii)	*flat*	L.1
(ett)	läger (v)	*camp*	L.14
	lägga (lade, lagt irr.)	*to lay, put*	L.16
	lägga bort titlarna	*to dispense with titles*	L.16
(en)	läkare (v)	*doctor*	L.14
(ett)	läkarhus (v)	*medical centre*	L.14
	lämna (1)	*to leave*	L.15
(ett)	län (v)	*district, county*	L.17
(en)	länsman (pl. —män v) (obs.)	*bailiff, police*	L.17
	länge	*a long time*	L.14
	längs	*along*	L.5
(en)	lärare (v)	*teacher*	L.14
	läsa (2b)	*to read, study*	L.2
	läsa (2b) upp	*to read aloud, recite*	L.17
	lätt	*light, easy*	L.5
	lättast	*easiest*	L.13

(en)	lördag (ii)	*Saturday*	L.2
(ett)	löv (v)	*leaves, foliage*	L.7
	mager	*meagre, poor*	L.17
(en)	makt (iii)	*power*	L.9
	maktlysten	*ambitious*	L.9
(en)	mamma (i)	*mother*	L.7
(en)	man (pl. män v)	*man, husband*	L.4
	man	*one, they, people*	L.6
(en)	mandel (ii)	*almond*	L.16
(en)	mandelblom =		
	mandelblomma (i)	*meadow saxifrage*	L.10
(en)	mandelpotatis (ii)	*small almond-shaped potato*	L,16
	Maria Stuart	*Mary Queen of Scots*	L.9
	Mariefred	*name of town*	L.9
(en)	mark (iii)	*ground*	L.4
(ett)	massiv (v)	*massif*	L.15
(en)	mat	*food*	L.2
	med	*with, by, of*	L.2
	medan	*while*	L.16
(en)	medarbetare (v)	*contributor, collaborator*	L.16
(en)	medlem (ii) (i)	*member (of)*	L.11
	mellan	*between*	L.13
	men	*but*	L.1
	mena (1)	*to mean*	L.17
	mer	*more, anymore*	L.14
	mera	*more*	L.10
	mest	*most*	L.13
(en)	middag (ii)	*dinner*	L.10
(en)	midsommer (pl. —somrar ii)	*midsummer*	L.7
(en)	midsommarafton (pl. —aftnar ii)	*midsummer eve*	L.7
(en)	midsommarstång (pl. —stänger iii)	*maypole*	L.7
	mig	*me*	L.3
(en)	militär (iii)	*military, soldier*	L.11
(en)	miljö (iii)	*environment*	L.14
	min (mitt, mina)	*my*	L.8
(en)	min (iii)	*look, expression*	L.16
	mindre	*less, smaller, smallish*	L.13

(ett)	minne (iv)	*memory*	L.14
	ur minnet	*from memory*	L.17
(ett)	minnesmärke (iv)	*monument, memorial*	L.14
	minnesvärd	*memorable*	L.16
	minst	*at least*	L.7
(en)	minut (iii)	*minute*	L.3
(ett)	misstag (v)	*mistake*	L.9
(en)	misstro	*distrust*	L.12
(en)	misär	*poverty, distress*	L.17
(en)	mo(de)r (pl. mödrar ii)	*mother*	L.8
	modern	*modern*	L.5
(en)	morbro(de)r (pl.		
	−bröder v)	*(maternal) uncle*	L.12
(en)	mormo(de)r (pl.		
	−mödrar ii)	*(maternal) grandmother*	L.12
(en)	morgon (pl. morgnar,	*morning*	L.6
	mornar ii)		
(en)	moster (ii)	*(maternal) aunt*	L.12
	mot	*towards, at*	L.7
		against	L.11
(en)	motsats (iii)	*contrast, opposition*	L.17
	i motsats till	*unlike*	L.17
(en)	munk (ii)	*monk*	L.13
(ett)	museum (iii)	*museum*	L.3
(en)	musik	*music*	L.2
	mycken (mycket, myckna;		
	mer(a), mest)	*much, great deal of*	L.16
	mycket	*very, much, a lot of*	L.1
	mycket annat	*many other things*	L.17
(en)	myr (ii)	*bog, mire*	L.15
(ett)	mål (v)	*goal*	L.9
(en)	måltid (iii)	*meal*	L.5
	många	*many*	L.2
	måste	*must*	L.2
	mäktig (−are, −ast)	*powerful, mighty*	L.13
	Mälaren	*Lake Mälar*	L.6
(en)	människa (i)	*human being, person (pl. people)*	L.13
	mänsklig	*human*	L.13
(ett)	märke (iv)	*mark*	L.14
	möta (2b)	*to meet*	L.12

(ett)	namn (v)	*name*	L.6
(en)	natt (pl. nätter iii)	*night*	L.15
	i natt	*tonight, during the night*	L.15
(en)	natur	*nature*	L.8
	naturlig (t)	*natural (ly)*	L.14
	naturskön	*of great natural beauty, beautiful*	L.6
	nej	*no*	L.10
	nerifrån	*from below*	L.8
	nitton	*nineteen*	L.1
	nog	*to be sure*	L.17
	Noak	*Noah*	L.17
	nordisk	*Scandinavian, Nordic, Norse*	L.13
	Nordiska museet	*name of museum*	L.17
	Norge	*Norway*	L.12
	Norrland	*name of Swedish province*	L.16
	norr	*north*	L.5
	norrländsk	*of Norrland*	L.16
	Norrmalm	*name of suburb*	L.5
	norsk	*Norwegian*	L.12
	nu	*now*	L.7
	nu för tiden	*nowadays*	L.8
	numera	*now, nowadays*	L.9
	nuvarande	*present*	L.14
	ny	*new*	L.5
(en)	nyhet (iii)	*piece of news*	L.12
(en)	nysnö	*newly fallen snow*	L.15
	nå (3)	*to reach*	L.9
	någon (något, några)	*some, any, someone, anyone something, anything*	L.7
	när	*when*	L.2
	nära	*near, close*	L.9
	ha (irr.) nära till	*to be close to*	L.14
(en)	närhet	*vicinity*	L.7
(en)	näring	*nourishment*	L.17
	nästan	*almost*	L.7
(en)	näver	*birch-bark*	L.17
(en)	nävgröt	*bark porridge*	L.17
(en)	nöd	*need, distress*	L.17
(en)	nöt (pl. nötter iii)	*nut*	L.17
(ett)	nötskal (v)	*nutshell*	L.17

o	*oh*	L.10
och	*and*	L.1
och så	*and then*	L.13
ock = också	*also, too*	L.13
också	*also, too, as well*	L.1
Oden	*Woden*	L.13
oekonomisk	*uneconomic*	L.17
oerhörd	*enormous, tremendous*	L.11
(ett) offer (v)	*sacrifice, victim*	L.13
(en) offerfest (iii)	*sacrificial feast*	L.13
offra (1)	*to sacrifice*	L.13
ofta	*often*	L.2
oj då	*dear me! oh, I say!*	L.10
okänd	*unknown*	L.11
Olle	*a man's name*	L.6
olycklig	*unhappy, unfortunate*	L.9
om	*about, concerning, of, in, on*	L.4
om	*if*	L.15
omge (−gav, −gett 4)	*to surround*	L.5
(en) omgivning (ii)	*environment, surroundings*	L.14
omkring	*around*	L.4
(ett) område (iv)	*area*	L.4
omtvistad	*disputed, controversial*	L.11
(en) order	*order, command*	L.11
ordna (1)	*to arrange*	L.11
Orrberget	*place-name*	L.10
(en) pappa (i)	*father, daddy*	L.7
(ett) par (v)	*pair, couple, some*	L.7
(ett) parasoll (v)	*sun-umbrella*	L.5
(en) park (iii)	*park*	L.3
passa (1)	*to suit*	L.15
passa (1) på	*to avail oneself of*	L.16
(en) pastor (iii)	*pastor, vicar, parson*	L.14
(en) pastorsexpedition (iii)	*parish registrar's office*	L.14
(en) pensionär (iii)	*pensioner*	L.14
(ett) pensionärshotell (v)	*service flats for pensioners*	L.14
(en) person (iii)	*person*	L.11
planera (1)	*to plan*	L.14
planlägga (−lade, −lagt irr.)	*to plan, design*	L.14

	plantera (1)	*to plant*	L.4
(en)	plats (iii) (för)	*place, site (of)*	L.5
	plocka (1)	*to pick, pluck*	L.7
	plötslig (t)	*sudden (ly)*	L.8
(en)	pojke (ii)	*boy*	L.2
	politisk	*political*	L.11
	populär	*popular*	L.9
(ett)	porträtt (v)	*portrait*	L.9
(en)	post (iii)	*post*	L.14
(ett)	postkontor (v)	*post-office*	L.14
(en)	potatis (ii)	*potato*	L.16
(en)	prakt	*splendour*	L.9
	praktfull	*magnificent*	L.6
	predika (1) (om)	*to preach (about)*	L.13
(en)	prins (ii)	*prince*	L.9
(en)	prinsessa (i)	*princess*	L.9
(en)	promenad (iii)	*walk*	L.8
	promenera (1)	*to stroll, go for a walk*	L.3
(en)	präst (iii)	*priest, clergyman*	L.17
(en)	punkt (iii)	*point*	L.14
	på	*on, of, with, in, at*	L.1
(ett)	påseende	*inspection, sight*	L.15
	till påseende	*on approval*	L.15
(en)	rad (iii)	*row, series, number*	L.5
	realistisk	*realistic*	L.17
(en)	redaktör (iii)	*editor*	L.15
	redan	*already*	L.3
(en)	refräng (iii)	*refrain*	L.10
(en)	regel (ii)	*bolt*	L.6
	regera (1)	*to govern, rule*	L.12
(en)	regissör (iii)	*director (of a film, play)*	L.11
(en)	ren (ii)	*reindeer*	L.15
(ett)	renkött	*reindeer meat*	L.16
	representera (1)	*to represent*	L.17
	resa (2b)	*to raise, hoist*	L.7
	resa (2b) sig	*to get up, rise*	L.16
(en)	resa (i)	*journey, trip*	L.6
	resa (2b)	*to journey, travel*	L.8
(en)	restaurang (iii)	*restaurant*	L.10
	resultera (1)	*to result*	L.17

	rik (på)	*rich (in)*	L.14
(ett)	rike (iv)	*kingdom*	L.13
(en)	riksdag (ii)	*Parliament*	L.17
	riktig	*right, correct*	L.17
	riktig (t)	*real (ly)*	L.16
(en)	ring (ii)	*ring*	L.7
	ringa (2a)	*to telephone, ring*	L.10
	ringa (2a) på dörren	*to ring the doorbell*	L.16
(en)	ringlek (ii)	*round-dance, chain-dance*	L.7
	rista (1)	*to carve, cut*	L.13
	rita (1) av	*to make a drawing*	L.5
	ro (3)	*to row*	L.6
	roa (1) sig	*to enjoy oneself*	L.14
	rolig	*amusing*	L.4
	ha roligt	*to have fun*	L.4
	det är roligt	*it is fun*	L.7
(en)	roll (iii)	*role, part*	L.12
(en)	roman (iii)	*novel*	L.7
	romantisk	*romantic*	L.17
	ropa (1)	*to call*	L.3
(en)	ros (i)	*rose*	L.16
(en)	rulle (ii)	*roll, coil*	L.17
(en)	rulltrappa (i)	*escalator*	L.17
(ett)	rum (v)	*room*	L.1
(en)	runa (i)	*rune*	L.13
(en)	runsten (ii)	*runic stone*	L.13
	rund	*round*	L.5
	runt	*around*	L.14
	Ryssland	*Russia*	L.13
	rädda (1)	*to save, rescue*	L.8
(en)	rätt (iii)	*dish, course*	L.10
	rätt	*right*	L.5
	röd	*red*	L.5
	Rönnerdahl	*man's surname*	L.10
(en)	rörelse (iii)	*movement*	L.11
(en)	röst (iii)	*voice*	L.13
(en)	salong (iii)	*drawing-room*	L.16
(ett)	samarbete (iv)	*collaboration*	L.16
(en)	same (iii)	*Lapp*	L.15
(ett)	samhälle (iv)	*town, society*	L.14
	samlas (1)	*to gather, collect*	L.16

(en)	samling (ii)	*collection, gathering*	L.9
(en)	samlingspunkt (iii)	*meeting point, focal point*	L.14
	samma	*same*	L.9
	se (såg, sett irr.)	*to see*	L.1
	se ut	*to look, appear*	L.9
	(sedan)	*since*	L.4
(en)	sed (ii)	*custom*	L.16
	seder och bruk	*custom and habits*	L.16
	seg	*tough, hardy*	L.17
(ett)	segel (v)	*sail*	L.6
(en)	segelbåt (ii)	*yacht, sailing boat*	L.7
(en)	segelled (iii)	*channel*	L.14
	sen	*late*	L.16
	senast	*latest*	L.16
	Sergel J. T. (1740–1814)	*name of Swedish sculptor*	L.5
	sevärd	*worth seeing*	L.5
(ett)	shoppingcentrum (pl. –centra)	*shopping centre*	L.14
(en)	sida (i)	*side*	L.13
	sig	*himself, herself, itself, oneself*	L.8
		themselves, him, her, it, them	L.13
(en)	sill (ii)	*herring*	L.16
	sin (sitt, sina)	*his, her, its, their, one's*	L.8
	sist	*last*	L.15
	tack för sist	*thanks for a lovely evening*	L.16
	sitta (satt, suttit 4)	*to sit*	L.5
	sju	*seven*	L.2
	sjunde	*seventh*	L.14
	sjunga (sjöng, sjungit 4)	*to sing*	L.4
	själv (självt, själva)	*himself, herself, itself, themselves*	L.2
	självklar	*natural, self-evident, a matter of course*	L.17
(en)	sjö (ii)	*lake, sea*	L.1
(en)	sjöman (pl. –män v)	*sailor, seaman*	L.10
(en)	sjömansvisa (i)	*sailor's song*	L.10
	Sjösala äng	*place-name*	L.10
(ett)	skal (v)	*shell*	L.17
(en)	skald (iii)	*poet*	L.4
	Skansen	*name of a part of Stockholm*	L.3
	Skansenberget	*Skansen Rock*	L.17
	skaffa (1) sig	*to get, aquire*	L.17

	skapa (1)	*to create*	L.14
(en)	skatt (iii)	*tax, treasure*	L.12
	ske (3)	*to happen, occur, take place*	L.11
	skedd	*occurred*	L.11
	det skedda	*what has (had) happened*	L.11
(ett)	skepp (v)	*ship*	L.13
	Skeppsbron	*name of quay in Stockholm*	L.3
	skicka (1)	*to send*	L.9
(en)	skida (i)	*ski*	L.12
(en)	skidlöpare (v)	*skier*	L.12
(en)	skidtävling (ii)	*skiing contest, race*	L.12
(en)	skidåkare (v)	*skiers*	L.12
	skiftande	*changing, shifting*	L.15
	skildra (1)	*to describe*	L.4
(en)	skildring (ii)	*description*	L.17
	skina (sken, skinit 4)	*to shine*	L.3
(en)	skiva (i)	*record, disc*	L.2
(en)	skjorta (i)	*shirt*	L.13
	skjuta (sköt, skjutit 4)	*to shoot, push, fire at*	L.6
	skjuten	*shot*	L.11
(en)	skog (ii)	*wood, forest*	L.14
	skola (skulle, skolat aux.)	*to be obliged*	L.2
	ska	*shall, will*	L.2
	skulle	*would*	L.7
		should, was to	L.13
(en)	skola (i)	*school*	L.14
	Skottland	*Scotland*	L.9
(ett)	skratt (v)	*laugh, laughter*	L.10
	skratta (1)	*to laugh*	L.16
	skrika (skrek, skrikit 4)	*to shout, shriek*	L.3
	skriva (skrev, skrivit 4)	*to write*	L.2
(ett)	skrivbord (v)	*writing-desk*	L.2
(en)	skulptör (iii)	*sculptor*	L.5
	skutta (1)	*to hop, jump*	L.10
(en)	skål (ii)	*toast, bowl; Cheers!*	L.16
	skåla (i)	*to toast, to make toast*	L.16
(ett)	skägg (v)	*beard*	L.9
	skäligen	*rather*	L.17
	skänka (2b)	*to present, give as a gift*	L.10
(en)	skärgård (ii)	*skerries*	L.7
(en)	skärgårdsberättelse (iii)	*tale of the skerries*	L.17

	Skärholmen	*name of suburb*	L.14
(en)	skönhet (iii)	*beauty*	L.15
	sköta (2b)	*to manage, look after*	L.15
	slita (slet, slitit 4)	*to toil, work hard*	L.17
	slita (4) och dra (4)	*to toil and slave*	L.17
(ett)	slott (v)	*palace, castle*	L.1
(ett)	slut (v)	*end, conclusion*	L.15
	i slutet	*at the end*	L.15
	sluta (1)	*to stop, finish*	L.17
	slå (slog, slagit 4)	*to strike, hit*	L.16
	slå (4) upp	*to set up*	L.14
	slå (4) ut	*to bud, flower*	L.10
	smakfull (t)	*in good taste, tasteful (ly)*	L.16
(en)	smoking (ii)	*dinner-jacket, black tie*	L.16
	små (pl. of **liten**)	*small, little*	L.7
	Småland	*name of province*	L.14
	(så) småningom	*gradually*	L.6
	smälta (2b)	*to melt, merge*	L.12
(ett)	smör	*butter*	L.10
(en)	smörgås (ii)	*sandwich*	L.2
	snabb (t)	*quick (ly)*	L.8
(ett)	snabbköp (v)	*self-service store*	L.14
	snart	*soon*	L.3
(en)	snö	*snow*	L.12
	social	*social*	L.11
(en)	socialdemokrat (iii)	*Social Democrat*	L.11
	socialistisk	*socialist*	L.11
(en)	socken (def. sg. socknen ii)	*parish*	L.17
(en)	sockendräkt (iii)	*parish costume*	L.17
(en)	sol (ii)	*sun*	L.3
(en)	soldat (iii)	*soldier*	L.12
	som	*who, which, that*	L.1
		like	L.8
		as	L.9
	som att bo	*like living*	L.14
(en)	sommar (ii)	*summer*	L.5
(en)	sommardag (ii)	*summer's day*	L.5
(en)	sommargäst (iii)	*summer guest*	L.8
(en)	sommarmorgon (ii)	*summer morning*	L.6
(en)	son (pl. söner iii)	*son*	L.9
(en)	sop (ii)	*rubbish, garbage*	L.14

(ett)	sopnedkast (v)	*refuse chute*	L.14
(ett)	sorl	*hum of voices*	L.16
	spara (1)	*to save, be economical*	L.17
	den som spar han har	*waste not want not*	L.17
(en)	spegel (ii)	*mirror*	L.6
	spela (1)	*to play*	L.2
	springa (sprang, sprungit 4)	*to run*	L.8
(ett)	spår (v)	*trace, track*	L.15
	spänna (2a)	*stretch, strain*	L.8
	spännande	*exciting*	L.8
	stackars	*poor, unfortunate*	L.9
(en)	stad (pl. städer iii)	*town, city*	L.1
	stan = staden	*the town*	L.1
(ett)	stadsbibliotek (v)	*public library, municipal library*	L.14
(en)	stadsdel (ii)	*part of town, district*	L.5
	stark	*strong*	L.9
(en)	stat (iii)	*state*	L.11
(en)	statare (v)	*farm-labourer*	L.17
(en)	staty (iii)	*statue*	L.5
(ett)	steg (v)	*step*	L.15
(en)	sten (ii)	*stone*	L.13
	stiga (steg, stigit 4)	*to climb*	L.12
	stilig	*handsome*	L.9
	stilla	*quiet, still*	L.15
(en)	stockholmare (v)	*Stockholmer*	L.4
	Stockholmsterrassen	*name of cafeteria*	L.5
(en)	stol (ii)	*chair*	L.2
	stolt (över)	*proud (of)*	L.12
	stor (större, störst)	*large, big, great*	L.1
(en)	storhet (iii)	*greatness, great man*	L.6
(en)	storhetstid (iii)	*Golden Age, Period of Greatness*	L.6
(en)	Stormaktstid (1611−1718)	*Age of Great Power*	L.14
	Storstockholm	*Greater Stockholm*	L.14
	Stortorget	*name of square*	L.12
(en)	strand (pl. stränder iii)	*shore, beach, bank*	L.7
	strax	*immediately, just*	L.13
(en)	strejk (iii)	*strike*	L.11
(en)	strejkbrytare (v)	*black-leg*	L.11
	stressa (1) av	*to relax, unwind*	L.10

	strålande	*radiant, shining*	L.13
	sträcka (2b)	*to stretch*	L.6
(en)	student (iii)	*student*	L.1
	studera (1)	*to study*	L.4
(en)	studio (pl. studior iii)	*studio*	L.11
(en)	stuga (i)	*house, cottage*	L.7
	stupa (1)	*to fall, be killed*	L.11
	stupad	*fallen*	L.11
	stå (stod, stått irr.)	*to stand*	L.3
(ett)	stånd (pl. ständer iii)	*Estate, station, social class*	L.17
(ett)	ståndssamhälle (iv)	*society organized in Estates, class society*	L.17
(en)	stång (pl. stänger iii)	*pole*	L.7
	ståtlig	*stately, splendid-looking*	L.9
	ställa (2a)	*to place, put*	L.16
	ställa (2a) ifrån sig	*to put down, put aside*	L.16
(ett)	ställe (iv)	*place*	L.10
	stämma (2b) in i	*to join in, chime in*	L.16
(en)	stämning (ii)	*atmosphere*	L.10
	större	*larger*	L.13
	störst	*largest*	L.13
	störta (1)	*to rush, dash*	L.8
	störtande	*rushing*	L.8
	sunnan	*from the south*	L.10
(ett)	svar (v)	*answer, reply*	L.16
	o.s.a. = om svar anhålles	*R.S.V.P.*	L.16
	svartsjuk	*jealous*	L.9
	Sveavägen	*name of street*	L.5
	svear (pl.)	*ancient Swedes*	L.13
(en)	svensk (ii)	*Swede*	L.4
	svensk	*Swedish*	L.1
	svenska	*Swedish (language)*	L.14
	Svenska Akademien	*The Swedish Academy*	L.10
	Svenska Turistföreningen	*Swedish Touring Club*	L.15
	Sverige	*Sweden*	L.12
(en)	svåger (ii)	*brother-in-law*	L.12
	svår	*difficult*	L.17
	svänga (2a)	*to swing*	L.8
	sväva (1)	*to hover*	L.15
	sydväster	*south-west*	L.14
(ett)	syfte (iv)	*purpose*	L.15

	synas (2b)	*to be seen, appear*	L.15
(en)	syster (ii)	*sister*	L.12
	så	*so, and*	L.3
	och så	*and then*	L.13
	så här	*like this*	L.15
(en)	sång (iii)	*song, singing*	L.4
	sång och sorl	*singing and humming of voices*	L.16
	säga (sade, sagt irr.)	*to say*	L.5
	säker	*safe, sure*	L.13
	säkert	*I am sure, of course*	L.17
	sända (2a)	*to send*	L.12
(en)	säng (ii)	*bed*	L.10
	särskilja (2a)	*to distinguish between*	L.11
	särskild	*especial, separate, distinct*	L.11
	särskilt	*especially*	L.3
(ett)	sätt (v)	*way, manner*	L.8
	på så sätt	*in this way*	L.8
	sätta (satte, satt irr.)	*to put, place* .	L.9
	sätta (irr.) sig	*to sit down*	L.16
	Södermalm	*name of suburb of Stockholm*	L.4
(en)	söndag (ii)	*Sunday*	L.3
	söt	*sweet, nice, pretty*	L.7
	ta (ga) (tog, tagit 4)	*to take*	L.3
	ta (4) upp	*to strike up (a tune)*	L.16
	ta (4) fel	*to be mistaken*	L.17
	ta (4) tillfånga	*to take prisoner*	L.12
(ett, en)	tack	*thanks, thank you*	L.7
	tacka (1)	*to thank*	L.16
	tack för sist	*thanks for a lovely evening*	L.16
(ett)	tackande	*thanking*	L.16
	tacksam	*grateful*	L.15
(ett)	tacktal (v)	*speech of thanks*	L.16
	t. ex. = till exempel	*for example*	L.17
(ett)	tal (v)	*number*	L.9
	1500—talet	*sixteenth century*	L.9
(ett)	tal (v)	*speech*	L.16
	tala (1) om för	*to tell, relate*	L.5
	Taube, Evert (1890—1976)	*name of Swedish poet and composer*	L.10
(en)	teckning (ii)	*sketch, drawing*	L.5
(en)	terrass (iii)	*terrace*	L.5

(en)	tia (i)	*ten kronor*	L.10
(en)	tid (iii)	*time*	L.6
	tidig	*early*	L.15
(en)	tidning (ii)	*newspaper*	L.10
	till	*to, for*	L.2
	till och med	*even*	L.13
	tillbaka	*back*	L.8
(ett)	tillfälle (iv)	*opportunity*	L.16
	tillsammans	*together*	L.12
(en)	titel (ii)	*title*	L.16
	titta (1)	*to look*	L.3
	titta (1) efter	*to look up*	L.10
	tjugofem	*twenty-five*	L.14
(en)	tjur (ii)	*bull*	L.8
	tjusig	*lovely, charming*	L.7
(ett)	tjut (v)	*howling*	L.7
(en)	tjärn (ii)	*tarn, small mountain lake*	L.15
	tolka (1)	*to interpret*	L.11
	tolvtiden	*round about 12 o'clock*	L.16
(en)	topp (ii)	*top*	L.15
	Tor	*Thor*	L.13
(ett)	torg (v)	*square, market-place*	L.5
(ett)	torp (v)	*croft*	L.14
(en)	torpare (v)	*crofter*	L.17
(en)	trafik	*traffic*	L.5
(en)	trappa (i)	*stairs*	L.17
	tre	*three*	L.2
	tredje	*third*	L.2
	trettiotalet	*the thirties*	L.11
	trevlig	*nice, pleasant*	L.10
	trind	*round shaped*	L.6
	trist	*miserable, dreary*	L.7
	trivas (2a)	*to be happy, thrive, be satisfied*	L.14
	tro (3)	*to believe*	L.10
(en)	trubadur (iii)	*troubadour, folk-singer*	L.10
(en)	trupp (iii)	*troop*	L.11
	trygg	*secure, safe*	L.9
	trång (trängre, trängst)	*narrow*	L.15
(ett)	träd (v)	*tree*	L.3
(en)	trädgård (ii)	*garden*	L.6

(en)	trädkrona (i)	*tree-top*	L.8
	träffa (1)	*to meet*	L.9
	tung (tyngre, tyngst)	*heavy*	L.8
	tungt	*heavily*	L.13
	tunn	*thin*	L.15
(ett)	tunnbröd	*thin, unleavened bread*	L.16
(en)	tunnel (ii)	*tunnel, tube*	L.14
(en)	tunnelbana (i)	*tube, underground railway*	L.14
(en)	tur (iii)	*turn*	L.16
(en)	turist (iii)	*tourist*	L.15
	tusentals	*thousands*	L.12
	tvinga (tvang, tvungit 4)	*to force*	L.12
	tvista (1) om	*to argue about*	L.11
	två	*two*	L.2
	ty	*for, because*	L.17
	tycka (2b)	*to think, be of the opinion*	L.4
	tycka (2b) om	*to like*	L.4
	tycka (2b) sig	*to think that ...*	L.15
	Tyskland	*Germany*	L.13
(en)	tystnad	*silence*	L.15
(ett)	tåg (v)	*procession, train*	L.11
(ett)	tält (v)	*tent*	L.15
	tänka (2b)	*to think*	L.8
	tänka (2b) på	*to think of*	L.10
(en)	tärna (i)	*tern*	L.10
(en)	tävling (ii)	*competition, race*	L.12
	under	*below, under, beneath*	L.5
	under	*during*	L.13
	under sång och sorl	*amidst singing and humming of voices*	L.16
	underbar	*wonderful*	L.7
(en)	underklass	*lower class*	L.17
	undra (1)	*to wonder*	L.17
	ung (yngre, yngst)	*young*	L.1
(en)	ungdom (ii)	*youth*	L.14
(en)	ungdomslokal (iii)	*youth centre*	L.14
(en)	unge (ii)	*chick, young, baby*	L.10
	ungefär	*roughly, approximately*	L.17
	unik	*unique*	L.11
(ett)	universitet (v)	*university*	L.13
	upp	*up*	L.3

	uppblåsa = blåsa upp	*to puff up, inflate*	L.6
(en)	uppfattning (ii)	*idea, conception*	L.17
	uppför	*up*	L.17
	uppföra (2a) sig	*to build, erect*	L.14
	uppifrån	*from above*	L.8
	uppmana (1)	*to tell, urge*	L.8
(en)	uppsats (iii)	*essay, dissertation*	L.17
	uppskatta (1)	*to appreciate*	L.14
	uppvakta (1)	*to court*	L.9
	ur	*out of, from*	L.4
	urgammal	*very old, ancient*	L.17
(en)	urmakare (v)	*clock-maker, watch-maker*	L.4
	ut	*out*	L.6
	ut ur	*out of*	L.14
	utan	*but*	L.3
	utanför	*outside*	L.16
	utbredd	*widespread*	L.11
	utdragen	*protracted*	L.11
(en)	utflykt (iii)	*excursion*	L.9
(ett)	utflyktsmål (v)	*excursion goal*	L.9
	utgrävd (from: **gräva**		
	(2b) **ut**)	*excavated*	L.13
	utmärka (2b)	*to distinguish, single out*	L.17
	utrusta (1)	*to equip*	L.14
(en)	utsikt (iii)	*view*	L.1
	utvandra (1)	*to emigrate*	L.17
	vacker	*beautiful, lovely*	L.1
	vackrare	*more beautiful*	L.13
	vad	*what, how*	L.1
	vad för	*what kind of*	L.10
(en)	vagn (ii)	*coach, carriage*	L.6
	Valhallavägen	*name of street*	L.16
(en)	vals (iii)	*waltz*	L.10
(ett)	valthorn (v)	*French horn, hunting horn*	L.8
	van (vid)	*used (to), accustomed (to)*	L.16
	vandra (1)	*to walk, hike*	L.4
(en)	vandring (ii)	*walk, walking tour*	L.15
(en)	vandringsled (iii)	*walking route*	L.15
(ett)	vapen (v)	*weapon*	L.11
	vapenlös	*weaponless*	L.11
	var	*where*	L.1

(en)	vara (i)	*article*	L.5
	vara (var, varit 4)	*to be*	L.1
	vara (4) kvar	*to stay on, be left behind*	L.7
	varannan (varannat, varandra)	*each other*	L.16
	varför	*why*	L.2
	varken	*neither*	L.3
	varje	*each, every*	L.4
	varm	*warm*	L.5
(en)	varmrätt (iii)	*warm dish, main course*	L.10
	varpå	*whereupon*	L.16
(ett)	varuhus (v)	*department store*	L.5
	Vasaloppet	*The Vasa Race (Marathon)*	L.12
(ett)	vatten (v)	*water*	L.6
(en)	vecka (i)	*week*	L.7
	vem	*who*	L.17
(ett)	verk (v)	*work, deed*	L.17
	verkligen	*really*	L.5
(en)	vers (iii)	*verse*	L.6
	veta (vet, visste, vetat irr.)	*to know*	L.7
	vi	*we*	L.3
	vid	*by, beside, at, on, during*	L.5
	vidare	*further*	L.12
(en)	vik (ii)	*bay*	L.10
(en)	viking (ii)	*Viking*	L.13
(en)	vikingatid	*Viking Period*	L.13
	vila (1)	*to rest*	L.11
	vilja (vill, ville, velat aux.)	*to be willing*	L.2
	vill	*wants to, wishes*	L.2
	vill gärna	*likes*	L.2
	vilken (vilket, vilka)	*who, which, that*	L.10
(en)	vimpel (ii)	*pennant*	L.6
(ett)	vin (iii)	*wine, vine*	L.4
(en)	vind (ii)	*wind*	L.6
(en)	vinge (ii)	*wing*	L.15
	vinka (1)	*to wave*	L.3
	vinna (vann, vunnit 4)	*to win*	L.9
(en)	vinter (ii)	*winter*	L.12
(ett)	vinterläger (v)	*winter quarters*	L.14
(en)	viol (iii)	*violet*	L.10
(en)	visa (i)	*song*	L.10

	visa (1)	*to show, indicate*	L.9
	visserligen	*it is true that*	L.14
	vistas (1)	*to stay, reside*	L.17
	vit	*white*	L.7
	Vite Krist	*The White Christ*	L.13
	vore (see **vara** 4)	*would be*	L.15
(en)	våning (ii)	*floor*	L.14
	vår (vårt, våra)	*our*	L.8
(en)	vår (ii)	*spring*	L.12
(en)	vårdag (ii)	*spring day*	L.9
(ett)	väder (v)	*weather*	L.3
(en)	väg (ii)	*road, way*	L.5
	väl	*well*	L.14
	väldig (t)	*enormous (ly), immense (ly)*	L.1
(en)	välfärd	*welfare*	L.11
(en)	välfärdsstat (iii)	*Welfare State*	L.11
	välja (valde, valt irr.)	*to choose*	L.5
(en)	vän (pl. vänner iii)	*friend*	L.2
	vända (2a)	*to turn*	L.12
	vända (2a) sig	*to turn, address oneself*	L.16
	vänlig	*kind, friendly*	L.15
(en)	vännina (i)	*girl friend*	L.13
	vänster (om)	*left, left-hand side (of)*	L.16
	vänta (1) (på)	*to wait (for)*	L.3
(en)	värd (ii)	*host*	L.16
	värd	*worth*	L.16
(ett)	värdfolk (v)	*host and hostess*	L.16
(en)	värdinna (i)	*hostess*	L.16
(ett)	värdpar (v)	*host and hostess*	L.16
(en)	värld (ii)	*world*	L.15
(en)	värme	*warmth*	L.14
(ett)	värn (v)	*defence*	L.11
	värnlös	*defenceless*	L.11
	värre (see **ond**)	*worse*	L.12
	väst	*west*	L.13
	växa (2b)	*to grow*	L.4
	Zorn, A. (1860–1920)	*name of Swedish painter*	L.10
	Ådalen	*name-place*	L.11
	åka (2b)	*to travel*	L.4
	åka (2b) skidor	*to go skiing*	L.12

(en) åker (ii)	*arable land, tilled field*	L.17
ålderdomlig	*old-fashioned, archaic*	L.17
(ett) år (v)	*year*	L.1
(en) åra (i)	*oar*	L.6
(en) årstid (iii)	*season*	L.15
(en) åska (i)	*thunder*	L.13
(en) åskgud (ii)	*god of thunder*	L.13
åt	*for, to*	L.17
åter	*again, re-*	L.15
återfinna (−fann, −funnit 4)	*to find again, re-find*	L.15
äga (2a)	*to own, have*	L.10
älska (1)	*to love*	L.3
(en) älskling (ii)	*darling, pet*	L.4
(en) älsklingsskald (iii)	*favourite poet*	L.4
(ett) ämne (iv)	*subject*	L.11
än	*than*	L.13
ända	*as far as, all the way*	L.13
(en) ände (ii)	*end*	L.13
ändå	*nevertheless, still*	L.9
(en) äng (iii)	*meadow, pasture-land*	L.8
ännu	*yet, still, even*	L.15
ännu en gång	*yet again, once more*	L.16
(ett) äpple (iv)	*apple*	L.3
är (from **vara** 4)	*am, is, are*	L.1
(en) ära	*honour, glory*	L.16
(en) äring (obs.)	*harvest, yearly crop*	L.17
äta (åt, ätit 4)	*to eat*	L.3
även	*as well*	L.12
(ett) äventyr (v)	*adventure*	L.8
(en) ö (ii)	*island*	L.1
ödslig	*desolate*	L.15
(ett) öga (pl. ögon iv)	*eye*	L.9
(ett) ögonblick (v)	*moment*	L.10
(en) ökning (ii)	*increase*	L.17
(ett) öl	*ale, beer*	L.10
önska (1)	*to wish, desire*	L.14
öppen	*open*	L.7
öppna (1)	*to open*	L.16
(ett) öra (pl. öron iv)	*ear*	L.9

	öst	*east*	L.13
	Österlånggatan	*name of street*	L.10
	över	*over, of, across, about*	L.1
(en)	överfart (iii)	*crossing*	L.3
	överraska (1) (över)	*to surprise, take unawares (by)*	L.17
(en)	översättare (v)	*translator*	L.16
	övertyga (1) (om)	*to convince (about)*	L.13
	överväldigande	*overwhelming*	L.15

PART II
Reader

Den Starkare by August Strindberg

August Strindberg is Sweden's first great modern dramatist, and the only one to have achieved a lasting international reputation.

He was born in Stockholm in 1849 and, after spending many years on the Continent, died there in 1912. Together with a fellow Scandinavian, Ibsen, who was his senior by twenty-one years, Strindberg is now recognized as one of the founders of modern theatre.

A prolific and erudite author, he is best known outside Sweden for his dramatic works, especially the early naturalistic plays — *The Father* and *Miss Julie* — and the later 'fantastic' ones — *The Dream Play* and *The Ghost Sonata.*

The miniature play which follows is an example of Strindberg's experimentation with the principles of naturalism as expounded by Zola.

Impressed by the *quart d'heure* plays of French avant-garde playwrights — 'the drama reduced to one scene' — and embarking on what was to be his short-lived Experimental Theatre in Copenhagen, Strindberg set out to write brief plays which would get to 'the heart of the matter' and achieve the ultimate in compression. *Den Starkare (The Stronger)*, one of three such playlets, was written in 1888 and seems at one stage to have been intended as a curtain-raiser to his naturalistic tragedy *Miss Julie*.

The play, or rather sketch, consists of a monologue whose development reflects the past and present relationship of three people. Miss Y., an unmarried actress, has a role far less passive than her silence would seem to indicate. Her very silence accentuates the importance of her reactions — her facial expressions, gestures and laughter — and it is these that form the dialogue, the drama of the sketch.

In this monodrama we have yet another demonstration of the power-struggle theme — that the stronger brain can exercise a hypnotic influence on the weaker one — which runs through the longer plays written during this period.

It is not clear at first who has the advantage; the vampirish, supposedly strong Miss Y., or the garrulous, apparently self-confident Mrs X. But Mrs X.'s very chattiness soon undermines her own position, until in a speech studded with pauses of Chekovian pregnancy, she suddenly becomes aware of the secret that appears to make Miss Y. the stronger. It is Mrs X.'s comments about their main point of contact — the husband who does not appear on the stage — which precipitates the climax, and here we realize the power of the *quart d'heure* technique: two characters, fully developed and brought to life in fifteen minutes.

The question of who actually is the stronger is open to debate. It can be argued that Mrs X.'s aggressive behaviour throughout the scene is the mark of the weak person and her need to assert herself. However it is of interest to note Strindberg's advice to his wife when she played Mrs X. at the premiere: 'Play it as the . . . stronger; that is to say, the softer. For the rigid person breaks while the supple person bends — and rises again.'

En Scen
Personer

FRU X., *skådespelerska, gift*
M:LLE Y., *skådespelerska, ogift*

Sceneri

Ett hörn av ett damkafé; två små järnbord, en röd schaggsoffa och några stolar.

FRU X. *inträder vinterklädd i hatt och kappa med en fin japansk korg på armen.*
M:LLE Y. *sitter framför en halvdrucken ölbutelj och läser en illusterad tidning, vilken hon sedan utbyter mot andra.*

FRU X: God dag, Amelie lilla! — Du sitter här så ensam på julafton, som en stackars ungkarl.
M:LLE Y: *tittar upp från tidningen, nickar och fortsätter att läsa.*
FRU X: Vet du, det gör mig riktigt ont att se dig; ensam, ensam på ett kafé och på själva julafton. Det gör mig så ont, som när jag i Paris såg ett brudfölje inne på en restaurant, och bruden satt och läste en skämttidning, medan brudgummen spelade biljard med vittnena. Hu! tänkte jag, med en sådan början, vilken fortsättning och vilket slut!

Han spelte biljard på bröllopsafton! — Och hon läste en skämttidning, menar du! Nå det är inte alldeles detsamma!
UPPASSERSKAN *in, ställer en kopp chokolad framför* FRU X. *och går ut.*
FRU X: Vet du vad, Amelie! Nu tror jag du hade gjort bättre i att behålla honom! Minns du, att jag var den förste som sa dig: förlåt honom!

Kommer du ihåg det? — Du kunde ha varit gift nu och haft ett hem; minns
du förra julen, hur lycklig du kände dig, då du var ute hos din fästmans
föräldrar på landet; hur du prisade hemmets lycka och riktigt längtade från
teatern! — Ja, kära Amelie, hemmet är allt det bästa — näst teatern — och
ungarne,* ser du — ja, det där förstår du inte!

M:LLE Y. *föraktfull min.*

FRU X. *dricker några skedar ur koppen; öppnar sedan korgen och visar
julklapparna:* Här skall du se vad jag köpt åt mina grisar. *Tar upp en docka.*

Ser du på den! Den ska Lisa ha! Ser du att hon kan rulla med ögonen
och vrida på halsen! Va! — Och här är Majas korkpistol. *Laddar och
skjuter mot* M:LLE Y.

MLLE Y. *gör en gest av fasa.*

FRU X: Blev du rädd? Trodde du, att jag ville skjuta dig? Va? — Min själ
tror jag inte, du tänkte det! Om du skulle vilja skjuta mig förvånade mig
mindre, efter som jag gått i vägen för dig — och det vet jag, du aldrig kan
glömma — fastän jag var alldeles oskyldig. Du tror ännu, att jag
intrigerade bort dig från Stora teatern, men det gjorde jag inte! Jag gjorde
det inte, fastän du tror det! — Ja, det är detsamma att jag säger det, för
du tror ändå, att det var jag. *Tar fram ett par broderade tofflor.*

Och de här ska min gubbe ha. Med tulpaner på, som jag själv broderat
— jag avskyr tulpaner, förstås, men han ska ha tulpaner till allting.

M:LLE Y. *ser upp från bladet ironiskt och nyfiket.*

FRU X: *träder en hand i var toffel.* Ser du så små fötter Bob här! Va? Och
du skulle se sådan elegant gång! Du har aldrig sett honom i tofflor, du!

M:LLE Y. *skrattar högt:* Titta, ska du se! *Hon låter tofflorna gå på bordet.*

M:LLE Y. *skrattar högt.*

FRU X: Och så när han är ond, ser du, så stampar han med foten så här:
'Va! De förbannade pigorna, som aldrig kunna lära sig att koka kaffe!
Häu! Nu ha de kretinerna inte klippt lampveken ordentligt!'

Och så är det golvdrag, och så fryser han om fötterna: 'Husch, vad det
är kallt, och de förhärdade idioterna, som inte kunna hålla eld i kamin!'
Hon gnuggar tofflorna med den enas sula mot den andras ovanläder.

M:LLE Y. *gapskrattar.*

FRU X: Och så kommer han hem och ska leta efter sina tofflor, som Mari
ställt under chiffonjén . . . Å, men det är synd att sitta och göra narr av
sin gubbe på det där sättet. Han är snäll i alla fall, och det är en liten bra
man — och du skulle ha haft en sån man, du, Amelie! — Vad skrattar du
åt? Va! Va! — Och så vet jag, ser du, att han är mig trogen; ja, det vet
jag! För det har han talat om själv . . . vad flinar du åt? — att när jag var
på turné i Norge, så kom den där otäcka Frédérique och ville förföra
honom — kan du tänka dig så infamt! *Paus.* Men jag skulle ha rivit ögonen

* The *—ne* ending is now obsolete.

ur huvudet på henne, jag, om hon kommit sta när jag var hemma! *Paus.*
Det var lyckligt att Bob talte om det själv, så att det inte kom fram
skvallervägen! *Paus.* Men Frédérique var inte den enda, må du tro! Jag vet
inte, men fruntimren äro alldeles galna efter min man. De måtte tro, att
han har något att säga över teaterns engagemanger, därför att han är i
departementet! – Kanske du också har varit och slagit efter honom! – Jag
trodde dig inte mer än jämnt – men nu vet jag, att han inte brydde sig om
dig och att du tycktes bära något agg till honom, föreföll det mig alltid!
Paus; de betrakta varandra förläget.
FRU X: Kom hem till oss i afton, Amelie, i alla fall, och visa att du inte
är ond på oss, inte ond på mig, i alla fall! Jag vet inte, men jag tycker det
är så obehagligt att vara ovän med dig särskilt. Kanske det är därför, att
jag gick dig i vägen den gången *Ralentando.* eller – jag vet inte alls –
varför egentligen! *Paus.*
M:LLE Y. *fixerar* FRU X. *nyfiket;*
FRU X: *tankfull.* Det var så underligt med vår bekantskap – när jag såg
dig första gången, var jag rädd för dig, så rädd, att jag inte vågade släppa
dig ur sikte; utan hur jag kom och gick, befann jag mig alltid i din närhet
– jag vågade inte vara din ovän, därför blev jag din vän. Men det rådde
alltid en disharmoni, när du kom hem till oss, för att jag såg att min man
inte kunde lida dig ?– och då kände jag det snett, som när kläder sitta
illa – och jag gjorde allt för att få honom att visa sig vänlig mot dig, men
utan att lyckas – förr än du gick och förlovade dig! Då slog det upp en
häftig vänskap, så att det såg ut ett ögonblick, som om ni nu först vågade
visa era verkliga känslor, då du var i säkerhet – och så – hur var det sen?
– Jag blev inte svartsjuk – så underligt! – Och jag minns på dopet, då
du stod fadder, att jag nödgade honom att kyssa dig – det gjorde han, men
du blev så förvirrad – det vill säga: det märkte jag inte då – tänkte inte
på det sedan heller – har inte tänkt på det förr än – nu! *Reser sig häftigt.*
    Varför tiger du? Du har inte sagt ett ord på hela tiden utan bara låtit
mig sitta och tala! Du har suttit med ögonen och nystat ur mig alla dessa
tankar, vilka lågo där som råsilke i sin kokong – tankar – misstankar
kanske – låt mig se. – Varför slog du upp förlovningen? Varför kom du
aldrig mer i vårt hus efter den betan? Varför vill du inte komma till oss i
afton?
M:LLE Y. *gör min av att vilja tala.*
FRU X: Tyst! Du behöver inte säga något, för nu fattar jag allt själv! –
Det var därför och därför och därför! – Jaha! – Nu stämmer alla
räkningarna! Så är det! – Fy, jag vill inte sitta vid samma bord som du!
Flyttar sina saker till det andra bordet.
    Det var därför jag skulle brodera tulpaner, som jag hatar, på hans

tofflor, därför att du tyckte om tulpaner; det var därför *Kastar tofflorna på golvet.* vi skulle bo vid Mälarn om sommaren, därför att du inte kunde lida Saltsjön; det var därför min gosse skulle heta Eskil, därför att din far hette så; det var därför jag skulle bära dina färger, läsa dina författare, äta dina favoriträtter, dricka dina drycker — din chokolad, till exempel; det var därför — å, min Gud — det är rysligt, när jag tänker på det, det är rysligt! — Allt, allt kom från dig till mig. till och med dina passioner! — Din själ kröp in i min som en mask i äpplet, åt och åt, grävde och grävde, tills det bara var skalet kvar med litet svart mjöl. Jag ville fly dig, men jag kunde inte; du låg som ormen med dina svarta ögon och förtrollade mig — jag kände, hur vingarna lyftes endast för att draga ner mig; jag låg i vattnet med hopbundna fötter, och ju starkare jag tog simtagen med händerna, dess djupare arbetade jag mig ner, ner, tills jag sjönk till botten, där du låg som en jättekrabba för att gripa mig i dina klor — och nu ligger jag där!

Fy, vad jag hatar dig, hatar dig, hatar dig! Men du, du bara sitter och tiger, lugn, likgiltig; likgiltig, om det är ny eller nedan, jul eller nyår, om andra äro lyckliga eller olyckliga; utan förmåga att hata eller älska; orörlig som en stork vid ett råtthål — du kunde inte ta upp ditt byte själv, du kunde inte förfölja det, men du kunde vänta ut det! Här sitter du inne i ditt hörn — vet du att det kallas efter dig för råttfällan — och läser dina tidningar för att se efter om det går någon illa, om någon råkar i misär, om någon får avsked från teatern; här sitter du och passar ut dina offer, räknar ut dina chanser som en lots sitt skeppsbrott, tar emot dina tributer!

Stackars Amelie! Vet du att det gör mig ont lika fullt om dig, därför att jag vet att du är olycklig, olycklig som en sårad och elak därför att du är sårad! — Jag kan inte vara ond på dig, fastän jag ville det — ty du är ändock den lille — ja, det där med Bob, det bryr jag mig inte om! — Vad gör det mig egentligen! — Och om du lärt mig dricka chokolad eller någon annan lärt mig det, kan komma på ett ut! *Dricker en sked ur koppen. Snusförnuftigt.*

Chokolad är mycket hälsosamt för övrigt! Och om jag lärt kläda mig av dig — så, tant mieux — det har bara fäst min man ändå starkare vid mig — och där förlorade du, när jag vann — ja, att döma av vissa tecken så tror jag du förlorat honom redan! — Men det var nog din mening att jag skulle gå min väg — som du gjorde och som du nu sitter och ångrar — men ser du, det gör jag inte! — Vi ska inte vara småaktiga, ser du! Och varför skulle jag bara ta det ingen annan vill ha! —

Kanske du, när allt kommer omkring, att jag i detta ögonblick verkligen är den starkare — du fick ju aldrig någonting av mig, men du bara gav ifrån dig – och nu är det med mig som med tjuven – att när du vaknade, så ägde jag vad du saknade!

Hur kom det sig eljest, att allt var värdelöst, sterilt i din hand? Inte kunde du behålla någon mans kärlek med dina tulpaner och dina passioner – som jag kunde; inte förmådde du lära livets konst av dina författare, såsom jag lärde; inte fick du någon liten Eskil, fastän din pappa hette Eskil!

Och varför tiger du jämt och ständigt, tiger, tiger? Ja, jag trodde det var styrka; men det var kanske bara det, att du inte hade något att säga! Därför att du inte kunde tänka något! *Reser sig och tar upp tofflorna.*

Nu går jag hem – och tar tulpanerna med mig – dina tulpaner! Du kunde inte lära något av andra, du kunde inte böja dig – och därför brast du som ett torrt rör – men det gjorde inte jag!

Tack ska du ha, Amelie, för alla dina goda lärdomar; tack för du lärde min man älska! – Nu går jag hem och älskar honom! *Går.*

1888.

From *August Strindbergs dramer IV*,
Bonniers, Stockholm 1970

Answer these questions in Swedish:

1 Hur många barn har fru X?
2 Är barnen flickor eller pojkar? Vad heter de?
3 Vilken teater har fru X och fröken Y spelat på?
4 Är fru X fortfarande vid denna teater?
5 Varför är fröken Y inte längre där?
6 Har fru X spelat i något annat land?
7 Vad har fru Xs man för arbete? Varför tycker kvinnor om honom?
8 Varför broderade fru X tulpaner på sin mans tofflor?
9 När slog fröken Y upp sin förlovning? Varför gjorde hon det?
10 Var brukade fröken Y sitta på kaféet?
11 När i pjäsen upptäcker fru X att fröken Y har varit hennes mans älskarinna?
12 Vad har fru X lärt sig av fröken Y?
13 Vilken av dessa två kvinnor är den starkare? Varför?

Review of *Den Starkare* by the TV critic of *Dagens Nyheter*

Den starkare är en av August Strindbergs mera sällan spelade pjäser. Den är skriven i experimentlusta, är dramatisk i starkaste koncentration. Rollistan upptar två kvinnor. Det är hustrun och älskarinnan som möts i ett damkafé på julaftonen. Hustrun talar hela tiden, älskarinnan ger sin mening tillkänna endast med minspelet. Den litet triviala, men hemdoftande hustrun tar hem sista sticket—'Tack för att du lärde min man älska. Nu går jag hem och älskar honom', så lyder den triumferande slutrepliken.

Miniatyrstycket gavs av TV-teatern på fredagskvällen i en Nordvisionssändning. Det var påpassligt att blåsa av dammet på en pjäs som så väl passar TV-teaterns slutna rum. Gunnel Broström hade den pratsamma hustruns roll. Kanske var hon mindre inbilsk än författaren tänkt sig, men där var just utstrålningen av tryggheten i barn och man. Ulla Sjöblom hade fått den stumma och måhända svårare rollen på sin lott. Så fint hon fick fram både hettan och frusenheten hos en i all sin överlägsenhet förlorande människa.*

De två aktrisernas intensiva föreställning fick ett gott stöd i Hans Dalins regi och L. Olofssons dekor. I kaféet med järnbord och schaggsoffa och med en klang från en förgången tid utspelades en tvekamp som följdes av kameran så att man glömde den.

Lördagen den 4 juni 1960
Joson

Answer these questions in Swedish:

1 Vem skriver recensionen (*review* iii)?
2 För vilken tidning skrevs den?
3 När gavs Den starkare i svensk TV?
4 Spelas pjäsen ofta?
5 Varför passar denna pjäs TV?
6 Vem spelade fru X? Vem spelade fröken Y?
7 Vilken roll är den svårare?
8 Var TV-föreställningen (*performance* ii) bra?
9 Vem tycker Joson är den starkare?

* This is equivalent to 'hos en människa som förlorar i all sin överlägsenhet.'

211

'Diskaren' by Per Olof Sundman

Per Olof Sundman is one of Sweden's leading modern writers. Born in 1922 near Stockholm, much of his literary work reflects his experiences of running a guest house for fourteen years in the thinly populated and desolate fell-world of northern Sweden.

A realist, Sundman has developed a literary technique which, although reminiscent of the laconic Icelandic sagas, underlines the complex nature of truth. His undramatic 'pointless' stories which are filled with 'true' but sometimes tedious details are often difficult to grasp, but are fascinating because of the riddle they seem to contain.

'Diskaren' ('The Dish-Washer') appeared in the collection of short stories published in 1963 under the title of *Sökarna* (*The Seekers*). It illustrates Sundman's behaviouristic style, his practice of recording only what can be observed in an effort to get to the truth. In this story of a man who had to keep moving from one hotel to another because of his insistence on eating with and washing up his own dishes and cutlery, the reader is presented with the reactions of fellow guests to what at first appearance is a trivial matter. The 'truth' which seems to emerge is the impossibility of living apart, of existing in a social vacuum. This theme – the relationship of the individual to the group – runs through the novels *Expeditionen* (*The Expedition*), 1962, and *Ingenjör Andrées luftfärd* (*The Flight of the Eagle*), 1967, which have brought the writer international recognition.

1

Sven Jansson på Edsgården ringde mig en morgon och undrade om jag hade ett enkelrum ledigt.

Jag frågade om han redan hade fullt hos sig, trots att det var i säsongens början och trots att det varit regnigt och kyligt en ganska lång tid.

Han trodde att jag hade flera gäster än han och han förklarade att det inte var direkt för att gynna en konkurrent och kollega som han nu var villig att överlåta herr Nilfert till mig.

—Jag skall inte förtiga att han blivit en börda för mig, sade Sven
Jansson. Han vill stanna en hel månad till och det är ju ont om långliggare
nu för tiden. Men ändå . . .
    Jag frågade om det var en besvärlig gäst.
    —Inte besvärlig.
    —Otrevlig då?
    Nej, inte det heller—egentligen en riktigt trevlig prick.
    —Det är svårt att förklara varför och hur, sade Sven Jansson. Det är
egentligen bara det att han envisas med att använda eget porslin och eget
bestick i matsalen och han tar upp det på rummet och diskar själv i
handfatet. Det är egentligen bara det.

2

Han kom samma dags eftermiddag och jag mötte honom vid bussen. Jag
hade sällskap av en slöjdlärare som hette Åkesson, en stamgäst som
brukade bo hos oss flera veckor varje sommar – jämnårig med mig ungefär,
ständigt klädd i opressade byxor, skrynklig skjorta och yvigt, tvärskuret
svart skägg.
    —Man är spänd på killen, sade han, det kan inte bara vara det där att
han håller sig med eget porslin och diskar själv. Det måste också vara en
hel del annat. Varför ville de inte ha honom kvar på Edsgården? En
diskare som betalar för sig – det är ju inte illa.
    Bussen kom och Nilfert steg ur. Jag blev förvånad, jag hade väntat mig
en kortvuxen person, magerlagd och kortvuxen. Nilfert var ett halvt
huvud längre än jag, han var atletisk byggd och absolut inte mager och min
hand försvann i hans när vi hälsade. Jag hade också väntat mig ett
skyggt uppträdande; han kom oss till mötes med ett öppet och vänligt
leende och han bar ljus gabardinkostym och vit skjorta med vävd slips
från någon hemslöjdsbutik.
    Några av de andra gästerna satt på verandan, där de var skyddade från
regnet. De såg nyfiket på Nilfert och han hälsade artigt och
presenterade sig.
    I liggarens kolumn för titel eller yrke antecknade han 'fil ch.'*

    —Jag hade väntat en skygg liten man, sade jag.
    Åkesson sade: — Men denne kamrat skulle nyligen ha kunnat återkomma
från Australien efter att ha turnerat världen runt som professionell
tennisspelare.
    —Varför liten och skygg, frågade en annan gäst som var färghandlare i
Örebro.
    Min syster sade: — Vi är alla fulla av förväntningar och fördomar.

* L. Bäckström, Manssamhället hos Sundman, suggests that this is an abbreviation
of *filialchef.*

—Förväntningar och fördomar, upprepade Åkesson och rev sig
tankfullt i skägget.

Färghandlaren lade ifrån sig resandeliggaren. — Vad är fil ch, frågade
han. Har ni sett det förut? Fil ch?

—Världen är full inte bara av fördomar och förväntingar, svarade min
vän Åkesson. Där finns också mängder av förkortningar.

Han slog upp liggaren, sökte rätt på sitt eget namn, strök över ordet
'slöjdlärare' och skrev i stället 'fil snick'. Efter kort övervägande satte han
punkt efter både 'fil' och 'snick' — 'fil. snick'.

—Punkterna är som prickarna över de två i-en, sade han. Lade ni märke
till att jag nästan vitsade?

Nilfert kom in på mitt kontor en halvtimme före middagen, han frågade
om han fick störa mig och jag svarade att jag hade till yrke att låta mig
störas och bad honom sätta sig ner.

—Det förhåller sig så, sade han leende, att jag har en liten vana eller
ovana, om ni så vill.

—Det får ni gärna ha, sade jag.

—Ni behöver inte duka vid min plats i matsalen, sade han. Jag har
alltid eget kuvert med mig när jag är ute på resande fot, djup tallrik,
flat tallrik och två assietter, matsilver och glas. Glaset är av den där
franska tillverkningen, ni vet, man kan släppa det i golvet utan att det
går sönder.

—Vi har inga invändningar, svarade jag.

—En gammal vana.

—Alla människor har sina vanor.

—Jag har klart för mig att min vana är en smula ovanlig, sade han.

—Vi har inga invändningar, upprepade jag.

—Har ni några andra önskemål, frågade jag.

—Jag gissar att herr Jansson på Edgsården redan har fört saken på tal,
sade han och reste sig.

Han hejdade sig. — Möjligen en sak. Det är visserligen sommar, men
det är lite kyligt och regnigt och det känns en smula fuktigt i mitt rum.
Och vattnet i varmvattenkranen är inte mer än ljummet. Ni brukar
kanske elda på framåt kvällen en stund? Och en sak till: jag skulle vara
tacksam om jag fick upp ett par vanliga kökshanddukar på mitt rum—jag
diskar mitt kuvert själv.

Det skulle givetvis ordnas.

—Det är inget ni vill fråga om, sade han i dörröppningen.

—Nej, svarade jag lögnaktigt.

Regnet fortsatte ännu några dagar, sedan slog vinden om till sydost, den
bar värme med sig och skingrade molnen och plötsligt var det sol och tung

hetta. Sjön glittrade, fjällens snöfläckar hade nästan helt försvunnit och
slåttervallarnas gräs växte hastigt i längd och täthet. Humlorna trängdes
kring rabatternas stormhattar, kvällarna var lugna och vi måste sätta in
myggfönster. De första bromsarna dök upp som ett förebud; slåtterns tid
var snart inne med dess sövande nattljud, det klippande rasslet från byns
alla hästdragna slåttermaskiner och avlägset brummande, enstaka
traktorer.

Nilfert åt sina måltider med eget porslin och eget bestick.

Gäster kom och for; endast ett fåtal stannade en längre tid. De flesta
turister har för bråttom, de kan inte dröja mer än ett par dagar och måste
sedan resa vidare i all sin otålighet och oro.

Nilfert var inte road av fiske, men gjorde gärna promenader och
utflykter. Han var glad och vänlig och mycket korrekt. Han läste
dagstidningarna omsorgsfullt, var ingalunda den förste att gå till sängs på
kvällen. Ibland sov han över frukosten.

—Jag försöker faktiskt spjärna emot, sade färghandlaren från Örebro,
men det är obehagligt att se honom komma ner i matsalen med sin egen
tallrik och sitt eget glas.

—Vad spelar det för roll, sade jag. Alla har sina egenheter. En bagatell
bara, vad spelar det för roll.

—Och så diskar han själv.

Åkesson sade: — Jag har aldrig förstått mig på sådana som diskar
självmant och av fri vilja.

—Min hustru reagerar ännu starkare än jag, sade färghandlaren. Man
kan inte riktigt förklara varför.

Nilfert följde med på ett par längre dagsutflykter.

—Han äter sina medhavda mackor precis som vi andra, sade Åkesson.
Han tar dem med handen, biter, tuggar och sväljer. Han borstar inte
tänderna efteråt och han använder inte—jag försäkrar!—han använder inte
handskar. Och han diskar inte smörgåspappret.

—Vad är det där 'fil ch' i liggaren, frågade färghandlaren innan han
reste.

En äldre dam trodde att det möjligen kunde vara en utländsk titel. Hon
bröt själv en aning på tyska trots att hon varit i Sverige i nästan ett halvt
sekel som husföreståndarinna hos en känd företagsledare i Göteborg.

—I så fall hade det sannolikt stått 'Ch phil', svarade den kunnige
slöjdläraren, med stort C och phil med ph, alltså.

Man ville att jag skulle fråga honom efter hans yrke. Jag vägrade.

Varför?

Om det hade blivit ett naturligt tillfälle, kanske. Men inte annars.

—Man har inte rätt att vara nyfiken, sade min syster.

Har man inte?

Jag måste förklara för nyanlända gäster:
Ni förstår, herr Nilfert, den långe solbrände mannen, han har en liten egenhet. Alla människor har sina egenheter, mer eller mindre framträdande. Det är en struntsak bara, fast man kan inte undgå att lägga märke till den. Det är inte något att fästa sig vid. Det är faktiskt bara en bagatell.

--Visst är det en bagatell och alla har sina egenheter, sade Åkesson. Jag med mitt skägg till exempel. Jag behövde förresten komma till en barberare som kunde beskära det litet och piffa upp det.

--Det enda som oroar mig, sade slöjdläraren, det är att porslinet är hans enda egenhet. Ni förstår hur jag menar?
Det fanns kanske ändå en sak till.

--Vi gör i ordning matsäckssmörgåsarna åt honom när han skall vara borta över lunchen, sade min syster, men han kommer ner i köket och slår in dem i eget papper.
Min vän Åkesson strök begrundande sitt assyriska skägg.

--Nej, sade han sedan, eget porslin och eget smörgåspapper, det är samma sak.

En flicka som arbetade vid postgirot i Stockholm sade, att det betydde inte så mycket att han kom ner till måltiderna med eget porslin och egen kniv och gaffel — däremot, när han ätit, när han lämnade bordet, när han återvände upp till sitt rum med odiskade tallrikar, använt glas och nersolkat bestick — hon kunde inte förlika sig med det!
Han brukade linda in kniv, gaffel och sked i en pappersservett.

Hennes väninna sade: — Han är trevlig och uppmärksam och sällskaplig, det är inget fel på honom. Man känner sig osäker i alla fall, vill hålla sig på avstånd.

Väninnan var ljushårig och söt och försökte kamouflera sin närsynthet genom att bära glasögon med svagt mörka linser.

--Ni tycker väl att jag är dum, sade hon, men jag *väntar* hela tiden att han skall göra något, jag vet inte vad, jag är väl bara dum — att han skall göra någonting, men han gör ingenting, det vore nästan skönt om han gjorde någonting, någonting annat. Ni tycker väl bara att jag är dum, sade hon och rodnade litet.

--Du är inte dum, sade Åkesson.
Nilfert var från Stockholm men han stod inte i telefonkatalogen, det hade färghandlaren kontrollerat.

3

Jag ringde till Edsgården. Sven Jansson var bortrest och skulle inte komma tillbaka förrän om en vecka.

Det var för lång tid.

Varför jag sökte Sven Jansson?

Jag svarade: – Jag tänkte fråga honom hur han bar sig åt när han fick Nilfert att flytta därifrån och hit.

–Alltid kan du hitta på någon förevändning.

–Har du något förslag?

Åkesson svarade: –Säg som det är, att du inte riktigt trivs med en aldrig så exklusiv diskare i huset.

–Det är svårt.

–Säg som det är, att alla gästerna tycker han är trevlig och så men att det där med eget porslin blir lite irriterande i längden.

Jag skakade på huvudet. Det var ännu svårare, inte omedelbart för mig men för honom och därmed också för mig. – Jag måste hitta på något, sade jag.

Samma dags eftermiddag bad jag honom komma in i mitt lilla kontor. Jag stängde dörren som annars alltid brukar stå öppen. – Varsågod och sitt, herr Nilfert, sade jag.

–Nu har vi verkligen fått sommar, sade jag och satte mig på andra sidan skrivbordet.

–Snart kan de börja köra in höet, sade han.

–Jag tänkte vi skulle pratas vid en stund, herr Nilfert.

–Det tycker jag är trevligt.

–Ni har ju bott här ett tag nu, tio-elva dar tror jag.

–Jag trivs bra här, sade han och log ett växande, vänligt leende. Det är ändå en sak jag funderat på så smått.

Han reste sig och gick fram till den stora kartan som hängde på väggen.

–Här är vi nu, inte sant, sade han. Här, litet högre upp, ligger det inte ett annat litet pensionat där?

–Det är tre mil knappt med bussen, svarade jag.

–Ni förstår, sade han, jag trivs så bra här. Ändå funderar jag på att kanske åka dit.

Han lade handen lätt på min axel. – Ni får inte ta illa upp, jag trivs verkligen bra här men det är roligt att komma till nya platser och nya miljöer.

Han satte sig åter i stolen, han bjöd mig en cigarrcigarrett men tände ingen själv.

Vi satt tysta en stund.

Sedan frågade han: – Ni kanske skulle kunna göra mig den tjänsten att ringa och fråga om de har ett rum åt mig.

–Så gärna.

Därefter åter en stund av tystnad till dess han reste sig och öppnade dörren.

—Jag tror jag skall ta en promenad före middagen, sade han. Det var väl inget annat?

—Nej tack, svarade jag.

From *Sökarna,* Norstedt &
Söner, Stockholm 1963

Answer these questions in Swedish:

1 Varför heter novellen Diskaren?
2 Vem berättar historien?
3 Är herr Nilfert en trevlig man?
4 Hur ser han ut?
5 Hur länge stannade Nilfert på hotellet?
6 Vad gjorde han på sin semester (*vacation*)?
7 Hur reagerade färghandlaren mot Nilfert?
8 Vem är Åkesson?
9 Hur reagerade flickan som arbetade vid postgirot?
10 Varför ringde hotellägaren till Sven Jansson?
11 Varför ville Nilfert åka till ett annat pensionat?

'Slå följe' by Stig Claesson

Stig Claesson, a cosmopolitan writer of working-class origin, was born in Stockholm in 1928. He belongs to the generation of young idealists who believed in the brotherhood of mankind and joined the international youth brigades after 1945 to rebuild a Europe shattered and exhausted by war. Disillusionment with the political and social developments in the post-war world eroded his ideals, and Claesson has become one of the saddest of Swedish humorists. Since his first book was published in 1956 critics have shown an increasing interest in his work and the televising of his hitherto most successful book, *Vem älskar Yngve Frej* (*Who loves Yngve Frej*), a gentle satire on the nostalgia of the modern Swede for his past, has helped to establish him as one of the most popular authors of the seventies.

Claesson employs a superficially non-committal technique in his treatment of incidents from everyday life, but the chatty, deceptively innocent prose is used to present urgent and usually disturbing contemporary problems. He is the detached observer of modern Swedish society, the values of which he questions with some bitterness. His stories reveal a deep concern for the predicament of aging persons and others whose needs the Welfare State cannot completely satisfy. 'Slå följe' ('The Escort') is taken from *Supportern* (*The Supporter*), a collection of sketches published in 1962. The farcical situation of an adolescent boy's accidental involvement with an old lady with whom he can hardly communicate is credible and funny. But it also highlights a human problem: who in this day and age is prepared to make sacrifices to help the weak and needy?

Han var på väg till sin flicka, och klockan kvart i sju skulle hon stå utanför biografen Saga.

Hon hette Karin det mindes han tydligt.

Han skulle hinna precis. Klockan var bara halv vid Slussen.

Karin hette hon och rödhårig var hon.

Hon var ung.

Det var onsdag och onsdagen innan denna onsdag hade han träffat Karin.

Han hade blivit kär.

Endast en kort stund hade han träffat Karin men blivit kär.

Han hade talat med henne och hon ville träffa honom. Också hon hade blivit kär.

På onsdag utanför biografen Saga hade han sagt och hon hade sagt ja.

Han skulle hinna precis. Han hade förberett detta möte noggrant. Han hade träffat sin Karin och från och med nu skulle han inte släppa henne.

Detta var det första egentliga mötet. Han skulle hålla hennes hand.

Han skulle inte släppa den handen.

Tunnelbanetåget stannar vid Gamla stan och klockan är tjuguåtta minuter i sju.

Om några minuter Centralen och sen Hötorget. Han skulle hinna precis.

Han kände sig varm. Han kände kärlek.

Han log.

En mycket gammal dam som med sin sköterska stigit på vid Slussen log tillbaka. Hon nickade.

Han nickade mot henne och fortsatte att le.

Den gamla damen hade missuppfattat leendet vilket han inte tyckte gjorde något.

Kanske hon förstod att han var kär.

Hon såg ut att vara hundra år.

Strax innan Centralen beredde sig sköterskan och den gamla damen att stiga av.

Han var tvungen att flytta sina ben och till och med stiga upp.

Den hundraåriga damen log mot honom. Sköterskan, inte heller hon ung, tackade honom. De vandrade skrämda mot utgången.

Han ser på de gamla kvinnorna och förstår att han kanske är mycket ung.

Tåget stannar och dörrarna öppnas. Sköterskan kliver av och väntar på den långsammare gamlingen.

Den gamla damen blir förvirrad. Hon stelnar och liksom ursäktande sin långsamhet vänder hon sig mot den unge mannen och nickar.

Han nickar tillbaka.

Då slår dörrarna igen och tåget börjar rulla. Den gamla damen är nära att falla.

Genom fönstret ser han sköterskan hjälplöst vinkande. Sköterskan pekar på honom.

Hon skriker nånting.

Den unge mannen tror att han förstår. Han går fram till den gamla damen och tar henne under armen.

Jag skall hjälpa er, säger han.

Den gamla damen nickar.

Vid Hötorget hjälper han den gamla damen av och står ett ögonblick tvekande tittande på klockan.

Klockan är tjuguen minuter i sju.

De sätter sig på en bänk.

Han säger till den gamla damen att om hon nu bara sitter här alldeles lugnt så kommer sköterskan med nästa tåg.

Han förmodade att det var det sköterskan hade menat när hon pekade på honom och skrek nånting.

Sköterskan hade förstått att han hade uppfattat händelsen. Alltså måste hon tro att han skulle hjälpa henne. De skulle gå av vid nästa station och så skulle sköterskan följa efter.

Det var enkelt och logiskt.

Om bara ett par minuter skulle det komma ett tåg till.

Han skulle vänta.

Så hjälplös och skröplig som den gamla damen verkade kunde han inte gärna lämna henne.

De väntar.

När klockan är nitton minuter i sju ser sig den unge mannen om efter en spårvägstjänsteman eller en polis.

Tåget kommer.

Han kommer att bli tvungen att springa till Saga.

Tåget stannar och folk går av och folk går på. Ingen sköterska.

Snabbt för han den gamla damen ombord på det motsatta tåget.

Nu har han förstått situationen så här: Sköterskan hade pekat på honom och menat att han skulle återvända till Centralen med den gamla damen. Hon själv skulle stanna där hon var.

Det var kanske mycket begärt av en främling, men vad skulle sköterskan göra. Kanske hon inte var så van vid stan.

Han skulle alltså ta tåget till Centralen, lämna av den gamla damen och försöka ta nästa tåg tillbaka.

Det kunde inte ta så lång tid.

Han svettas.

Han måste hinna till Karin. Han måste.

Vid Centralen ser han inte till sköterskan.

Han står stilla med den gamla damen under armen och hör hur tåget sätter igång igen.

Han går över till den andra sidan där han förmodar sköterskan väntar.

Ingen sköterska.

Han börjar bli förtvivlad. Han måste bli av med damen.
Den gamla damen börjar se vilsen ut. Hon verkar trött.
Oändligt långsamt rör hon sig.
Han för henne, han vill nästan bära henne.
Det enda jag kan göra är att lämna henne vid utgången, tänker han.
Detta är inte mitt problem.
Han vill inte titta på klockan.
Han skall lämna henne till spårvägspersonalen vid utgången och sedan
sätta en fruktansvärd fart.
Karin väntar. Han känner på sig att hon kommer att vänta.
Det är mycket folk vid spärren och de måste stå i kö.
Oroligt dunkar hans hjärta.
Hans nerver är spända. Bara fram till spärren sen skall han sätta fart.
Han säger till spärrvakten: Den här damen har förlorat sitt sällskap.
Kan ni hjälpa henne?
Vill ni vänta ett ögonblick, säger spärrvakten, så jag får släppa fram
folk. Ett ögonblick bara så får ni förklara.
Han väntar. Den gamla damen håller hårt i hans arm. Han får springa.
Han räknar ut att om han springer direkt ut och tar en bil så kommer
han att hinna. Om inte precis i tid så innan sju.
De skall gå på bio. Karin måste vänta till klockan sju.
Jag älskar Karin, tänker han. Jag älskar dig Karin, säger han.
Den gamla damen ser på honom.
Hon nickar.
Den unge mannen får tårar i ögonen av någon slags ilska. Av förtvivlan.
Den här gamla damen, säger han till spärrvakten, har kommit ifrån sin
sköterska. Jag har hjälpt henne hit. Kan ni ta hand om henne.
Det förstår ni väl, säger spärrvakten, att ni skulle stannat på Hötorget.
Sköterskan gick förstås bara och ringde till Hötorget och meddelade där att
hon skulle komma. Att man skulle säga er det.
Ni har varit alldeles för otålig. Det här har ni inte skött något vidare.
Åk nu tillbaka med henne.
Jag hinner inte, säger han. Jag måste till Saga. Hon ska ju hit.
Sköterskan gick av här.
Ja men det förstår ni väl att sköterskan väntar vid Hötorget. Det är
väl ingen som kan begära att ni skulle ha åkt tillbaka. Det förstår ni väl
att ingen har begärt.
Den unge mannen vänder sig till den gamla damen och säger:Kan ni
åka ensam tillbaka till Hötorget?
Den gamla damen ser skrämd ut, och innan hon hinner svara säger
spärrvakten: Åja, var inte så förbannat egoistisk. Ni ser ju att damen är

gammal. Ni ska ju själv till Hötorget.

Den kö som har bildats mumlar någonting om ungdomen nu för tiden.

Den unge mannen kan inte längre spilla tid på förklaringar och samtal. Tillbaka till Hötorget.

Klockan är nu två minuter i sju.

Oändligt långsamt rör sig den gamla damen och först fem minuter över sju kommer de med tåget mot Hötorget.

Det har börjat värka i den unge mannens bröst. Han har börjat hata. Detta förstår den gamla damen. Hon säger ingenting, men hon ber om överseende och förlåtelse genom att verka frånvarande. Hon suckar. Hon gnäller.

Den unge mannen vet inte längre vad han skall göra. Han tänker lämna damen och sen bege sig till Saga och se om Karin väntar.

Han tror någonstans inom sig att hans kärlek till Karin är sådan att hon förstår att han är försenad. Att hon därför väntar.

Ingen sköterska väntar vid perrongen. Inte heller i spärren.

Han säger till spärrvakten: Den här damen har kommit ifrån sitt sällskap. Vill ni hjälpa henne? Jag lämnar henne i er vård.

Vad vill ni jag skall göra?

Hjälp henne. Inte vet jag. Hennes sköterska ska finnas nånstans. Dom kom ifrån varann på Centralen.

Ja men då ska hon väl till Centralen?

Vi har varit på Centralen. På Centralen förmodade man att sköterskan ringt hit. Har ingen ringt hit?

Hit har ingen ringt. Ni kan väl inte bara lämna den gamla damen här i spärren.

Kan ni klara er själv, frågar spärrvakten damen.

Den gamla damen skakar på huvudet.

Hon verkar förvirrad, säger han till den unge mannen.

Var bor ni, frågar den unge mannen.

Vid S:t Eriksplan. Strax vid S:t Eriksplan, säger den gamla damen.

Vad skulle ni då av vid Centralen för, frågar spärrvakten.

Vi skulle köpa frukt, säger den gamla damen.

Jo det här var ljusblått, säger spärrvakten. Det är ingen idé att du åker till Centralen med henne, säger han till den unge mannen. Sköterskan trodde naturligtvis att hon fortsatte hem.

Åk till S:t Eriksplan och lämna henne. Om sköterskan inte väntar där så får du väl ta hem henne.

Käringen är ju nästan tusen år, viskar han.

Den unge mannen andas flera gånger.

Jag hinner inte, säger han. Jag hinner inte.

Har du baxat henne hit, kan du väl alltid baxa henne en bit till. Jag kan ingenting göra.

Klockan är mer än halv åtta. Mer än kvart i åtta. Snart åtta.

Plötsligt har den unge mannen all tid i världen att hjälpa damen mot perrongen.

På tåget lutar han sig mot henne och frågar: Heter ni möjligen Karin.

Nej, säger den gamla damen. Helena, viskar hon i hans öra. Helena.

Vid utgångsspärren vid S:t Eriksplan vägrar spärrvakten att släppa ut den gamla damen. Hon har ingen biljett.

Den har antagligen sköterskan, säger den unge mannen förklarande.

Här kommer ingen ut utan biljett, säger spärrvakten. Var kommer damen ifrån.

Från Slussen, säger den unge mannen.

Ja här kommer ingen ut utan biljett. Ni får betala fem kronor för den gamla damen. Ni får kvitto på det och så får ni skriva och överklaga. Ni står ivägen för kön.

Den gamla damen beklagar sig nästan gråtande.

Jag skall hjälpa er, säger den unge mannen. Jag lämnar er aldrig.

Vid S:t Eriksplan tar de en taxi den lilla bit som är kvar.

I huset där den gamla damen bor finns ingen hiss och fyra trappor bor damen.

Den unge mannen förstår att det är mycket sällan som damen orkar gå ut.

Han hjälper henne av med kappan och hänger upp den. Han hänger upp sin egen rock.

Den gamla damen vet att hon är hemma men är mycket trött. Han måste hjälpa henne till den korgstol som står vid fönstret.

Hon nickar och tackar honom.

Nickar och tackar tills hon till slut somnar.

Den unge mannen sätter sig på en stol och betraktar henne.

Klockan är närmare nio när sköterskan kommer.

Hon heter inte heller Karin.

From *Supportern,*
Caverfors, Staffanstorp, 1962

Answer these questions in Swedish:

1   För hur många dagar sedan hade pojken träffat Karin?
2   Vad skulle Karin och han göra?
3   Vad heter stationen där den gamla damen och sköterskan skulle stiga av?

4 Varför stiger den gamla inte av?
5 Hur trodde pojken att han skulle kunna hjälpa den gamla damen?
6 Varför blir han förtvivlad?
7 Är spårvagspersonalen förstående?
8 Vad gör pojken för att hjälpa den gamla?
9 Är detta med den gamla damen hans problem?
10 Vad skulle du ha gjort i hans ställe?

'Våra vanligaste hämningar:
Cary Grant-komplexet'
by Red Top

A much appreciated daily column which appears in the Swedish national press is the *causerie* — a chatty article written in a light-hearted vein which often casts a comic light on topical events. This type of journalistic writing has a long-standing tradition in Sweden and in the past has been practiced by a number of distinguished authors.

Red Top, the pseudonym for Lennart Nyblom, is probably Sweden's best-known *causeur* today. His first attempt at this type of article appeared in *Dagens Nyheter* as early as 1937 when he was twenty-two years of age, but it was not until 1948 that he established himself as this newspaper's regular writer of the *causerie*.

The following dialogue is characteristic of Red Top's style. Combining skilful verbal play with a sharp observation of common human weaknesses, especially those of his compatriots, he gently but effectively parodies the manners and mannerisms, beliefs and disbeliefs of the average Swede. In this sketch the butt for his ridicule is the Swedish preference for everything foreign.

Red Top's success as a *causeur* is reflected in the fact that he regularly publishes collections of his best articles in book form.

Hon: Du måste erkänna att han är enormt tjusig.

Han: Föralldel.

Hon: Det där blåsvarta håret med bara en aning grått i topparna.

Han: Lilla vän, man får inte vara *hur* naiv som helst. Har du aldrig hört talas om peruker?

Hon: Om det vore peruk skulle man se skarven.

Han: Nåja, inte direkt peruk utan tupé. Det är möjligt att han *har* eget hår vid sidorna och i nacken.

Hon: Men medge att han spelar underbart.

Han: Naturligtvis, fast på ett ytligt sätt. Vi har dussintals skådespelare i Sverige som är minst lika bra.

Hon: Svenskarna saknar det där särskilda. Glimten, så att säga.

Han: I verkligheten lär han vara totalt charmlös. Jag träffade någon som mött honom i Hollywood, och där anses han som en alldeles ovanlig träbock. Regissörerna sliter enormt för att få liv i hans spel. Och så är han ju liten och svårfotograferad.

Hon: Det var det löjligaste jag hört. Du har väl ögon att se med. Han är fantastiskt lång!

Han: 1,68.

Hon: Säkert 1,90!

Han: 1,68! Mindre än jag.

Hon: Snälla vän. Han är huvudet högre än alla sina motspelerskor.

Han: Trick! De placerar honom högre än hjältinnan. Lade du inte märke till det? Och i scener där inte fötterna behöver vara med ställer de honom på en låda. Det står i alla hans kontrakt att motspelerskorna inte får ha höga klackar. Och statisterna är speciellt utvalda. De minsta man kan hitta i Hollywood.

Hon: Så du pratar.

Han: Ni kvinnor är löjligt lättlurade. Tror allt vad filmbolagens reklammän tutar i er. Men du vet väl i alla fall att han använder korsett? Det är allmänt bekant.

Hon: Dumheter. Man kanske kan trolla med folks längd i film, men inte med deras vikt.

Han: Jaså inte? Fråga sakkunskapen. Fråga vad den anamorfiska linsen är för något!

Hon: Vad var det du sa att den hette?

Han: Den anamorfiska linsen. Ett objektiv som uppfanns av en professor vid Sorbonne. Den gör det möjligt att trycka ihop eller dra ut bilderna hur som helst.

Hon: Du hittar bara på alltsammans det här för att du är svartsjuk.

Han: Jag svartsjuk på Cary Grant? Håll i mig! Det är den sista i världen jag skulle kunna bli svartsjuk på. Jag tycker bara synd om honom. Behöva filma vid den åldern. Men det är väl skatterna som hänger efter.

Hon: Han är mångmiljonär!

Han: Det påstås alltid så i reklamen. Men nästan allt vad filmstjärnorna tjänar går till managers och pressagenter. Får han behålla en tusenlapp i månaden är det storartat.

Hon: Tusen dollar? Det blir i alla fall över fem tusen kronor i svenska pengar.

Han: Men i Amerika motsvarar dollarns köpkraft bara två kronor. Fast han lär tjäna litet extra på att visa barnkläder. Å andra sidan har väl inte en sjutti års man så stora behov.

Hon: Sjuttio! Var har du fått det ifrån?

Han: Läst ...
Hon: *Var* har du läst det?
Han: Någonstans ...

From *Dagens Nyheter,*
Stockholm, 1963.

Answer these questions in Swedish:

1 Vilken skådespelare tycker flickan om? Varför?
2 Vad tycker hennes pojke om honom?
3 Tycker flickan att svenska skådespelare är bra?
4 Varför tycker pojken att kvinnor är lättlurade?
5 Vad är en anamorfisk lins?
6 Är pojken svartsjuk?

Swedish–English vocabulary (Reader)

The vocabulary listed here does not include words already given in Swedish–English vocabulary (grammar)

Abbreviations:
D	Diskaren
DS	Den starkare
RT	Red Top
SF	Slå följe
TV	TV

	absolut	*certainly* (D)
(en)	afton (ii)	*evening* (DS)
(ett)	agg	*grudge* (DS)
(en)	aktris (iii)	*actress* (TV)
	allmänt	*generally* (RT)
	alls	*at all* (DS)
	allt	*certainly* (DS)
	alltsammans	*all* (RT)
	alltså	*then, you know* (D), *and so* (SF)
	anamorfisk	*anamorphic* (RT)
(en)	aning (ii)	*a little* (D), *a touch of* (RT)
	andas (1)	*to breathe, take a breath* (SF)
	annars	*otherwise* (D)
	anse (irr.)	*to consider* (RT)
	antagligen	*presumably, very likely* (SF)
	anteckna (1)	*to write down, make a note of* (D)
	använda (2)	*to use* (D), *wear* (RT)
	artig	*polite* (D)
(en)	assiett (iii)	*small plate* (D)
	assyrisk	*Assyrian* (D)
	atletisk	*athletic* (D)
	Australien	*Australia* (D)
	avlägsen	*distant* (D)

(ett)	avsked (v)	*dismissal, sack* (DS)
(en)	bagatell (iii)	*trifle, trifling matter* (D)
(en)	barberare (v)	*barber* (D)
	barnkläder (pl.)	*children's clothing* (RT)
	baxa (1)	*to push and shove, lug* (SF)
	be (4) om	*to ask for* (SF)
	bege (4) sig	*to betake oneself, set off for* (SF)
	begrundande	*meditatively* (D)
	begära (2)	*to require, expect* (SF)
	det var mycket begärt	*it was a lot to ask of* (SF)
(ett)	behov (v)	*need* (RT)
	bekant	*known* (RT)
(en)	bekantskap	*acquaintance, friendship* (DS)
	beklaga (1) sig	*to be sorry* (SF)
	bereda (2) sig	*to prepare* (SF)
	beskära (4)	*to trim* (D)
(ett)	bestick (v)	*cutlery* (D)
(en)	beta (i)	*bite, morsel* (DS)
	efter den betan	*after that experience* (DS)
	betala (1)	*to pay* (D, SF)
	betrakta (1)	*to watch* (D, SF)
	betyda (2)	*to mean, matter* (D)
(en)	bild (iii)	*picture* (RT)
	bilda (1)	*to form* (SF)
(en)	biljard (iii)	*billiards* (DS)
(en)	biljett (iii)	*ticket* (SF)
(en)	bit (ii)	*bit, stretch* (SF)
	bita (4)	*to bite* (D)
(ett)	blad (v)	*paper, magazine* (DS)
	bli (4) av med	*to get rid of* (SF)
	blåsa (2) av	*to blow off* (TV)
	blåsvart	*bluish-black* (RT)
	borsta (1)	*to brush* (D)
	bortrest	*away* (D)
(en)	botten (ii)	*bottom* (DS)
	brista (4)	*to break* (DS)
	brodera (1)	*to embroider* (DS)
(en)	broms (ii)	*gadfly* (D)
(en)	brud (ii)	*bride* (DS)
(ett)	brudfölje (iv)	*bridal party* (DS)

(en)	brudgum (ii)	*bridegroom* (DS)
	brumma (1)	*to drone* (D)
	bry (3) sig om	*to care about* (DS)
	bryta (4) på tyska	*to speak with a German accent* (D)
	(ha) bråttom	*to (be in a) hurry* (D)
(en)	bröllopsafton (ii)	*eve of wedding* (DS)
(ett)	bröst (v)	*breast, chest* (SF)
(en)	buss (ii)	*bus* (D)
(en)	by (ii)	*village* (D)
(ett)	byte (iv)	*booty* (DS)
	byxor (pl.)	*trousers* (D)
	bära (4)	*to bear, have* (DS)
	bära (4) agg till	*to bear a grudge against* (DS)
	bära (4) sig åt	*to do* (D)
	böja (2) sig	*to bend* (DS)
(en)	börda (i)	*burden* (D)
	Centralen	*The Central Station* (SF)
(en)	chans (iii)	*chance* (DS)
	charmlös	*without charm, unattractive* (RT)
(en)	chiffonjé	*chiffonier, writing desk* (DS)
(en)	chokolad = choklad	*chocolate* (DS)
(en)	cigarrcigarett (iii)	*cigarillo* (D)
(en)	dagstidning (ii)	*daily paper* (D)
(en)	dam (iii)	*lady* (D, SF)
(ett)	damkafé (iii)	*café frequented by ladies* (DS, TV)
(ett)	damm	*dust* (TV)
(en)	dekor (iii)	*decor, scenery* (TV)
(en)	del (ii)	*some* (D)
	en hel del annat	*quite a lot of other things* (D)
	för all del	*to be sure* (RT)
	densamma (det−, de−)	*the same* (DS)
	det är detsamma	*it doesn't matter* (DS)
(ett)	departement (v)	*ministry* (DS)
	(ju) dess	*(the) . . . the* (DS)
	dessa	*these* (DS)
	det vill säga	*that is to say* (DS)
	direkt	*direct, straight* (SF)
		quite (D), *exactly* (RT)

(en)	disharmoni (iii)	*uneasy atmosphere, discord* (DS)
	diska (1)	*to wash up* (D)
(en)	diskare (v)	*dish-washer* (D)
	djup	*deep* (DS, D)
(en)	docka (i)	*doll* (DS)
	dra (ga) (4)	*to drag* (DS)
	dra (ga) (4) ut	*to lengthen, stretch out* (RT)
	dramatisk	*dramatic* (TV)
(en)	dryck (iii)	*drink* (DS)
	dröja (2)	*to stop, stay* (D)
	dum	*stupid* (D)
(en)	dumhet (iii)	*stupidity* (RT)
	dumheter	*nonsense* (RT)
	dunka (1)	*to thump* (SF)
	dussintals	*dozens of* (RT)
	dyka (4) upp	*to turn up, emerge* (D)
	därefter	*after that, then* (D)
	däremot	*on the other hand* (D)
	därför	*for that reason, and so* (DS)
	därför att	*since, because* (DS)
	därmed	*so, consequently* (D)
	döma (2) (av)	*to deem, judge (from)* (DS)
(en)	dörröppning (ii)	*doorway* (D)
	(fråga) efter	*(ask) about* (D)
	efteråt	*afterwards* (D)
(en)	egenhet (iii)	*peculiarity* (D)
	egentlig	*proper* (SF)
	egentligen	*really* (DS, D)
	egoistisk	*egotistical, selfish* (SF)
	elak	*spiteful* (DS)
	elda (1) på	*to stoke up* (D)
	elegant	*graceful* (DS)
	eljest	*otherwise* (DS)
	den ena . . . den andra	*the one . . . the other* (DS)
	den enda	*the only one* (DS)
	endast	*only* (DS, TV, D, SF)
(en)	engagemang (iii)	*contract, engagement* (DS)
(ett)	enkelrum (v)	*single room* (D)
	enorm	*immense* (RT)
	slita (4) enormt	*to make an enormous effort* (RT)

	ensam	*alone, lonely* (DS), *by yourself* (SF)
	enstaka	*solitary, occasional* (D)
	envisas (1) (med)	*to persist (in)* (D)
	erkänna (2)	*to admit* (RT)
(en)	experimentlusta (ii)	*to desire to experiment* (TV)
	extra	*extra* (RT)
(en)	fadder (ii)	*godfather, –mother etc.* (DS)
	stå (irr.) fadder	*to be godmother* (DS)
(ett)	fall (v)	*case* (DS, D)
	i alla fall	*anyway* (DS, D), *anyhow* (RT)
	i så fall	*in that case* (D)
	fantastisk	*fantastic* (RT)
(en)	fart (iii)	*speed* (SF)
	sätta (irr.) fart	*to get going* (SF)
(en)	fasa	*horror* (DS)
	fastän	*although, even though* (DS)
	fatta (1)	*to see, understand* (DS)
(en)	favoriträtt (iii)	*favourite dish* (DS)
(ett)	fel (v)	*fault* (D)
	det är inget fel på honom	*there's nothing wrong with him* (D)
	fil ch (= filialchef?)	*branch manager* (D)?
(en)	film (iii)	*film* (RT)
	filma (1)	*to make films* (RT)
(ett)	filmbolag (v)	*film company* (RT)
(en)	filmstjärna (i)	*film star* (RT)
	fil snick (= filial snickare?)	*branch joiner* (D)?
(ett)	fiske (iv)	*fishing* (D)
	fixera (1)	*to stare hard at* (DS)
	flat	*shallow, flat* (D)
	flera	*more* (D)
	flesta	*most* (D)
	flina (1) (åt)	*to grin, sneer (at)* (DS)
	fortsätta (irr.)	*to continue* (SF)
(en)	fortsättning (ii)	*continuation* (DS)
(en)	fot (pl. fötter iii)	*foot* (DS, RT)
	på resande fot	*on the move* (D)
	fram (bara fram)	*forward (if he could just get)* (SF)

	framträdande	*conspicuous, obvious* (D)
	framåt	*towards* (D)
	fransk	*French* (D)
(en)	fredagskväll (ii)	*Friday evening* (TV)
(en)	frukost (ii)	*breakfast* (D)
(en)	frukt (iii)	*fruit* (SF)
	fruktansvärd	*terrible, terrific* (SF)
(ett)	fruntimmer (v)	*woman* (DS)
(en)	frusenhet	*coldness* (TV)
	frysa (4) om fötterna	*to have cold feet* (DS)
	från och med nu	*from now onwards* (SF)
	frånvarande	*absent-minded* (SF)
(en)	främling (ii)	*stranger* (SF)
	fuktig	*damp* (D)
	ha (irr.) fullt	*to be full up* (D)
	fundera (1) på	*to think about* (D)
	fy	*ugh* (DS)
	få (irr.) fram	*to bring out* (TV)
(ett)	fåtal	*a few* (D)
(en)	färg (iii)	*colour* (DS)
(en)	färghandlare (v)	*paint-dealer* (D)
	fästa (1) (vid)	*to make attached (to)* (DS)
	fästa (1) starkare vid	*to make more deeply devoted to* (DS)
	fästa (1) sig vid	*to bother about* (D)
(en)	fästman (irr. v)	*fiancé* (DS)
	följa (2)	*to follow* (TV)
	(slå) följe (iv)	*to (keep) company* (SF)
	föra (2) saken på tal	*to broach the matter* (D)
	föraktfull	*scornful* (DS)
	förbanna (1)	*to damn, curse* (DS)
	förbereda (2)	*to prepare* (SF)
(en)	fördom (iii)	*prejudice* (D)
(ett)	förebud (v)	*omen, portent* (D)
	förefalla (4)	*to seem, appear* (DS)
(en)	föreställning (ii)	*performance* (TV)
(en)	företagsledare (v)	*business manager* (D)
(en)	förevändning (ii)	*excuse, pretext* (D)
	förfölja (2)	*to pursue, hunt, persecute* (DS)
	förföra (2)	*to seduce* (DS)
	förgången	*past* (TV)

	förhålla (4) sig	*the position is, things are like* (D)
	förhärda (1)	*to harden* (DS)
	förhärdad	*obdurate, inveterate* (DS)
	förklara (1)	*to explain* (D, SF)
(en)	förklaring (ii)	*explanation* (SF)
(en)	förkortning (ii)	*abbreviation* (D)
	förlika (1) sig med	*to reconcile oneself to* (D)
	förlora (1)	*to lose* (DS, TV, SF)
	förlova (1) sig	*to get engaged* (DS)
(en)	förlovning (ii)	*engagement* (DS)
	förlåta (4)	*to forgive* (DS)
(en)	förlåtelse	*forgiveness* (SF)
	förlägen	*embarrassed* (DS)
	förmoda (1)	*to suppose* (SF)
	förmå (3)	*to be able, be capable of* (DS)
(en)	förmåga	*ability* (DS)
	förra	*last* (DS)
	förrän	*before* (DS)
	försenad	*late* (SF)
(ett)	förslag (v)	*suggestion* (D)
	först	*only, not until* (DS)
	förstås	*of course* (DS)
	försäkra (1)	*to assure* (D)
	förtiga (4)	*to keep it a secret* (D)
	förtvivla (1)	*to despair* (SF)
	vara (4) förtvivlad	*to be desperate* (SF)
(en)	förtvivlan	*desperation* (SF)
	förtrolla (1)	*to enchant, bewitch, enthrall* (DS)
	förut	*before* (D)
	förvirra (1)	*to confuse, embarrass* (DS, SF)
(en)	förväntning (ii)	*expectation* (D)
	förvåna (1)	*to surprise* (DS, D)
(en)	gaffel	*fork* (D)
	galen (efter)	*mad (about)* (DS)
	Gamla stan	*The Old City* (SF)
(en)	gamling (ii)	*old woman* (SF)
	gapskratta (1)	*roar with laughter* (DS)
(en)	garbardinkostym (iii)	*garbardine suit* (D)
	ge (4) till känna	*to make known, disclose* (TV)
(en)	gest (iii)	*gesture* (DS)

	gift (from: **gifta** 2)	*married* (DS)
	gissa (1)	*to guess, suppose* (D)
	giva (4) ifrån	*to give* (DS)
	givetvis	*of course, naturally* (D)
	glasögon (pl.)	*spectacles* (D)
(en)	glimt (ii)	*glint* (RT)
	glittra (1)	*to glitter* (D)
	gnugga (1)	*to rub* (DS)
	gnälla (2)	*to whimper* (SF)
(ett)	golv (v)	*floor* (DS, D)
(ett)	golvdrag (v)	*floor draught* (DS)
(en)	gosse (ii)	*boy, son* (DS)
	gripa (4)	*to grip, grasp* (DS)
(en)	gris (ii)	(lit. *pig*) *brat* (DS)
	grå	*grey* (RT)
	gråta (4)	*to weep, cry* (SF)
(ett)	gräs (v)	*grass* (D)
(en)	gubbe (ii)	*old man, husband* (DS)
	gynna (1)	*to favour, support* (D)
	gå (irr.) av, på	*to get off, on* (SF)
	gå (irr.) i vägen för ngn	*to stand in someone's way* (DS)
	gå (irr.) sin väg	*to leave, walk out* (DS)
	gå (irr.) sönder	*to break* (D)
(en)	gång (iii)	*gait, walk, step* (DS)
	den gången	*that time* (DS)
	vad gör det mig	*what does it matter to me* (DS)
	Göteborg	*Gothenburg* (D)
	ha (irr.) klart för sig	*to realize* (D)
	halv	*half* (D, SF)
	halvdrucken (from: **dricka** 4)	*half-empty* (DS)
(en)	halvtimme (ii)	*half an hour* (D)
(ett)	handfat (v)	*basin* (D)
(en)	handske (ii)	*(leather) glove* (D)
	hastig	*quick* (D)
	hata (1)	*to hate* (DS, SF)
(en)	hatt (ii)	*hat* (DS)
	hejda (1) sig	*to check oneself, stop* (D)
	heller	*either* (DS, D, SF)
	hur som helst	*as you please* (RT)
	hemdofta (1)	*to smell of home, home-loving* (TV)

(en)	hemslöjdsbutik (iii)	*handicraft shop* (D)
	herr	*Mr* (D)
(en)	hetta	*heat* (D), *ardour, passion* (TV)
	hinna (4) precis	*to be exactly on time* (SF)
	hitta (1)	*to find* (RT)
	hitta (1) på	*to make up, hit upon* (D, RT)
	hjälpa (2)	*to help* (SF)
	hjälplös	*helpless* (SF)
(en)	hjältinna (i)	*heroine* (RT)
	hopbunden (from: **binda** 4)	*bound together* (DS)
	hu	*ugh* (DS)
	hundraårig	*hundred years old* (SF)
	husch	*ash, ugh* (DS)
	husföreståndarinna (i)	*housekeeper* (D)
	hålla (4) i	*help!* (lit. *hold on to*) (RT)
	hålla (4) sig	*to keep* (D)
	hålla (4) sig med	*to provide oneself with* (D)
(ett)	hår (v)	*hair* (RT)
	hård	*tight* (SF)
	häftig	*vehement, passionate* (DS)
		hasty (DS)
	hälsosam	*good for, healthy* (DS)
(en)	hämning (ii)	*inhibition* (RT)
	hänga (2) efter	*to make itself felt* (RT)
	hästdragen	*horse-drawn* (D)
	häu	*ugh* (DS)
	hög	*loud, aloud* (DS)
	höra (2) talas om	*to hear of* (RT)
(ett)	hörn (v)	*corner* (DS)
	Hötorget	*The Hay Market* (SF)
(en)	idé (iii)	*point, idea* (SF)
(en)	idiot (iii)	*idiot* (DS)
	illa	*badly* (DS), *bad* (D)
	gå (irr.) ngn illa	*things go badly for someone* (DS)
	sitta (4) illa	*to fit badly* (DS)
(en)	ilska	*anger, rage* (SF)
	illustrera (1)	*to illustrate* (SF)
	inbilsk	*conceited* (TV)
	infam	*abominable, shameless* (DS)
	ingalunda	*by no means* (D)

	inne	*inside* (DS)
	inom	*inside* (SF)
	tiden var inne	*the time had come* (D)
	intensiv	*intensive, concentrated* (TV)
	intrigera (1)	*to scheme* (DS)
	intrigera (1) bort ngn	*to plot to get rid of someone* (DS)
	inträda (2)	*to enter* (DS)
(en)	invändning (ii)	*objection* (D)
	ironisk	*ironical* (DS)
	irriterande	*irritating* (D)
	(stå irr.) ivägen	*(to stand) in the way of* (SF)
	ja	*well* (DS), *indeed* (DS)
	jaha	*indeed yes* (DS)
	japansk	*Japanese* (DS)
	jaså inte?	*no?* (RT)
	ju . . . dess	*the . . . the* (DS)
(en)	julafton (ii)	*Christmas Eve* (DS, TV)
(en)	julklapp (ii)	*Christmas present* (DS)
	just	*precisely* (TV)
	jämnt	*exactly* (DS)
	inte tro mer än jämnt	*not put it past somebody* (DS)
	jämnårig	*the same age* (D)
	jämt och ständigt	*always* (DS)
(ett)	järnbord (v)	*wrought-iron table* (DS, TV)
(en)	jättekrabba (i)	*giant crab* (DS)
(ett)	kafé (iii)	*café, coffee house* (TV)
	kallas (1) för	*to be called the (a)* (DS)
(en)	kamera (i)	*camera* (TV)
(en)	kamin (iii)	*stove* (DS)
	kamouflera (1)	*to camouflage* (D)
(en)	kappa (i)	*coat* (DS, SF)
(en)	karta (i)	*map* (D)
(en)	kille (ii)	*chap* (D)
(en)	klack (ii)	*heel* (RT)
(en)	klang (iii)	*ring* (TV)
	klippa (1)	*to trim, clip* (DS), *cut, mow* (D)
	klara (1) sig	*to manage* (SF)
	kliva (4) av	*to get off* (SF)
(en)	klo (iii)	*claw* (DS)

	kläda (2) sig	*to dress* (DS)
	klädd	*dressed* (D)
	kläder (pl.)	*clothes* (DS)
(en)	kniv (ii)	*knife* (D)
	koka (1)	*to make, boil* (DS)
(en)	kokong (iii)	*cocoon* (DS)
(en)	kollega (iii)	*colleague* (D)
(en)	kolumn (iii)	*column* (D)
	komma (4) att (bli tvungen)	*shall, will (be forced)* (SF)
	komma (4) fram	*to come out, get out* (DS)
	komma (4) ifrån	*to get separated from* (SF)
	komma (4) ihåg	*to remember* (DS)
	komma (4) på ett ut	*it's all the same* (DS)
	komma (4) sig	*to come about* (DS)
	komma (4) sta (= komma åstad)	*to turn up, appear* (DS)
(ett)	komplex (v)	*complex* (RT)
(en)	koncentration (iii)	*concentration* (TV)
(en)	konkurrent (iii)	*competitor* (D)
(ett)	kontrakt (v)	*contract* (RT)
	kontrollera (1)	*to check* (D)
(en)	korg (iii)	*basket* (DS)
(en)	korgstol (ii)	*basket chair* (SF)
(en)	korkpistol (iii)	*pop gun* (DS)
	korrekt	*correct* (D)
(en)	korsett (iii)	*corset* (RT)
	kortvuxen	*short (in stature)* (D)
(en)	kretin (iii)	*cretin, idiot* (DS)
	kunnig	*well informed* (D)
(ett)	kuvert (v)	*place-setting* (D)
(en)	kvart (ii)	*quarter* (SF)
(ett)	kvitto (iv)	*receipt* (SF)
	kylig	*cool, chilly* (D)
	kyssa (2)	*to kiss* (DS)
	känna (2) på sig	*to have a feeling* (SF)
	kännas (2)	*to feel* (D)
	känna (2) sig	*to feel* (D)
(en)	känsla (i)	*feeling* (DS)
(en)	kö (iii)	*queue* (SF)
(en)	kökshandduk (ii)	*tea-towel, tea-cloth* (D)
(en)	köpkraft	*purchasing power* (RT)
	köra (2)	*to drive* (D)

	ladda (1)	*to load* (DS)
(en)	lampveke (ii)	*lamp wick* (DS)
	le (irr.)	*to smile* (D, SF)
	ledig	*vacant, free* (D)
(ett)	leende (iv)	*smile* (D, SF)
	leta (1) efter	*to look, search for* (DS)
	lida (4)	*to suffer, tolerate, stand* (DS)
(en)	liggare (v)	*register* (D)
	lika fullt	*just as much, anyway* (DS)
	likgiltig	*indifferent* (DS)
	liksom	*as if* (SF)
	lilla (from: **liten**) vän!	*My dear!* (RT)
	linda (1) in	*to wrap up* (D)
(en)	lins (iii)	*lens* (D, RT)
	lite, litet	*somewhat, a little* (TV, D, RT)
	ljum	*tepid, luke-warm* (D)
	ljus	*light* (D)
	ljusblå	*naive, silly* (SF)
	det här var ljusblått	*This is a pretty state of affairs* (SF)
	ljushårig	*fair-haired* (D)
	logisk	*logical* (SF)
(en)	lots (ii)	*pilot* (DS)
(en)	lott (iii)	*lot* (TV)
	få på lott	*be allotted* (TV)
	lugn	*calm* (DS, SF)
(en)	lunch (iii)	*lunch, luncheon* (D)
	luta (1)	*to lean* (SF)
	lyckas (1)	*to succeed* (DS)
(en)	lycka	*joy, happiness* (DS)
	lycklig	*happy, fortunate* (DS)
	lyda (2 & 4)	*to run* (TV)
	lyfta (2)	*to lift* (DS)
(en)	låda (i)	*box* (RT)
(en)	långliggare (v)	*long-term guest* (D)
	långsam	*slow* (SF)
(en)	långsamhet	*slowness* (SF)
	lägga (irr.) ifrån sig	*to put aside* (D)
	lägga (irr.) märke till	*to notice* (D, RT)
(en)	längd (iii)	*length* (D), *height* (D, RT)
	i längden	*in the long run* (D)

	längre	*taller* (D), *longer* (SF)
	längta (1)	*to long* (DS)
	lär	*is said, is supposed* (RT)
	lära (2)	*to teach* (TV, DS), *learn* (DS)
	lära (2) sig	*to learn* (DS)
(en)	lärdom (ii)	*learning, lesson* (DS)
	lättlurad	*gullible* (RT)
	lögnaktig	*untruthful* (D)
	löjlig	*ridiculous* (RT)
(en)	macka (i)	*sandwich* (D)
	magerlagd	*lean, on the lean side* (D)
(en)	man (v)	*husband* (DS, TV)
(en)	manager	*manager* (RT)
(en)	mask (ii)	*maggot, worm* (DS)
(en)	matsal (ii)	*dining room* (D)
(ett)	matsilver	*table silver* (D)
(en)	matsäck (ii)	*packed lunch* (D)
(en)	matsäckssmörgås (ii)	*picnic sandwich*
	meddela (1)	*to inform* (SF)
	medge (4)	*to admit* (RT)
	medhavd	*brought with* (D)
	mena (1)	*to actually mean to say* (DS), *intend* (SF)
(en)	mening (iii)	*intention* (DS)
(en)	mil	*ten kilometres, one Swedish mile* (D)
(en)	miljö (iii)	*surroundings* (D)
	göra (irr.) min av	*to look as though* (DS)
(ett)	miniatyrstycke (iv)	*miniature play* (TV)
	minnas (2)	*to remember* (DS, SF)
(ett)	minspel	*facial gestures, miming* (TV)
	minst	*smallest* (RT)
(en)	misstanke (ii)	*suspicion* (DS)
	missuppfatta (1)	*to misunderstand* (SF)
(ett)	mjöl	*flour, mould* (DS)
	M:lle = Madmoiselle	*Miss* (DS)
(ett)	moln (v)	*cloud* (D)
	motsatt	*opposite* (SF)
(en)	motspelerska (i)	*female lead, leading lady* (RT)
	motsvara (1)	*to be equivalent to* (RT)
	mumla (1)	*to mutter* (SF)

(ett)	myggfönster (v)	*mosquito window screen* (D)
	må (måtte)	*may (might), can (could)*(DS)
	måtte	*must* (DS)
	måhända	*perhaps* (TV)
(en)	månad (iii)	*month* (D, RT)
(en)	mångmiljonär (iii)	*multi-millionaire* (RT)
(en)	mängd (iii)	*lot, great number* (D)
	märka (2)	*to notice* (DS)
	möljlig	*possible* (RT)
	möjligen	*possibly* (D, SF)
	mörk	*dark* (D)
(ett)	möte (iv)	*meeting* (D, SF)
	komma (4) ngn till mötes	*to meet someone* (D)
(en)	nacke (ii)	*nape of the neck* (RT)
	naiv	*naive, unsophisticated* (RT)
	hur naiv som helst	*all that naive* (RT)
(en)	narr (ii)	*fool* (DS)
	göra (irr.) narr av	*to make fun of, poke fun at* (DS)
(ett)	nattljud (v)	*night sound* (D)
	naturlig	*natural* (D)
	naturligtvis	*of course* (RT, SF)
	ner	*down* (DS, D)
	nersolkad	*soiled, dirty* (D)
(en)	nerv (iii)	*nerve* (SF)
	nicka (1)	*to nod* (DS, SF)
	nog	*I suppose* (DS)
	noggrant	*carefully* (SF)
	Nordvision	*Nordic Vision* (TV)
(en)	Nordvisionssändning (ii)	*Nordic Vision Transmission* (TV)
	nyanländ	*newly arrived* (D)
	ny eller nedan	*new or old moon* (DS)
	nyfiken	*curious* (DS, D)
	nyligen	*recently* (D)
	nysta (1)	*to wind (into balls)* (DS)
(ett)	nyår (v)	*New Year* (DS)
	nå	*well* (DS)
	någonstans	*somewhere* (RT, SF)
	nåja	*oh well* (RT)
	nånting = någonting	*something* (SF)

	nånstans = någonstans	*somewhere* (SF)
	närmare	*nearly* (SF)
(en)	närsynthet	*short-sightedness, short sight* (D)
	näst	*next, and then* (DS)
	nästa	*next* (SF)
	nödga (1)	*to force, make* (DS)
	obehaglig	*unpleasant* (D, DS)
(ett)	objektiv (v)	*objective lens* (RT)
	odiskad	*unwashed, dirty* (D)
	när allt kommer omkring	*when all's said and done* (DS)
	ogift	*single, unmarried* (DS)
	ombord	*on board* (SF)
	omedelbart	*directly* (D)
	omsorgsfull	*careful, thorough* (D)
	ond (på)	*sore* (DS), *angry, cross* (DS) *(with)*
	det gör mig ont	*it grieves me* (DS)
	det är ont om	*there is a shortage of* (D)
(en)	onsdag (ii)	*Wednesday* (SF)
	opp = upp	*up* (DS)
	opressad	*unpressed* (D)
(ett)	ord (v)	*word* (DS, D)
	ordentlig	*proper* (DS)
	göra i ordning	*to get ready, prepare* (D)
	orka (1)	*to manage* (SF)
(en)	orm (ii)	*snake* (DS)
(en)	oro	*restlessness* (D)
	oroa (1)	*to worry* (D)
	orolig	*worried* (SF)
	orörlig	*motionless* (DS, SF)
	oskyldig	*innocent* (DS)
	osäker	*unsure* (D)
	otrevlig	*unpleasant* (D)
	otålig	*impatient* (SF)
(en)	otålighet	*impatience* (D)
	otäck	*hideous, wretched* (DS)
(en)	ovana (i)	*bad habit* (D)
	ovanlig	*unusual* (D), *exceptional* (RT)
(ett)	ovanläder (v)	*top leather* (DS)
(en)	ovän (iii)	*enemy, bad friend* (DS)

	oändligt	*infinitely* (SF)
(en)	pappersservett (iii)	*paper napkin* (D)
(ett)	par (v)	*(a) pair* (DS)
	passa (1) ut	*to outwait, wait for* (DS)
(en)	passion (iii)	*passion, craze* (DS)
(en)	paus (iii)	*pause* (DS)
	peka (1)	*to point* (SF)
	pengar (pl.)	*money* (RT)
(ett)	pensionat (v)	*boarding-house* (D)
(en)	perrong (iii)	*platform* (SF)
(en)	peruk (iii)	*wig* (RT)
	piffa (1) upp	*to smarten up* (D)
(en)	piga (i)	*maid-servant* (DS)
(en)	pjäs (iii)	*to play* (TV)
(en)	polis (iii)	*policeman* (SF)
(ett)	porslin (iii)	*china* (D)
(ett)	postgiro (iv)	*Post Office giro dept.* (D)
	prata (1)	*to chat* (RT)
	så du pratar	*rubbish!* (RT)
	pratas (1) vid	*to have a chat* (D)
	pratsam	*talkative* (TV)
	precis	*exactly* (D, SF)
	presentera (1) sig	*to introduce oneself* (D)
(en)	pressagent (iii)	*press agent* (RT)
(en)	prick (iii)	*dot* (D)
	sätta (irr.) pricken över i:t	*add a finishing touch*
(en)	prick (ii)	*chap* (D)
	en riktig trevlig prick	*a really nice fellow* (D)
	prisa (1)	*to praise* (DS)
(ett)	problem (v)	*problem* (SF)
	professionell	*professional* (D)
(en)	professor (iii)	*professor* (RT)
	påpasslig	*opportune* (TV)
	påstå (irr.)	*to assert* (RT)
	det påstås	*it is said, they say* (RT)
(en)	rabatt (iii)	*flower-bed* (D)
	ralentando = rallentando	*gradually slower* (DS)
(ett)	rassel	*rattle* (D)
	reagera (1)	*to react* (D)
(en)	regi	*direction, production* (TV)

(en)	regn	*rain* (D)
	regnig	*wet, rainy* (D)
(en)	reklam (iii)	*publicity* (RT)
(en)	reklamman (v)	*publicity man* (RT)
	resa (2) sig	*to get up* (DS, D)
(en)	resandeliggare (v)	*hotel register* (D)
(en)	restaurant = restaurang (iii)	*restaurant* (DS)
	riva (4)	*to tear* (DS)
	riva (4) sig	*to scratch oneself* (D)
	vara (4) road (av)	*to be interested (in), enjoy* (D)
(en)	rock (ii)	*coat* (SF)
	rodna (1)	*to blush* (D)
(en)	rollista (i)	*cast* (TV)
	rulla (1)	*to roll* (DS, SF)
	ryslig	*horrible* (DS)
	råda (2)	*to prevail* (DS)
	råka (1)	*to run into, meet with* (DS)
	råka (1) i misère	*to be in trouble* (DS)
(ett)	råsilke (iv)	*raw silk* (DS)
(en)	råttfälla (i)	*mouse (rat) trap* (DS)
	rädd (för)	*afraid (of)* (DS)
(en)	räkning (ii)	*account, bill* (DS)
	räkna (1)	*to reckon, calculate* (DS, SF)
	ha (irr.) rätt	*to have the right* (D)
	rödhårig	*red-haired* (SF)
(ett)	rör (v)	*reed* (DS)
	röra (2) sig	*to move* (SF)
	sa = sade	*said* (DS, RT)
(en)	sak (iii)	*thing* (DS, D)
(en)	sakkunskap (iii)	*the experts* (RT)
	sakna (1)	*to lack* (DS), *not to have* (RT)
	Saltsjön	*The Baltic* (DS)
(ett)	samtal (v)	*talk, chat* (SF)
	sann	*true* (D)
	inte sant	*right?* (D)
	sannolik	*probable* (D)
(en)	scen (iii)	*scene* (DS, RT)
(ett)	sceneri (iii)	*setting* (DS)
(en)	schaggsoffa (i)	*plush sofa* (DS, TV)
	se (irr.) efter	*to look for* (DS)
	se (irr.) sig om efter	*to look round for* (SF)

	se (irr.) till	*to see anything of* (SF)
(ett)	sekel (v)	*century* (D)
	sen = sedan	*then* (DS, SF)
	å andra sidan	*on the other hand* (RT)
(ett)	sikte (iv)	*sight* (DS)
(ett)	simtag (v)	*swimming stroke* (DS)
(en)	situation (iii)	*situation* (SF)
	sjunka (4)	*to sink* (DS)
	sjutti = sjuttio	*seventy* (RT)
(en)	själ (ii)	*soul* (DS)
	min själ!	*'pon my soul!* (DS)
	själva	*very* (DS)
	självmant	*of one's own accord* (D)
	skaka (1)	*to shake* (D, SF)
(ett)	skal (v)	*peel, skin* (DS)
(en)	skarv (ii)	*join* (RT)
(en)	sked (ii)	*spoon, spoonful* (DS, D)
(ett)	skeppsbrott (v)	*ship-wreck* (DS)
	skingra (1)	*to disperse* (D)
	skratta (1) åt	*to laugh at* (DS)
	skrynklig	*creased* (D)
	skrämd	*frightened* (SF)
	skröplig	*frail, decrepit* (SF)
(ett)	skvaller	*gossip* (DS)
	skvallervägen	*via gossip, on the grapevine* (DS)
	skygg	*timid, shy* (D)
(en)	skådespelare (v)	*actor* (RT)
(en)	skådespelerska (i)	*actress* (DS)
(en)	skämttidning (ii)	*comic paper* (DS)
	skön	*nice, pleasant* (D)
(en)	sköterska (i)	*nurse* (SF)
(en)	slags	*kind, sort* (SF)
(en)	slips (ii)	*tie* (D)
	Slussen	*The Sluice* (SF)
	sluten (from:**sluta** 4)	*closed, enclosed* (TV)
	ett slutet rum	*enclosed space* (TV)
(en)	slutreplik (iii)	*final line, final speech* (TV)
	slå (4) efter	*to have a go at, be after* (DS)
	slå (4) följe	*to escort, join company* (SF)
	slå (4) igen	*to shut* (SF)
	slå (4) om	*to change* (D)

	slå (4) in	*to wrap up* (D)
	slå (4) upp	*to open* (D), *start, flare up* (DS), *break off* (DS)
(en)	slåtter (ii)	*haymaking* (D)
(en)	slåttermaskin (iii)	*mower* (D)
(en)	slåttervall (ii)	*(hay) pasture, fields*(D)
	släppa (2)	*to let go* (DS, SF), *drop* (D)
	släppa (2) fram	*to let . . . pass* (SF)
(en)	slöjdlärare (v)	*handicraft teacher* (D)
(en)	smula (i)	*trifle, little* (D)
	småaktig	*petty, mean* (DS)
	så smått	*a bit* (D)
(ett)	smörgåspapper (v)	*sandwich wrapping* (D)
	sned	*warped, askew, awry* (DS)
	känna (2) det snett	*to feel something is wrong, feel uncomfortable* (DS)
	snusförnuftig	*knowing* (DS)
	snäll	*kind, nice, sweet* (DS)
	snälla vän!	*my dear!* (RT)
(en)	snöfläck (iii)	*patch of snow* (D)
	solbränd	*sun-tanned* (D)
	somna (1)	*to fall asleep* (SF)
	sova (4)	*to sleep* (D)
	speciell	*special* (RT)
(ett)	spel	*acting* (RT)
	spela (1)	*to perform* (TV)
	vad spelar det för roll	*what does that matter* (D)
	spelte = spelade	*played* (DS)
	spilla (2)	*to waste* (SF)
	spjärna (1) emot	*to brace oneself* (D)
(en)	spårvägspersonal (iii)	*railway staff* (SF)
(en)	spårvägstjänsteman (v)	*railway official* (SF)
	spänd	*eager, keen* (D)
	man är spänd på killen	*one is keen to see the chap* (D)
(en)	spärr (ii)	*barrier* (SF)
(en)	spärrvakt (iii)	*barrier attendant, ticket collector* (SF)
	S:t Eriksplan	*St. Eriksplan* (SF)
(en)	stamgäst (iii)	*regular guest* (D)
	stampa (1)	*to stamp* (DS)
(en)	statist (iii)	*extra* (RT)

	stelna (1)	*to stiffen* (SF)
	steril	*sterile* (SF)
(ett)	stick (v)	*trick* (TV)
	stiga (4) (av, på, upp)	*to get (off, on, up)* (SF)
	stiga (4) ur	*to get out* (D)
	Stora teatern	*The Grand Theatre* (DS)
	storartad	*marvellous, terrific* (RT)
(en)	stork (ii)	*stork* (DS)
(en)	stormhatt (ii)	*monkshood* (D)
	strax vid	*close by* (SF)
(en)	struntsak (iii)	*trifle* (D)
	stryka (4)	*to stroke* (D)
	stryka (4) över	*to cross out* (D)
	stum	*silent* (TV)
(en)	stund (iii)	*while* (D, SF)
(en)	styrka	*strength* (DS)
	stå (irr.)	*to be written* (D, RT)
	i stället	*instead* (D)
	stämma (2)	*to be right, agree* (DS)
	nu stämmer alla räkningar	*now it all adds up* (DS)
	ständig (t)	*constant, always* (D)
	ständigt (see jämt)	
	stänga (2)	*to close* (D)
(ett)	stöd (v)	*support* (TV)
	störa (2)	*to disturb* (D)
	sucka (1)	*to sigh* (SF)
(en)	sula (i)	*sole* (DS)
	svag (t)	*slight (ly)* (D)
	svagt mörk	*faintly coloured* (D)
	svara (1)	*to answer* (D, SF)
	svart	*black* (DS, D)
	svettas (1)	*to perspire, sweat* (SF)
	svårfotograferad	*unphotogenic* (RT)
	svälja (2 & 4)	*to swallow* (D)
	sydost	*south-east* (D)
(en)	synd (iii)	*sin, pity* (DS)
	det är synd	*what a pity* (DS)
	tycka (2) synd om	*to pity, be sorry for* (RT)
	så	*well* (DS), *how* (DS, TV), *like this* (D)
	och så	*and then* (DS, RT)

	så att säga	*so to speak* (RT)
	sådan	*such a* (DS, SF)
	sån = sådan	*such* (DS)
	såra (1)	*to wound, hurt* (DS)
	såsom	*as* (DS)
(en)	säkerhet	*safety* (DS)
	säkert	*defintely* (RT)
	sällan	*seldom* (TV)
(ett)	sällskap (v)	*company* (D), *companion* (SF)
	ha (irr.) sällskap	*to be accompanied* (D)
	sällskaplig	*sociable* (D)
(en)	säsong (iii)	*season* (D)
	sätta (irr.) igång	*to start* (SF)
	sätta (irr.) sig	*to sit down* (D, SF)
	söka (2)	*to want to speak to* (D)
	söka (2) rätt på	*to look up* (D)
	sövande	*soporific* (D)
	ta (ga) 4 emot	*to accept, receive* (DS)
	ta (4) fram	*to take out* (DS)
	ta (4) hem sista sticket	*to play the last trick* (TV)
	ta (4) illa upp	*to take it amiss, be offended* (D)
(ett)	tag (v)	*little while* (D)
	tala (1) med	*to speak to* (SF)
(en)	tallrik (ii)	*plate* (D)
	djup tallrik	*soup dish* (D)
	talte = talade	*told* (DS)
(en)	tand (pl. tänder iii)	*tooth* (D)
(en)	tanke (ii)	*thought* (DS)
	tankfull	*thoughtful* (DS, D)
	tant mieux	*all the better* (DS)
(en)	taxi	*taxi* (SF)
(en)	teater (ii)	*theatre* (DS)
(ett)	tecken (v)	*sign* (DS)
(en)	telefonkatalog (iii)	*telephone directory* (D)
(en)	tennisspelare (v)	*tennis player* (D)
	tiga (4)	*to be silent* (DS)
	till	*more, another* (D, SF)
(ett)	tillfälle (iv)	*opportunity* (D)
(en)	tillverkning (ii)	*product, manufacture, make* (D)

(en)	tjuv (ii)	*thief* (DS)
	tjäna (1) (på)	*to earn (by)* (RT)
(en)	tjänst (iii)	*service* (D)
(en)	toffel (i)	*slipper* (DS)
(en)	topp (ii)	*top, end* (RT)
	torr	*dry* (DS)
	total	*complete* (RT)
(en)	traktor (iii)	*tractor* (D)
	trevlig	*nice* (D)
(en)	tribut (iii)	*tribute* (DS)
(ett)	trick (v)	*trick, dodge* (RT)
	triumferande	*triumphant* (TV)
	trivial	*banal, commonplace* (TV)
	trogen	*faithful, loyal* (DS)
	trolla (1)	*to do conjuring tricks* (RT)
	trots att	*in spite of the fact* (D)
	trycka (2) ihop	*to squeeze together* (RT)
(en)	trygghet	*security* (TV)
(en)	träbock (ii)	*square, stuffed shirt* (RT)
	träda (2)	*to slip* (DS)
	trängas (2)	*to crowd, jostle* (D)
	trött	*tired* (SF)
	tugga (1)	*to chew* (D)
(en)	tulpan (iii)	*tulip* (DS)
(en)	tupé	*hairpiece, toupée* (RT)
(en)	turné	*(theatrical) tour* (DS)
	turnera (1)	*to tour* (D)
	tusen	*thousand* (SF)
(en)	tusenlapp (ii)	*a thousand kronor (dollar) note* (RT)
	tuta (1) (i)	*to dig (into)* (RT)
	TV = television	*TV* (TV)
(en)	TV-teater (ii)	*TV theatre* (TV)
(en)	tvekamp (iii)	*duel* (TV)
	tveka (1)	*to hesitate* (SF)
	tvärskuren	*square cut* (D)
	tyckas (2)	*to seem* (DS)
	tydlig	*clear* (SF)
	tyst	*quiet* (DS, SF), *in silence* (D)
(en)	tår (ii)	*tear* (SF)
	tända (2)	*to light* (D)

	tänka (2) sig	to imagine (DS), *have in mind* (TV)
(en)	täthet	*thickness* (D)
	underlig	*strange, odd* (DS)
	undgå (irr.)	*to avoid, help* (D)
(en)	unge (ii)	*child* (DS)
(en)	ungkarl (ii)	*bachelor* (DS)
(en)	uppasserska (i)	*waitress* (DS)
	uppfatta (1)	*to understand, grasp* (SF)
	uppfinna (4)	*to invent* (RT)
	uppmärksam	*attentive* (D)
	upprepa (1)	*to repeat* (D)
	uppta (ga) (4)	*to include, comprise* (TV)
(ett)	uppträdande	*behaviour* (D)
	ursäkta (1)	*to excuse* (SF)
	utan	*without* (DS, D)
	utan att lyckas	*without succeeding* (DS)
	utan att det går sönder	*without it breaking* (D)
	utbyta (2) (mot)	*to exchange (for)* (DS)
	ute	*out* (DS, D)
(en)	utgång (ii)	*exit* (SF)
(en)	utgångsspärr (ii)	*exit barrier* (SF)
	utländsk	*foreign* (D)
	utspelas (1)	*to enact* (TV)
(en)	utstrålning	*radiance* (TV)
	utvald	*selected* (RT)
	va!	*eh!* (DS)
	vad . . . för	*what for, why* (SF)
	vakna (1)	*to waken* (DS)
(en)	vana (i)	*habit* (D)
	vanlig	*ordinary* (D), *common* (RT)
	var, vart	*each* (DS)
	vara (4) med	*to be present, be there* (RT)
(en)	varmvattenkran (ii)	*warm water tap* (D)
	varsågod	*please* (D)
(en)	veranda (i)	*verandah* (D)
	verka (1)	*to seem* (SF)
	verklig	*real* (DS)
(en)	verklighet	*in actual fact* (RT)
	inte något vidare	*not particularly well* (SF)

	villig	*willing* (D)
(en)	vilja (i)	*will, wish, desire* (D)
	vilsen	*lost* (SF)
	viska (1)	*to whisper* (SF)
	viss	*certain* (DS)
	visst	*certainly, to be sure* (D)
	vit	*white* (D)
	vitsa (1)	*to make a pun, crack a joke* (D)
(ett)	vittne (iv)	*witness* (DS)
	vrida (4)	*to turn, twist* (DS)
	våga (1)	*to dare* (DS)
(en)	vård	*care* (SF)
	vara (4) på väg	*to be on the way* (SF)
(en)	vägg (ii)	*wall* (D)
	vägra (1)	*to refuse* (D, SF)
	väl	*probably* (SF), *I suppose* (D, SF), *haven't you* (RT)
	väl	*well* (TV)
(en)	vänskap	*friendship* (DS)
	vänta (1) sig	*to expect* (D)
	värdelös	*worthless* (DS)
	värka (2)	*to ache* (SF)
(en)	värme	*warmth, heat* (D)
	vävd (from: **väva** 2)	*woven* (D)
(ett)	yrke (iv)	*occupation* (D)
	ytlig	*superficial* (RT)
	yvig	*bushy* (D)
	å = på	*on* (RT)
	Å!	*oh!*
	Åja	*now then* (SF)
(en)	ålder (ii)	*age* (RT)
	ångra (1)	*to regret* (DS)
	åt	*at* (DS), *for* (D)
	återkomma (4)	*to return* (D)
	återvända (2)	*to return* (D, SF)
	äldre	*elderly* (D)
(en)	älskarinna (i)	*mistress* (TV)
	ändock	*neverthless, for all that* (DS)

(en)	ölbutelj (iii)	*bottle of beer* (DS)
(ett)	önskemål (v)	*wish* (D)
	överklaga (1)	*to lodge an appeal* (SF)
	överlåta (4)	*to transfer* (D)
(en)	överlägsenhet	*superiority*
(ett)	överseende	*indulgence* (SF)
	för övrigt	*anyway* (DS)
(ett)	övervägande (iv)	*consideration, deliberation* (D)

APPENDICES
I Summary of grammar

The Noun

1st declension —or
(2 § 1; 4 § 1)

en blomma	2 blommor
blomman	blommorna

2nd declension —ar
(2 § 1; 6 § 2; 7 § 2)

1	en duk	2 dukar
	duken	dukarna
2	en pojke	2 pojkar
	pojken	pojkarna

3rd declension —er
(2 § 1; 7 § 2; 8 § 1)

1	en	gäst	2 gäster
		gästen	gästerna
2	en	stad	2 städer
		staden	städerna
3	en	ko	2 kor
		kon	korna
4	ett	vin	2 viner
		vinet	vinerna

4th declension —n
(3 § 1; 9 § 7)

ett	äpple	2 äpplen
	äpplet	äpplena

5th declension
(3 § 1; 8 § 2; 9 § 2)

1	ett	bord	2	bord
		bordet		borden
2	en	stockholmare	2	stockholmare
		stockholmaren		stockholmarna
3	en	man	2	män
		mannen		männen

The Adjective

Comparison (13 § 1)

1	fin	finare	finast
2	stor	större	störst
3	god	bättre	bäst
4	älskad	mera älskad	mest älskad

Indefinite delension
(1 § 7; 2 § 4; 5 § 4; 6 § 3; 7 § 7; 7 § 8; 10 § 11)

1	en fin duk	ett fint bord	2	fina dukar
2	en ny duk	ett nytt bord	2	nya dukar
3	en lätt duk	ett lätt bord	2	lätta dukar
4	en rund duk	ett runt bord	2	runda dukar
5	en röd duk	ett rött bord	2	röda dukar
6	en bra duk	ett bra bord	2	bra dukar

Definite declension
(6 § 3; 7 § 7–8; 9 § 3; 11 § 7)

1	den fina duken	det fina bordet
	de fina dukarna	de fina borden
2	den lilla duken	det lilla bordet
	de små dukarna	de små borden

Definite declension of the superlative
(2 § 4; 13 § 3)

1	den finaste duken	det finaste bordet
	de finaste dukarna	de finaste borden
2	den största duken	det största bordet
	de största dukarna	de största borden

256   Appendix I

The Verb

(2 § 2–3; 4 § 3–5; 6 § 4; 7 § 4; 8 § 7; 10 § 1; 10 § 2; 11 § 2;
12 § 1–3; Appendix II)

1st conjugation principal parts: älska, älskade, älskat, älskad (−t,
−de)

Active
Infinitive:	älska
Present:	älskar
Imperfect:	älskade
Perfect:	har älskat
Pluperfect:	hade älskat
Future:	ska (ll) älska
Conditional:	skulle älska
Imperative:	älska
Present participle:	älskande

Passive
Infinitive:	älskas	vara	(bli)	älskad
Present:	älskas	är	(blir)	älskad
Imperfect:	älskades	var	(blev)	älskad
Perfect:	har älskats	har varit	(blivit)	älskad
Pluperfect:	hade älskats	hade varit	(blivit)	älskad
Future:	ska (ll) älskas	ska (ll) vara	(bli)	älskad
Conditional:	skulle älskas	skulle vara	(bli)	älskad

2nd conjugation principal parts: a. bygga, byggde, byggt, byggd
(−t, −da)
b. köpa, köpte, köpt, köpt (−t, −ta)

Active
Infinitive:	bygga	köpa
Present:	bygger	köper
Imperfect:	byggde	köpte
Perfect:	har byggt	har köpt
Pluperfect:	hade byggt	hade köpt
Future:	ska (ll) bygga	ska (ll) köpa
Conditional:	skulle bygga	skulle köpa
Imperative:	bygg	köp
Present participle:	byggande	köpande

Passive

Infinitive:	byggas (köpas)	vara (bli) byggd (köpt)
Present:	bygg/e/s (köp/e/s)	är (blir) byggd (köpt)
Imperfect:	byggdes (köptes)	var (blev) byggd (köpt)
Perfect:	har byggts (köpts)	har varit (blivit) byggd (köpt)
Pluperfect:	hade byggts (köpts)	hade varit (blivit) byggd (köpt)
Future:	ska (ll) byggas (köpas)	ska (ll) vara (bli) byggd (köpt)
Conditional:	skulle byggas (köpas)	skulle vara (bli) byggd (köpt)

3rd conjugation principle parts: tro, trodde, trott, trodd (−tt, −dda)

Active

Infinitive:	tro
Present:	tror
Imperfect:	trodde
Perfect:	har trott
Pluperfect:	hade trott
Future:	ska (ll) tro
Conditional:	skulle tro
Imperative:	tro
Present participle:	troende

Passive

Infinitive:	tros	vara	(bli)	trodd
Present:	tros	är	(blir)	trodd
Imperfect:	troddes	var	(blev)	trodd
Perfect:	har trotts	har varit	(blivit)	trodd
Pluperfect:	hade trotts	hade varit	(blivit)	trodd
Future:	ska (ll) tros	ska (ll) vara	(bli)	trodd
Conditional:	skulle tros	skulle vara	(bli)	trodd

4th conjugation principle parts: skriva, skrev, skrivit, skriven (−et, −na)

Active

Infinitive:	skriva
Present:	skriver
Imperfect:	skrev
Perfect:	har skrivit

Pluperfect:	hade skrivit
Future:	ska (ll) skriva
Conditional:	skulle skriva
Imperative:	skriv
Present participle:	skrivande

Passive

Infinitive:	skrivas	vara	(bli)	skriven
Present:	skriv/e/s	är	(blir)	skriven
Imperfect:	skrevs	var	(blev)	skriven
Perfect:	har skrivits	har varit	(har blivit)	skriven
Pluperfect:	hade skrivits	hade varit	(hade blivit)	skriven
Future:	ska (ll) skrivas	ska (ll) vara	(bli)	skriven
Conditional:	skulle skrivas	skulle vara	(bli)	skriven

II Alphabetical list of strong and irregular verbs

1   The conjugation of compound verbs is to be inferred from that of the corresponding simple verb, e.g. **erbjuda**, see **bjuda**, **halshugga**, see **hugga**; compounds which have no corresponding simple verbs will be found in the list.

2   Verbs followed by (1) and (2) can also belong to the 1st and 2nd conjugations respectively. The difference in conjugation can, however, sometimes denote a difference in meaning, e.g.

sluta (1) = *end, finish*
sluta (4) = *shut, close*

Infinitive		Present	Past		Supine	Past participle
			Sing.	*Pl.*		
be(dja)	*request*	be(de)r	bad	bådo	bett	−bedd
binda	*bind*	binder	band	bundo	bundit	bunden
bita	*bite*	biter	bet	beto	bitit	biten
bjuda	*invite*	bjuder	bjöd	bjödo	bjudit	bjuden
bli(va)	*become*	bli(ve)r	blev	blevo	blivit	bliven
brinna	*burn*	brinner	brann	brunno	brunnit	brunnen
brista	*burst*	brister	brast	brusto	brustit	brusten
bryta	*break*	bryter	bröt	bröto	brutit	bruten
bära	*bear*	bär	bar	buro	burit	buren
böra	*ought to*	bör	borde		bort	
dra(ga)	*draw*	dra(ge)r	drog	drogo	dragit	dragen
dricka	*drink*	dricker	drack	drucko	druckit	drucken
driva	*drive*	driver	drev	drevo	drivit	driven
duga (2)	*be suitable*	duger	dög	dögo	dugt	
dyka	*dive*	dyker	dök	döko	dykt	
dö	*die*	dör	dog	dogo	dött	
dölja	*conceal*	döljer	dolde		dolt	dold
falla	*fall*	faller	föll	föllo	fallit	fallen
fara	*travel*	far	for	foro	farit	faren
finna	*find*	finner	fann	funno	funnit	funnen
flyga	*fly*	flyger	flög	flögo	flugit	−flugen
flyta	*float*	flyter	flöt	flöto	flutit	−fluten
fnysa (2)	*snort*	fnyser	fnös	fnöso	fnyst	
frysa (2)	*freeze*	fryser	frös	fröso	frusit	frusen
få	*get*	får	fick	fingo	fått	
förnimma	*perceive*	förnimmer	förnam	förnummo	förnummit	förnummen
försvinna	*disappear*	försvinner	försvann	försvunno	försvunnit	försvunnen
gala	*crow*	gal	gol	golo	galit	
ge (giva)	*give*	ger (giver)	gav	gåvo	gett (givit)	given

Infinitive		Present	Past		Supine	Past participle
			Sing.	Pl.		
gjuta	pour	gjuter	göt	göto	gjutit	gjuten
glida	glide	glider	gled	gledo	glidit	gliden
glädja	please	gläder	gladde		glatt	
gnida	rub	gnider	gned	gnedo	gnidit	gniden
gripa	seize	griper	grep	grepo	gripit	gripen
gråta	weep	gråter	grät	gråto	gråtit	−gråten
gå	walk	går	gick	gingo	gått	gången
göra	do	gör	gjorde		gjort	gjord
ha(va)	have	har	hade		haft	−havd
heta	be called	heter	hette		hetat	
hinna	have time	hinner	hann	hunno	hunnit	hunnen
hugga	chop	hugger	högg	höggo	huggit	huggen
hålla	hold	håller	höll	höllo	hållit	hållen
klinga (1)	sound, ring	klingar	*klang	klungo	*klungit	
kliva	stride	kliver	klev	klevo	klivit	−kliven
klyva	cleave	klyver	klöv	klövo	kluvit	kluven
knipa	pinch	kniper	knep	knep	knipit	knipen
knyta	knot	knyter	knöt	knöto	knutit	knuten
komma	come	kommer	kom	kommo	kommit	kommen
krypa	creep	kryper	kröp	kröpo	krupit	krupen
kunna	be able	kan	kunde		kunnat	
kvida	whimper	kvider	kved	kvedo	kvidit	
kvälja (2)	torment	kväljer	kvalde		kvalt	
le	smile	ler	log	logo	lett	
leva (2)	live	lever	levde		levat	−levd
lida	suffer pass	lider	led	ledo	lidit	liden
ligga	lie	ligger	låg	lågo	legat	−legad
ljuda	sound	ljuder	ljöd	ljödo	ljudit	
ljuga	tell a lie	ljuger	ljög	ljögo	ljugit	−ljugen
lyda (2)	be worded	lyder	löd		lytt	−lydd
låta	let	låter	lät	läto	låtit	−låten
lägga	lay	lägger	lade		lagt	lagd
	must	måste	måste		måst	
niga	curtsey	niger	neg	nego	nigit	
njuta	enjoy	njuter	njöt	njöto	njutit	njuten
nypa	nip	nyper	nöp	nöpo	nupit	nupen
nysa (2)	sneeze	nyser	nös	nöso	nyst	
pipa	pipe	piper	pep	pepo	pipit	
rida	ride	rider	red	redo	ridit	riden
rinna	flow, run	rinner	rann	runno	runnit	runnen
riva	tear	river	rev	revo	rivit	riven
ryta	roar	ryter	röt	röto	rutit	
se	see	ser	såg	sågo	sett	sedd
simma (1)	swim	simmar	sam	summo	summit	
sitta	sit	sitter	satt	sutto	suttit	−sutten
sjuda	seethe	sjuder	sjöd	sjödo	sjudit	sjuden
sjunga	sing	sjunger	sjöng	sjöngo	sjungit	sjungen
sjunka	sink	sjunker	sjönk	sjönko	sjunkit	sjunken
skilja	separate	skiljer	skilde		skilt	skild

* The 1st conjugation forms are more common.

Infinitive	Present	Past Sing.	Pl.	Supine	Past participle
skina	shine	skiner	sken	skeno	skinit	
skjuta	shoot	skjuter	sköt	sköto	skjutit	skjuten
skola	shall	skall	skulle		skolat	
skrida	stride	skrider	skred	skredo	skridit	−skriden
skrika	shriek	skriker	skrek	skreko	skrikit	−skriken
skriva	write	skriver	skrev	skrevo	skrivit	skriven
skryta	boast	skryter	skröt	skröto	skrutit	−skruten
skära	cut	skär	skar	skuro	skurit	skuren
slippa	not need to	slipper	slapp	sluppo	sluppit	−sluppen
slita	tear, toil	sliter	slet	sleto	slitit	sliten
sluta (1)	close	sluter	slöt	slöto	slutit	sluten
slå	hit	slår	slog	slogo	slagit	slagen
slåss	fight	slåss	slogs	slogos	slagits	
smita	make off	smiter	smet	smeto	smitit	−smiten
smyga	sneak	smyger	smög	smögo	smugit	−smugen
smälta (2)	melt	smälter	smalt	smulto	smultit	smulten
smörja	grease	smörter	smorde		smort	smord
snyta	blow the nose	snyter	snöt	snöto	snutit	snuten
sova	sleep	sover	sov	sovo	sovit	
spinna	spin	spinner	spann	spunno	spunnit	spunnen
spricka	burst	spricker	sprack	sprucko	spruckit	sprucken
sprida	spread	sprider	spred	spredo	spritt	spridd
springa	run	springer	sprang	sprungo	sprungit	sprungen
spritta	start, bound	spritter	spratt	sprutto	spruttit	
spörja	ask	spörjer	sporde		sport	spord
sticka	stick, put	sticker	stack	stucko	stuckit	stucken
stiga	rise, step	stiger	steg	stego	stigit	−stigen
stinga	sting	stinger	stack	stucko	stungit	stungen
stjäla	steal	stjäl	stal	stulo	stulit	stulen
strida	fight	strider	stred	stredo	stridit	−stridd
stryka	stroke	stryker	strök	ströko	strukit	struken
stå	stand	står	stod	stodo	stått	−stådd
städja	engage, hire	städjer	stadde		statt	stadd
stödja	support	stöder	stödde		stött	stödd
suga	suck	suger	sög	sögo	sugit	sugen
supa	booze	super	söp	söpo	supit	−supen
svida	smart	svider	sved	svedo	svidit	
svika	fail	sviker	svek	sveko	svikit	sviken
svälta (2)	starve	svälter	svalt	svulto	svultit	svulten
svär(j)a	swear	svär	svor	svuro	svurit	svuren
säga	say	säger	sade		sagt	sagd
sälja	sell	säljer	sålde		sålt	såld
sätta	set, put	sätter	satte		satt	satt
ta(ga)	take	ta(ge)r	tog	togo	tagit	tagen
tiga	be silent	tiger	teg	tego	tigit, tegat	−tegen
tjuta	howl	tjuter	tjöt	tjöto	tjutit	
tryta	be lacking	tryter	tröt	tröto	trutit	
tvinga (1)	force	tvingar	tvang	tvungo	tvungit	tvungen
tämja (2)	tame	tämjer	*tamde		*tamt	*tamd
töras	dare	törs	tordes		torts	

* The 2nd conjugation forms are more common.

Infinitive		Present	Past Sing. Pl.		Supine	Past participle
vara	be	är	var	voro	varit	
varda(obs.)	become	varder (obs.)	vart (colloq.)	vordo		vorden
veta	know	vet	visste		vetat	
vika	fold	viker	vek	veko	vikit	viken, vikt
vilja	want to	vill	ville		velat	
vina	whizz	viner	ven	veno	vinit	
vinna	win	vinner	vann	vunno	vunnit	vunnen
vrida	twist	vrider	vred	vredo	vridit	vriden
välja	choose	väljer	valde		valt	vald
vänja	accustom	vänjer	vande		vant	vand
växa (2)	grow	växer	växte	vuxo	vuxit	vuxen
äta	eat	äter	åt	åto	ätit	äten

Select glossary of grammatical terms

Clauses

A clause is a part of a sentence which contains a subject and a finite verb. Clauses are usually described as main clauses and subordinate clauses.

A main clause is a clause in a complex sentence which can stand by itself as a complete unit of meaning.

A subordinate clause is a clause which cannot stand by itself as a complete unit of meaning. For example: Mrs Smith met the man (= main clause), when she came home (= subordinate clause).

Conjunctions

A conjunction is a 'joining' word. It joins words, phrases, or clauses. For example: 'and', 'if', 'when'.
There are three kinds of conjunctions.

A co-ordinating conjunction introduces a clause which can stand by itself (i.e. a main clause). For example: She talked *and* I listened.

A subordinating conjunction introduces a clause which cannot stand by itself (i.e. a subordinate clause). For example: I shall go *if* she comes.

A correlative conjunction is one of a pair of words always used together. For example: He is always *either* drinking *or* smoking.

Pronouns

A pronoun is a word which can stand in place of a noun. There are several kinds of pronouns.

A demonstrative pronoun is a pronoun which points out clearly the object to which it is referring. For example: *Those* which I want are expensive. *This* is the chair I bought.

An indefinite pronoun is a pronoun which does not replace or refer to any particular noun. For example: *somebody, something, nobody, nothing.*

An interrogative pronoun is a pronoun used to ask a question. For example: *Who* is he? *Which* is the house? *What* is that?

A personal pronoun is a pronoun which can be used instead of the noun for the person or thing. For example: *I, you, he, she, it, we, they.*

A possessive pronoun corresponds to the personal pronoun and expresses possession. For example: *mine, yours, his, hers, ours, theirs.*

A reflexive pronoun is a pronoun which refers to the subject of the sentence or clause in which it stands. For example: I wash *myself* in the morning.

A relative pronoun is a pronoun which introduces a clause and refers back to a noun or pronoun in the previous clause. For example: The man *who* came. The man *whom* you see. The book *which* he had. The letter *that* he sent.

Verbs

A verb is a 'doing' word. It denotes either an action (He *goes* home) or a state (He *is* at home).

An infinitive is the form of the verb which expresses the action, state or idea without being restricted by person or number. In English it is usually characterized by the addition of the preposition 'to'. For example: to *go*, to *be.*

A finite verb is limited to its subject and changes its endings according to person, number and tense. For example:

I *talk,*   he *talks,*   they *talk,*   I *talked*
I *go,*   he *goes,*   they *go,*   I *went*

The voice is the form of the verb which indicates whether the subject of the verb is performing the action (*active voice*) or is the object of the action (*passive voice*). For example: *He praises* (active voice). *He is praised* (passive voice).

The conjugation of a verb is the change its forms undergo according to person, number, tense, mood and voice. It also means a group of verbs which are conjugated according to the same set pattern.

The tense is the form of the verb which indicates the time of the action. To indicate present (and sometimes future) time the present tense is used (I *go*, I *am going, do* I *go?*), and to indicate the past, one of the past tenses is used (Imperfect, Perfect, Pluperfect). For example:

Imperfect — I *went*, I *was going, did* I *go?*
Perfect — I *have gone*, I *have been going*
Pluperfect — I *had gone*, I *had been going*

The mood is the form of the verb which expresses the manner of an action or of a state of being. In English and Swedish there are four moods. *The indicative* is the mood of reality. It states facts. *The subjunctive* is the mood which expresses an unreal condition (i.e. wish, hope, possibility, doubt etc.). *The imperative* expresses a command. *The infinitive* — see above.

The principal parts are those parts of a verb from which the remaining parts can be deduced. The principal parts of the Swedish verb are: *Infinitive, imperfect indicative, supine, past participle.*

The participle is the part of the verb which usually has the value of an adjective. There are two participles. The present participle (*hanging*) and the past participle (*hanged*).

An auxiliary verb is a 'helping' verb. It helps to form the moods, voices and tenses of other verbs. For example:

I *can* sing, They *must* go.   (= mood)
I *have* sung.   (= perfect tense)
They *are* praised.   (= voice)

A compound verb is composed of a simple verb preceded by a prefix. In Swedish this prefix may often be separated from the verb.

A reflexive verb is a verb in which the action turns back upon the subject. For example: He *washed himself.*

A deponent verb is a verb which has a passive form but an active meaning. It does not occur in English.

Index

Note. The first number is the lesson number.

266